国家社会科学基金青年项目"大数据时代图书馆数据素养教育理论建构与实践创新研究"（项目批准号：17CTQ040）

图书馆数据素养教育理论建构与实践创新研究

孟祥保 ○ 著

中国社会科学出版社

图书在版编目（CIP）数据

图书馆数据素养教育理论建构与实践创新研究 / 孟祥保著. -- 北京：中国社会科学出版社，2024.10.
ISBN 978-7-5227-3727-0

Ⅰ.G250.76

中国国家版本馆CIP数据核字第2024HW4528号

出 版 人	赵剑英	
责任编辑	刘　艳	
责任校对	陈　晨	
责任印制	郝美娜	

出　　版	中国社会科学出版社	
社　　址	北京鼓楼西大街甲158号	
邮　　编	100720	
网　　址	http://www.csspw.cn	
发 行 部	010-84083685	
门 市 部	010-84029450	
经　　销	新华书店及其他书店	

印　　刷	北京君升印刷有限公司	
装　　订	廊坊市广阳区广增装订厂	
版　　次	2024年10月第1版	
印　　次	2024年10月第1次印刷	

开　　本	710×1000　1/16	
印　　张	19.75	
字　　数	285千字	
定　　价	118.00元	

凡购买中国社会科学出版社图书，如有质量问题请与本社营销中心联系调换
电话：010-84083683
版权所有　侵权必究

目 录

前 言 ……………………………………………………………… (1)

第一章 绪论 ………………………………………………… (1)
 第一节　研究背景与意义 …………………………………… (1)
 第二节　学术史回顾 ………………………………………… (6)
 第三节　研究框架及内容 …………………………………… (24)

第二章 数据素养教育概念界说 …………………………… (29)
 第一节　数据素养概念分析 ………………………………… (30)
 第二节　数据素养内涵外延 ………………………………… (39)
 第三节　数据素养概念模型 ………………………………… (52)

第三章 数据素养教育理论溯源 …………………………… (58)
 第一节　图书馆学相关理论 ………………………………… (58)
 第二节　教育学相关理论 …………………………………… (75)
 第三节　哲学思想溯源 ……………………………………… (80)

第四章 数据素养基本范畴体系 …………………………… (87)
 第一节　起点范畴：数据素养 ……………………………… (88)
 第二节　中心范畴：数据素养教育 ………………………… (91)

第三节 中介范畴：数据素养教育实践 …………………… (95)
第四节 结果范畴：数据素养教育生态 …………………… (97)
第五节 终点范畴：数据素养教育治理 …………………… (99)

第五章 数据素养测评工具比较 ………………………………… (104)
第一节 数据素养测评的学理分析 ………………………… (104)
第二节 代表性数据素养测评工具 ………………………… (110)
第三节 数据素养测评工具开发借鉴 ……………………… (130)

第六章 数据素养教育馆员认知 ………………………………… (136)
第一节 调查设计 …………………………………………… (137)
第二节 调查结果 …………………………………………… (145)
第三节 调查结论 …………………………………………… (166)

第七章 数据素养教育实践样态 ………………………………… (169)
第一节 问题提出 …………………………………………… (169)
第二节 研究设计 …………………………………………… (172)
第三节 案例分析 …………………………………………… (174)
第四节 结论建议 …………………………………………… (192)

第八章 数据素养专业课程建设 ………………………………… (199)
第一节 iSchool 院校数据素养课程设置 ………………… (199)
第二节 本土数据素养课程探索与实践 …………………… (220)
第三节 我国数据素养课程的治理路径 …………………… (229)

第九章 数据素养教育生态系统 ………………………………… (235)
第一节 数据素养教育生态系统内涵 ……………………… (235)
第二节 数据素养教育生态系统模型 ……………………… (244)

第三节　数据素养教育生态系统优化 …………………… (253)

第十章　研究结论与展望 ………………………………… (265)
　　第一节　主要研究结论 …………………………………… (265)
　　第二节　主要研究贡献 …………………………………… (269)
　　第三节　研究局限与展望 ………………………………… (271)

附　录 ……………………………………………………… (273)
　　一　数据素养文献检索结果 ……………………………… (273)
　　二　学术图书馆数据素养教育馆员认知调查问卷 ……… (273)
　　三　iSchool 数据素养课程 ……………………………… (282)

参考文献 …………………………………………………… (290)

后　记 ……………………………………………………… (303)

前　言

我们在知识中丢失的智慧何在？
我们在信息中丢失的知识何在？①

英国诗人艾略特（Thomas Stearns Eliot，1888—1965）在《磐石》中如是写道。对知识和智慧的追求一直是人类文明发展的动力，从"隶首作数"的数字符号到"万物皆数"的数据观念，从第谷观星的星象记录到中国天眼的科学大数据，从九章算术的算法系统到麦克斯韦方程组的优美公式，无不闪耀着人类认识数据、记录数据和运用数据的伟大智慧。

人类社会已步入数字时代，数字经济、数字社会、数字政府、数字医疗、数字人文等构成数字全景图像，人类对数据的认识和应用达到一个前所未有的历史高度，数据能力、数字能力、数字参与、数字领导力等成为数字化生存的基本能力。图书馆作为人类文明的社会装置，诞生于信息文明时代的信息素养和数字素养理论正在面临着新的挑战与机遇，学界相继提出了数据素养、算法素养等新概念。遗憾的是，对数据素养的本质、基本范畴、测度标准、实践范式等重要议题尚未能建立令人信服的理论学说。有鉴于此，本书旨在探索数据素养的基本概念、理论基础、影响因素、生成机制、课程设置、教育体系等理论问题，尝试

---

① ［英］托·斯·艾略特：《荒原：艾略特文集·诗歌》，汤永宽、裘小龙等译，上海译文出版社2012年版，第199页。

将新近数据素养教育现象和经验概念化与理论化，依此建构数字时代数据素养教育理论体系和实践范式。在构建这一体系过程中，本书力求妥善处理好四个方面的关系。

一、数据素养教育理论与实践的关系。从学科属性而言，理论性和实践性是数据素养教育的一体两面，缺一不可。针对这两个问题，本书聚焦"数据素养教育研究的理论体系应该是什么样的"和"数据素养教育研究如何扎根本土实践"两个问题展开学术对话。在众多纷繁复杂的文献中梳理"数据素养"这一核心概念，通过历史分析、国际比较和内涵关联等方法，建立起具有"功能—结构"通用模型的数据素养三元结构定义，以此作为数据素养教育研究的逻辑起点。从数据素养教育的基础理论、基本范畴、测评工具、教育认知、课程治理、教育生态等诸方面构建数据素养教育体系。同时，本书采撷国内外典型的数据素养教育活动、特征鲜明的数据素养测评工具、系统完整的数据素养教育生态等典型，作为本书实证研究的对象。哲学层面的理论与教育层面的实践相互观照。

二、数据素养形成机理与促进机制的关系。从科学发现逻辑而言，回答"数据素养是什么"和"如何促进数据素养"是贯穿全书的两条主线。辨析数据素养概念、建立数据素养概念模型、构建数据素养教育基本范畴等均建立在国内外数据素养教育发展经验之上，也为数据素养实践提供了可解释理论框架和理论支撑。同时，在学术图书馆数据素养教育案例、数据素养课程、数据素养教育生态等实践研究中，本书所提出的学术图书馆数据素养教育"整合模型"和"五力模型"、数据素养课程治理模型、数据素养教育生态系统模型等，则进一步验证了本书所提出的理论体系。

三、数据素养教育价值理性和工具理性的关系。从马克斯·韦伯（Max Weber，1864—1920）的理性二分法来说，数据素养教育是价值理性和工具理性的统一体。本书从本体论、方法论和价值论角度建构了数据素养教育理论体系，详细论证数据素养教育的内涵、本质、属性，数据素养教育的基本范畴，是数据素养教育价值理性的重点观点。本书还从数据素养测评工具、数据素养教育馆员认知两个角度展开数据素养价值认知研究，探索数据素养价值认知和发现过程，是数据素养教育工具理性的突出体现。本书所提出的数据素养教育的价值追求是实现人的全面发展、数据素养教育整合模型、数据素养的个体需求与长远发展的兼顾等观点，也正是将价值理性和工具理性统一起来。

四、数据素养研究本土化与国际化的关系。本书以"构建中国自主的知识体系"①为追求，在研究视野上，本书及时跟踪国内外数据素养教育研究动态，较为全面地梳理了数据素养相关的期刊论文、学位论文、研究报告、测量工具等。在研究对象选取上，注重研究对象的典型性，兼顾国内代表性的教育案例、课程开发、评价工具等。在话语表达上，准确把握数字中国建设的方位背景和重大意义，将数据素养研究置于数字中国语境下，努力建立数据素养教育研究的中国话语和中国叙事体系。

尽管在本书撰写过程中力求做到"成一家之言"，努力做到全面准确，但由于笔者学养有限，难免存在错漏或不足之处，恳请读者提出宝贵意见或建议，帮助改进和完善本书，共同推进我国数据素养的深入研究。

---

① 习近平：《坚持党的领导 传承红色基因 扎根中国大地 走出一条建设中国特色世界一流大学新路》，《人民日报》2022年4月26日第1版。

第一章　绪论

第一节　研究背景与意义

一　研究背景

"万物皆数。"古希腊毕达哥拉斯学派提出数是世界事物的本原。无独有偶，老子也提出："一生二，二生三，三生万物。"《鲁久次问数于陈起》指出："天下之物，无不用数者。"① 数，人类认识世界的基本思维方式。数据是数的概念的延伸与拓展，是认识世界的逻辑归纳与客观记录②。"data"是希腊文字"da-tum"的复数形式。在图书情报学中，数据是被赋予意义的符号或者符号集③。数据是"数据（data）—信息（information）—知识（knowledge）—智慧（wisdom）"金字塔模型（DIKW模型）中的原点，是人类智慧的基础来源④，数据素养是数据智慧必备要素之一⑤。

---

① 韩巍：《北大秦简中的数学文献》，《文物》2012年第6期。
② 贺天平、宋文婷：《"数-数据-大数据"的历史沿革》，《自然辩证法研究》2016年第6期。
③ 于良芝、樊振佳、程乐天：《信息单元再认识》，《图书馆杂志》2016年第7期。
④ Antonio Badia, "Data, Information, Knowledge: An Information Science Analysis", *Journal of the Association for Information Science and Technology*, Vol. 65, No. 6, 2014, pp. 1279 – 1287.
⑤ 彭晓玲、吴忭：《"数据驱动的精准教学"何以可能？——基于培养教师数据智慧的视角》，《华东师范大学学报》（教育科学版）2021年第8期。

数化万物。随着计算机和网络通信技术，尤其是云计算、物联网、移动网络、社会化媒体以及智能终端等技术的快速发展和广泛应用，实现了人、事、物的数据化，最终把人类社会推向大数据和智能时代。人类社会被裹挟至数据洪流之中，根据国际数据公司（International Data Corporation）估算，全球数据圈将从2018年的33ZB增至2025年的175ZB。① 同时，"大数据是人们获得新的认知、创造新的价值的源泉"②。数据驱动发展、数据驱动创新，以及如何从数据中萃取知识是人类面临的共同机遇与挑战。

数据管理能力引起国际组织重视。2014年，联合国《为可持续发展变革数据》研究报告，提倡数据驱动决策。③ 世界主要发达国家也高度重视数据，美国相继出台《大数据研究与发展计划》《大数据：把握机遇，维护价值》等战略报告，从国家战略角度重视与开发数据资源。英国也相继发布了《把握数据带来的机遇：英国数据能力战略》等政策报告。2015年，党的十八届五中全会首次提出实施"国家大数据战略"，国务院出台《促进大数据发展行动纲要》，明确提出数据治国与数据强国战略。2020年，《中共中央 国务院关于构建更加完善的要素市场化配置体制机制的意见》提出培育数据要素市场、数据分类分级安全保护。④

"数据"深入渗透至人类社会的经济社会生活发展之中。在经济发展领域，数据成为经济发展的"石油"，数据要素流动至经济活动之中。2015年4月，我国第一家大数据交易中心贵阳大数据交易所

---

① David Reinsel、武连峰、John F. Gantz、John Rydning：《IDC：2025年中国将拥有全球最大的数据圈》，https：//www.seagate.com/files/www-content/our-story/trends/files/data-age-china-regional-idc.pdf，2021年11月1日。

② ［英］维克托·迈尔-舍恩伯格、肯尼思·库克耶：《大数据时代：生活、工作与思维的大变革》，盛杨燕、周涛译，浙江人民出版社2013年版，第54—58页。

③ "A World What Counts：Mobilising the Data Revolution for Sustainable Development"，https：//www.undatarevolution.org/report/，December 1，2021。

④ 《中共中央 国务院关于构建更加完善的要素市场化配置体制机制的意见》，2020年3月30日，http：//www.gov.cn/zhengce/2020-04/09/content_5500622.htm。

挂牌运营。《中华人民共和国国民经济和社会发展第十四个五年规划和2035年远景目标纲要》进一步提出"激活数据要素潜能""建立健全数据要素市场规则"。在医疗健康领域，2016年6月，国务院办公厅发布了《国务院办公厅关于促进和规范健康医疗大数据应用发展的指导意见》，数据可在"临床诊疗、药物研发、卫生监测、公众健康、政策制定和执行"[1]等方面发挥重要作用，促进医疗健康领域治理能力与水平。COVID-19数据成为全球关注焦点。在政府数据治理领域，政府开放数据运动、政务数据治理蓬勃发展。2021年9月1日，《中华人民共和国数据安全法》施行。2022年1月1日，我国第一部地方数据条例《深圳经济特区数据条例》施行。数据法律法规不断完善。在公共文化领域，大数据赋能文化高质量发展[2]，国家推动公共文化大数据平台建设。在教育领域，数据是教育变革的推动力量，在教育决策、学校管理、教学创新、教育研究转型等方面发挥积极作用[3]。在科学研究领域，大数据正成为科技发展的新型动力，世界各国高度重视，美国"从大数据到知识"计划、欧盟的"数据价值链战略计划"、英国的"科研数据之春"计划、澳大利亚的"大数据知识发现"项目、我国的"科学大数据工程"[4]，聚焦大数据能力建设，推动大数据驱动科学发展。数据不仅深度影响自然科学、技术科学，也正在改变着人文社会科学，计算社会科学、数据法学、数字人文、计算档案学、数据新闻、数字历史等领域迅速发展，大型人文社会科学数据基础设施稳步建设，如中国的"司法文书裁判网"等、美国的"中国历代人物传记资料库""百万开放课程大纲项目""塞

---

[1] 代涛：《健康领域如何掘金大数据》，《健康报》2015年9月28日第6版。
[2] 王彬：《在实践中寻求正确"打开方式"》，《中国文化报》2021年12月6日第3版。
[3] 王正青、徐辉：《大数据时代美国的教育大数据战略与实施》，《教育研究》2018年第2期。
[4] 郭华东：《科学大数据——国家大数据战略的基石》，《中国科学院院刊》2018年第8期。

莎特——全球历史数据银行"等,以及世界范围的"全球健康史项目"等。2017年,《科学》(*Science*)推出专题"预测"(Prediction),数据处理与分析是社会科学研究创新的核心问题。

图书馆概莫能外,《不断生长的知识:英国图书馆2015—2023战略》指出图书馆正处于数据创造、分析与开发的大数据时代。科研数据管理、数字人文、开放数据、大数据分析技术、数据图书馆等成为图书馆发展新领域,数据素养教育成为图书馆服务新形态。2018年,联合国教科文组织发布的《全球数字素养框架》(Digital Literacy Global Framework,DLGF)定义了数字素养的五个能力域:信息与数据素养、交流与协助、数字内容创建、数字安全和问题解决[1]。2021年11月,中央网络安全和信息化委员会印发《提升全民数字素养与技能行动纲要》,部署全民数字素养与技能的战略问题,促进国民素质和人的全面发展[2]。由此观之,数据获取、管理与利用能力,即数据素养成为大数据时代人们数字化生存的基本技能,是人类文明的标志和社会进步的动力之一。

二 研究意义

(一)学术价值

学术旨趣上,着力解决数据素养的基本概念、理论基础、影响因素、生成机制、教育体系等一系列基本理论问题,从学科理论层面回答"数据素养是什么""如何促进数据素养"两个最基本的问题,从而解决数据素养教育的本体论、价值论、方法论、实践论等元问题,力图建构完整的数据素养教育体系。

---

[1] Nancy Law, David Woo, Jimmy de la Torre and Gary Wong, *A Global Framework of Reference on Digital Literacy Skills for Indicator 4.4.2*, UNESCO Institute for Statistics UIS/2018/ICT/IP/51, June 2018.

[2] 中央网络安全和信息化委员会办公室:《提升全民数字素养与技能行动纲要》,2021年11月5日,http://www.cac.gov.cn/2021-11/05/c_1637708867754305.htm,2021年12月3日。

价值取向上，数据素养研究的宗旨是促进人的全面发展，力图证成数据素养与信息素养的本质区别，呈现数据素养在专业领域、日常生活和社会发展中的独特价值和时代意义。

话语体系上，及时提炼中国数据素养研究成果，系统总结数据素养教育实践经验，并融入数据治理、课程治理，为世界数据素养教育提供中国方案，努力"做到中国话语，世界表达"①。

（二）方法价值

数据素养概念模型的建立，有助于深化理解数据素养的内涵与外延，数据素养与其他素养的内在关联，有助于认识数据素养与信息素养、数字素养等的内在关联与本质区别，有助于理解数据素养的时代价值。

实证研究方面，系统比较分析国内外代表性数据素养测评工具，提供本土测评工具的研制思路。系统调查图书馆数据素养教育的认识与实践状况，揭示数据素养教育基本模式、影响因素、运行机制等，推进数据素养教育深入发展。

教育机制方面，在总结数据素养教育实践经验基础上，建立数据素养课程治理模型、数据素养教育生态系统模型，揭示数据素养教育的内在机制，从整体性角度提出数据素养教育发展路径。

（三）实践价值

对于个体而言，帮助图书馆用户树立正确的数据观念，增进数据知识水平，提高数据分析能力，将数据素养融入用户的学习、教学、研究等场景，切实发挥数据素养的独特价值。

对于教育主体而言，科学准确评估个体数据素养水平，为精准化个性化数据素养提供参考基准。全面系统调查国内外数据素养课程资源，建立数据课程开发模型，为数据素养教育提供教育资源。系统深

---

① 谢伏瞻：《加快构建中国特色哲学社会科学学科体系、学术体系、话语体系》，《中国社会科学》2019 年第 5 期。

入解析数据素养教育典型案例，凝练数据素养教育成功经验。

对于学术图书馆来说，以人为本，从用户角度促进数据服务。积极回应大数据时代的数据管理要求，充分发挥图书馆资源建设与共享、信息素养教育、学科服务的专长与优势，延伸图书馆服务，彰显图书馆价值。

对于国家发展而言，数据素养是衡量经济社会发展的一项重要综合指标，是数据资源开发配置力度的验证，是数据文明发展程度的尺度，提高社会数据素养可以有效弥合数字鸿沟，促进社会公平和正义。提供国民数据素养水平，有利于维护国家数据安全。

第二节　学术史回顾

根据研究目标，本书以"Data Literacy""数据素养"为主题词，在 Web of Science、ProQuest Digital Dissertations & Theses、中国知网等学术数据库中检索相关文献，检索时间为 2022 年 1 月 18 日，经逐篇阅读和筛选，最终得到 807 篇文献，其中英文期刊论文 155 篇、中文期刊论文 410 篇、英文学位论文 32 篇、中文学位论文 210 篇。文献发表分布时间如图 1-1 所示，2014 年以前数据素养研究态势发展缓慢，2015 年以后呈高速上升趋势，2021 年呈下滑趋势。

由于数据素养教育是一个实践性较强的领域，因此本书还调研了国内外一些重要网站，如北美研究图书馆协会（Association of Research Libraries，ARL）、联机计算机图书馆中心（Online Computer Library Center，OCLC）搜集数据素养相关研究报告，并检索全球科研项目数据库等，查找数据素养相关研究课题。

从文献调研结果来看，数据素养研究是一个不断深入的领域，国内研究热度超过英文国家，尤其是在期刊论文和学位论文数量上，而国外更为注重实践研究，如测度工具研制、课程教学实践等。

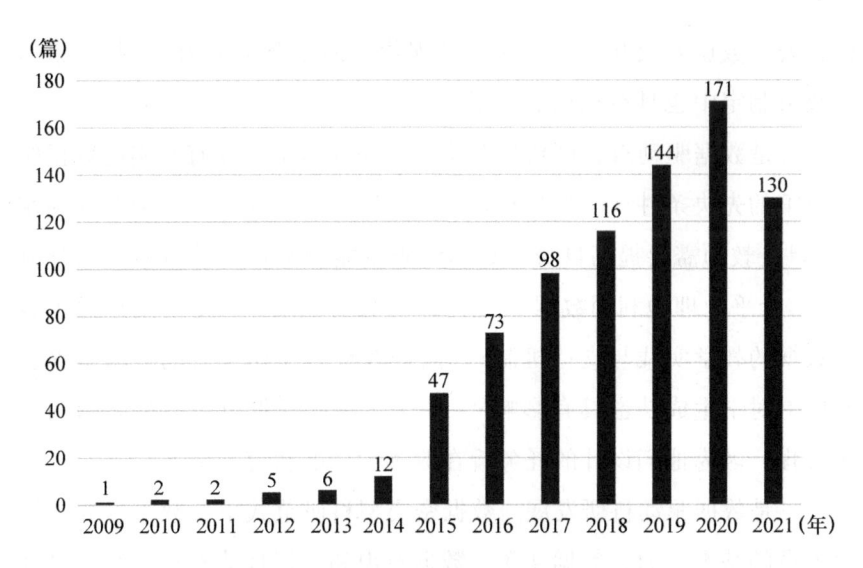

图 1 - 1 数据素养研究领域文献年代分布

一 数据素养的兴起

数据素养的兴起是内在驱动力、外在驱动力和直接推动力共同作用的结果。

（一）内在驱动力：人们的数据技能需求与数据赋能发展

一方面，科研人员、管理人员、学生等各类群体的数据认知不断提升，对各类数据技能要求日益提高，数据各类需求日益增长；另一方面，数据赋能各个领域的发展，数据素养在决策、教学、科研乃至社会经济发展中的价值日益凸显。具体表现是：

一是数据赋能治理。国家自然科学基金委员会连续几年发布"大数据驱动的管理与决策研究"重大研究计划。数据是一种有效的治理工具，在学校治理现代化[1]、社会治理[2]、国家治理[3]中具有重要价

---

[1] 顾佳妮、杨现民、郑旭东、郭利明：《数据驱动学校治理现代化的逻辑框架与实践探索》，《现代远程教育研究》2020年第5期。

[2] 孟天广、赵娟：《大数据驱动的智能化社会治理：理论建构与治理体系》，《电子政务》2018年第8期。

[3] 陈潭：《国家治理的大数据赋能：向度与限度》，《中南大学学报》（社会科学版）2021年第5期。

值，公共数据开放共享是国家治理现代化的重要推动力①。数据素养在政策制定中也具有积极的作用②。

二是数据驱动教育创新与发展。数据素养是学校有效实施数据驱动决策的先决条件③。教师从职前到在职的数据素养是一个连续的统一体④。教师需要提高自身的数据调查技能和数据素养以应付教学挑战⑤。合乎伦理地利用数据需要良好的数据素养⑥。美国教师运用教育数据的教学实践与支持机制⑦。高等教育利益相关者的数据素养在整体上对学生成功也具有影响⑧。关于学习的数据可以支持教师的决策过程，因为他们设计的任务旨在改善学生的教育结果⑨。

三是数据驱动科研发展。数据密集型科研范式下，数据素养是科研人员的基本能力。数据文化、数据意识和数据技能对科学数据管理

---

① 李涛：《以公共数据开放共享助推国家治理现代化》，《光明日报》2022年11月11日第11版。

② Gaby Umbach, "Statistical and Data Literacy in Policy-making", *Statistical Journal of the IAOS*, Vol. 38, No. 2, 2022, pp. 445–452.

③ Marieke van Geel, Trynke Keuning, Adrie Visscher and Jean-Paul Fox, "Changes in Educators' Data Literacy during a Data-based Decision Making Intervention", *Teaching and Teacher Education*, Vol. 64, 2017, pp. 187–198.

④ Jori S. Beck and Diana Nunnaley, "A Continuum of Data Literacy for Teaching", *Studies in Educational Evaluation*, Vol. 69, 2021, p. 100871, https://doi.org/100810.101016/j.stueduc.102020.100871.

⑤ Ifeanyi Glory Ndukwe and Ben Kei Daniel, "Teaching Analytics, Value and Tools for Teacher Data Literacy: A Systematic and Tripartite Approach", *International Journal of Educational Technology in Higher Education*, Vol. 17, No. 1, 2020, https://doi.org/10.1186/s41239-020-00201-6.

⑥ Ellen B. Mandinach and Brennan M. Parton, "Ethical and Appropriate Data Use Requires Data Literacy", *Phi Delta Kappan*, Vol. 96, No. 5, 2015, pp. 25–28.

⑦ 但金凤、王正青：《数据驱动教学变革：美国教师运用教育数据的教学实践与支持机制》，《电化教育研究》2020年第10期。

⑧ Nan Yang and Tong Li, "How Stakeholders' Data Literacy Contributes to Student Success in Higher Education: A Goal-oriented Analysis", *International Journal of Educational Technology in Higher Education*, Vol. 17, No. 1, 2020, https://doi.org/10.1186/s41239-020-00220-3.

⑨ Rita Prestigiacomo, Jane Hunter, Simon Knight, Roberto Martinez Maldonado and Lori Lockyer, "Data in Practice: A Participatory Approach to Understanding Pre-service Teachers' Perspectives", *Australasian Journal of Educational Technology*, Vol. 36, No. 6, 2020, pp. 107–119.

都具有影响①。实证表明,"数据获取能力、数据分析利用能力、数据伦理正向影响科研绩效,数据意识与数据处理能力对科研绩效影响不显著"②。数据可视化在社会研究和成果传播中也发挥着重要作用③,在数字人文领域,利用数据透视文学史背后的意义④。

四是数据驱动社会发展。地理空间数据特征及其在经济生活的应用,解读和利用此类数据也极其重要⑤。在COVID-19大流行中,社会话语和社会互动受到快速调解和数字化,从而加速数据化。这表明提高数据素养能力的紧迫性:个人理解和批判性评估数据及其社会影响的能力。当前的挑战涉及对危机的误解、数据滥用、不断扩大的(社会的)分歧和(新的)数据偏差。公民需要对危机对数字转型下一阶段的影响保持警惕⑥。在虚假信息治理中,数据素养教育能够提高公众的鉴别能力⑦。

五是数字化生存需要。社会公众对数据的认知与需求日益多样化,如医疗健康数据、交通出行数据、气象数据等,这对数据能力的要求在不断提高。同时,实施好个人信息保护法律法规,强化个人信息保护权益保护⑧。

---

① 沈婷婷:《数据素养及其对科学数据管理的影响》,《图书馆论坛》2015年第1期。

② 沈玖玖、吴成、蒋雨婷、胡志伟:《数据素养对科研绩效的影响模型分析》,《情报理论与实践》2017年第6期。

③ Tamara L. Shreiner, "Data Literacy for Social Studies: Examining the Role of Data Visualizations in K-12 Textbooks", *Theory & Research in Social Education*, Vol. 46, No. 2, 2018, pp. 194-231.

④ 王兆鹏:《大数据里的唐宋诗词世界》,《光明日报》2022年3月23日第11版。

⑤ Carsten Juergens, "Digital Data Literacy in an Economic World: Geo-spatial Data Literacy Aspects", *ISPRS International Journal of Geo-Information*, Vol. 9, No. 6, 2020, https://doi.org/10.3390/ijgi9060373.

⑥ Dennis Nguyen, "Mediatisation and Datafication in the Global COVID-19 Pandemic: On the Urgency of Data Literacy", *Media International Australia*, Vol. 178, No. 1, 2021, pp. 210-214.

⑦ Elinor Carmi, Simeon J. Yates, Eleanor Lockley and Alicja Pawluczuk, "Data Citizenship: Rethinking Data Literacy in the Age of Disinformation, Misinformation, and Malinformation", *Internet Policy Review*, Vol. 9, No. 2, 2020, https://doi.org/10.14763/2020.2.1481.

⑧ 周辉:《统筹数字经济发展和数据安全,依法切实保护个人信息权益》,《人民日报》2021年11月11日第9版。

（二）外在推动力：政策法律技术等外部因素

数据法律体系逐步建立。例如，欧盟《通用数据保护条例》，美国的《信息自由法》，2021年中国实施《数据安全保护法》《个人信息保护法》，构成了较为完备的法律法规体系，为数据素养发展提供了法律保障。

数据政策不断完善。国家层面的数据政策，如中国的《科学数据管理办法》、美国的《大数据研发倡议》《联邦大数据研发战略计划》、英国的《抓住数据机遇：英国数据能力策略》《国家数据战略》、欧盟的《地平线2020计划框架下的科学出版物和研究数据开放获取规则指南》《欧盟数据战略》[①]，以及各国的科研资助机构的数据管理与共享政策、高校数据政策、期刊数据政策，构成了多层次的数据政策体系，为数据素养教育开展提供了政策保障。

数据基础设施加快建设。全球科研数据知识库数量不断增长，截至2022年1月18日，在re3data.org注册的科研数据知识库数量已达2782个，这些数据库为数据组织、发现和共享提供了基础条件。Openrefine、R、Citespace等各类开源数据分析工具的涌现为数据分析和利用提供了便利条件。

（三）直接推动力：利益相关主体的推进

政府部门的积极引导。加拿大统计局（Statistics Canada）、澳大利亚公共服务委员会（Australian Public Service Commission）、美国国家航空航天局（National Aeronautics and Space Administration，NASA）等都极为重视数据素养的价值，提供数据素养在线课程，支持数据素养发展。

社会机构的积极参与。以图书馆、档案馆、科研院所、科学馆等为代表的科学教育文化机构积极参与至数据素养教育活动之中。学术图书馆嵌入学术工作流，深入开展用户教育，建立科研数据基础设

[①] 马合、黄小平：《欧美科学数据政策概览及启示》，《图书与情报》2021年第4期。

施,提供数据素养教育平台,设置数据馆员岗位,为数据素养教育配备必要人员①。档案馆兴起档案数据治理,为"国家治理现代化、政府治理重塑、社会政策优化、公共服务提升"等提供基础支撑②。澳大利亚国家档案馆(The National Archives of Australia)建立数据治理和管理框架③,大学、中学和小学也已认识到数据素养教育的重要性,开设数据素养相关课程。

商业公司的推波助澜。诸如美国科力特科技(Qlik)、高德纳咨询(Gartner)、塔谱软件技术(Tableau)等公司也积极参与至数据素养教育、数据分析技能培训活动之中。2020年,美国Qlik公司发布《数据素养对人类的影响》报告。高德纳对首席数据官的调查发现,数据素养低下是建立强大的数据和分析团队的三大障碍之一。这些公司也积极促进了数据素养教育活动的发展。

二 数据素养教育发展

(一)数据素养概念

"数据素养"这一概念可以追溯至2004年④。数据素养定义的角度主要包括如下几个方面:一是科学数据管理角度,例如,美国雪城大学秦健教授指出:"科学数据素养是指科学研究中收集、加工、管理、评价和利用数据的知识与能力。科学数据素养虽然与信息素养、数字素养类似,但是科学数据素养主要关注数据收集、加工、管理、评价与使用的多种能力,而非基于文献,强调在科学研究中对数据产

---

① 孟祥保、常娥、叶兰:《数据素养研究:源起、现状与展望》,《中国图书馆学报》2016年第2期。

② 金波、杨鹏:《大数据时代档案数据治理研究》,《档案学研究》2020年第4期。

③ National Archives of Australia, "Information and Data Governance Framework", https://www.naa.gov.au/about-us/our-organisation/accountability-and-reporting/information-and-data-governance-framework, January 2, 2022.

④ Milo Schield, "Information Literacy, Statistical Literacy, Data Literacy", *IASSIST Quarterly*, Vol. 28, No. 2-3, 2004, pp. 6-11.

生、操作和使用数据集的能力"①。孟祥保和李爱国将科学数据素养界定为数据意识、数据基本知识与技能，以及大数据应用能力②。沈婷婷认为数据素养就是对数据的"听、说、读、写"的能力，也是对数据的理解、交流、获取、运用的能力，同时也要具备批判性的思维③。秦小燕和初景利认为"科学数据素养"是教育学界"数据素养"概念在科学研究领域的应用，"强调对科学数据的理解、利用和管理能力，目的是将数据转化为知识"④。二是教育学角度，数据素养是有效理解和使用数据来为决策提供信息的能力⑤。对于青少年教育而言，数据素养是使用定量和定性数据理解、查找、收集、解释、可视化和支持论点的能力⑥。从教师专业发展和改进学生学习的角度，可将教师数据素养划分为数据意识、数据能力和数据伦理三个层次⑦。三是社会发展角度，数据素养是"通过数据建设性地参与社会的愿望和能力"⑧。四是新闻传播学领域，实证表明新闻记者更注重数据的生动呈现⑨，即数据新闻。此外，还相继提出生命科学数据素养⑩、

---

① Jian Qin and John D'Ignazio. "Lessons Learned from a Two-year Experience in Science Data Literacy Education", 2010, http：//docs. lib. purdue. edu/iatul2010/conf/day2/5，December 3, 2022.

② 孟祥保、李爱国：《国外高校图书馆科学数据素养教育研究》，《大学图书馆学报》2014年第3期。

③ 沈婷婷：《数据素养及其对科学数据管理的影响》，《图书馆论坛》2015年第1期。

④ 秦小燕、初景利：《科学数据素养内涵结构研究》，《图书情报工作》2019年第18期。

⑤ Ellen B. Mandinach and Edith S. Gummer, "A Systemic View of Implementing Data Literacy in Educator Preparation", *Educational Researcher*, Vol. 42, No. 1, 2013, pp. 30 – 37.

⑥ Erica Deahl, "Better the Data You Know：Developing Youth Data Literacy in Schools and Informal Learning Environments", July 14, 2014, https：//cmsw. mit. edu/developing-youth-data-literacy/, January 2, 2022.

⑦ 张进良、李保臻：《大数据背景下教师数据素养的内涵、价值与发展路径》，《电化教育研究》2015年第7期。

⑧ Data-Pop Alliance, "Beyond Data Literacy：Reinventing Community Engagement and Empowerment in the Age of Data", October 2015, https：//datapopalliance. org/wp-content/uploads/2015/11/Beyond-Data-Literacy-2015. pdf, January 2, 2022.

⑨ Kōuts-Klemm Ragne, "Data Literacy Among Journalists：A Skills-assessment Based Approach", *Central European Journal of Communication*, Vol. 12, No. 3, 2019, pp. 299 – 315.

⑩ Gibson J. Phil and Mourad Teresa, "The Growing Importance of Data Literacy in Life Science Education", *American Journal of Botany*, Vol. 105, No. 12, 2018, pp. 1953 – 1956.

安全职业数据素养①等。

概念模型是数据素养概念的形象化表征和描述。在各领域数据素养内涵基础上，国内外学者建立了类型多样的数据素养概念模型。主要有科研团队数据能力模型②，高校数据管理人员数据能力模型③，教学数据素养概念框架聚焦数据素养的研究、开发和能力建设④等。

从本质上看，数据素养不只是一种定量操纵数据的能力，在创新性活动中还具有赋能作用⑤，如对本科生科研训练中，无论是基于课程还是正式数据教育项目，都有可能成为提高本科生数据素养的主要方式⑥。数据素养与信息素养、统计素养、数字素养、媒介素养等存在明显差异，数据素养概念亟待整合⑦。

（二）数据素养需求

数据素养需求是数据素养教育的最直接动力，也是数据素养得以发展的基础。由于对数据素养概念内涵的理解不同，数据素养需求调查主要从三条路径展开：一是数据管理角度，围绕数据管理生命周期各个环节开展数据管理需求调研，代表性调查有：武汉大学图书馆2011—2012年开展的数据管理需求调查，包括高校产生科学数据的特

---

① Bing Wang, Chao Wu and Lang Huang, "Data Literacy for Safety Professionals in Safety Management: A Theoretical Perspective on Basic Questions and Answers", *Safety Science*, Vol. 117, 2019, pp. 15-22.

② 杜杏叶、李贺、李卓卓：《面向知识创新的科研团队数据能力模型构建研究》，《图书情报工作》2018年第4期。

③ 樊振佳、秦若玉：《高校数据管护人员素养框架：探索与构建》，《情报理论与实践》2018年第2期。

④ Edith S. Gummer and Ellen B. Mandinach, "Building a Conceptual Framework for Data Literacy", *Teachers College Record*, Vol. 117, No. 4, 2015, pp. 1-22.

⑤ Catherine D'Ignazio, "Creative Data Literacy: Bridging the Gap between the Data-haves and Data-have nots", *Information Design Journal*, Vol. 23, No. 1, 2017, pp. 6-18.

⑥ Theresa Burress, "Data Literacy Practices of Students Conducting Undergraduate Research", *College & Research Libraries*, Vol. 83, No. 3, 2022, pp. 434-451.

⑦ Tibor Koltay, "Data Literacy: In Search of a Name and Identity", *Journal of Documentation*, Vol. 71, No. 2, 2015, pp. 401-415.

征、用户对科学数据的认知与观念、管理科学数据的行为以及对科学数据管理服务的期望[1]。俄勒冈州立大学图书馆（Oregon State University Libraries）调查主要包括数据数量、类型、格式，以及教师如何管理自己的数据[2]。二是数据资产角度，以数据资产识别框架为理论框架，建立数据需求识别模型 DCP[3]、DAF[4]，如上海大学从数据资产、数据来源、所有者、数据范围、数据保存时间、数据管理六个方面调查用户需求[5]。其中，DCP 以普渡大学图书馆为代表。[6] 强调数据作为一种资源，但其本质还是从属于资产管理。三是数据能力角度，研究人员和学生对数据信息素养技能的需求日益增长。[7] Maybee 等运用扎根理论方法深度了解营养学和政治学学生对信息素养和数据信息素养课程大纲的需求。[8] 对我国图书馆用户数据素养需求调查表明，科研人员已意识到数据的重要性，但是素养欠缺。[9] 国外调研结果也表明，提高研究人员的数据管理重要性意识并提供资源和培训是十分必要的。[10] 对生物医学研

---

[1] 胡永生、刘颖：《基于用户调查的高校科学数据管理需求分析》，《图书情报工作》2013 年第 6 期。

[2] Amanda L. Whitmire, Michael Boock and Shan C. Sutton, "Variability in Academic Research Data Management Practices", *Program: Electronic Library and Information Systems*, Vol. 49, No. 4, 2015, pp. 382 - 407.

[3] 张萍、周晓英：《高校科研数据管理的需求评估方法研究》，《情报杂志》2015 年第 11 期。

[4] 迟玉琢、王延飞：《国外高校科研数据服务需求识别模型特点与启示》，《图书情报工作》2016 年第 4 期。

[5] 蔚海燕、卫军朝、张春芳：《高校研究数据管理需求调查实践与探索——以上海大学为例》，《图书情报工作》2016 年第 20 期。

[6] 孟祥保、符玉霜：《美国数据素养课题剖析与启示》，《图书与情报》2018 年第 5 期。

[7] Jacob Carlson, Michael Fosmire, C. C. Miller and Megan Sapp Nelson, "Determining Data Information Literacy Needs: A Study of Students and Research Faculty", *Portal: Libraries and the Academy*, Vol. 11, No. 2, 2011, pp. 629 - 657.

[8] Clarence Maybee, Jake Carlson, Maribeth Slebodnik and Bert Chapman, "'It's in the Syllabus': Identifying Information Literacy and Data Information Literacy Opportunities Using a Grounded Theory Approach", *The Journal of Academic Librarianship*, Vol. 41, No. 4, 2015, pp. 369 - 376.

[9] 张群、彭奇志、张路路、姜娟：《高校图书馆用户科学数据素养需求调查分析》，《图书馆学研究》2020 年第 1 期。

[10] Agusta Palsdottir, "Data Literacy and Management of Research Data – A Prerequisite for the Sharing of Research Data", *Aslib Journal of Information Management*, Vol. 73, No. 2, 2021, pp. 322 - 341.

究人员和工作人员的调查也表明，缺乏必要的数据素养培训。①

（三）数据行为研究

数据行为是赋予数据意义的一系列活动的总和，包括搜寻、阅读、引用、共享等行为。这些行为是数据素养内在动机和外在表现的结果，是数据素养教育重要的考察因素。

1. 数据搜寻行为

经济学本科生数据概念差异较大，更多学生是寻找个人感兴趣的数据而非学科专业数据。② 对社交媒体平台上的用户讨论和问答的开放访问使研究人员能够大规模地检查数据集的创建者、共享者和网络上用户的数据管理需求和行为。③ 在具体检索技术上，基于结构和属性特征的政府开放数据检索性能优于传统的本地检索方法④。文献搜索与数据集搜索的联系更为紧密。⑤ 因此，建议使用库尔索（Kuhlthau）的信息搜索过程来帮助学生，并与数据提供商合作来改进数据搜索过程。⑥ 在具体指导方面，有《图书馆员数值型数据服务参考源》《数据资源参考》等参考图书出版。

2. 数据引用行为

数据引用是数据素养能力的一项重要内容。在引证情境下，科研

---

① Lisa M. Federer, Ya-Ling Lu and Douglas J. Joubert, "Data Literacy Training Needs of Biomedical Researchers", *Journal of the Medical Library Association*, Vol. 104, No. 1, 2016, pp. 52 – 57.

② Betty Garrison and Nina Exner, "Data Seeking Behavior of Economics Undergraduate Students: An Exploratory Study", *Reference & User Services Quarterly*, Vol. 58, No. 2, 2018, pp. 103 – 113.

③ Besiki Stvilia and Leila Gibradze, "Seeking and Sharing Datasets in an Online Community of Data Enthusiasts", *Library & Information Science Research*, Vol. 44, No. 3, 2022, p. 101160, https：//doi. org/101110. 101016/j. lisr. 102022. 101160.

④ 赵龙文、莫荔嫒、黄跃萍：《基于结构和属性特征的政府开放数据检索方法研究》，《情报杂志》2017 年第 5 期。

⑤ Thomas Krämer, Andrea Papenmeier, Zeljko Carevic, Dagmar Kern and Brigitte Mathiak, "Data-Seeking Behaviour in the Social Sciences", *International Journal on Digital Libraries*, Vol. 22, No. 2, 2021, pp. 175 – 195.

⑥ Charissa Odelia Jefferson, Katrina Stierholz, Kristin Fontichiaro and Lynette Hoelter, "Considering Data Literacy Using Kuhlthau's Information Search Process: Implications for Librarians and Data Providers", *Journal of Business and Finance Librarianship*, Vol. 25, No. 3 – 4, 2020, pp. 197 – 229.

用户的数据认知行为分为价值判断、加工、采纳和期望四个阶段。[①]我国不同学科的科研人员引用数据类型差异明显，引用非原始数据占较大比重。[②] 图书情报学[③]、历史学[④]、社会学[⑤]领域的数据引用行为也存在差异性。中英文文献的数据引用也存在差异，英文数据再利用率相对较高，更为规范。[⑥] "数据共享对引用频次以及成果影响力的提升具有明显的促进作用。"[⑦]

3. 数据重用行为

数据共享的价值得到广泛认可，明确影响因素及其作用强度具有促进数据再利用的积极意义。对全球科学家调查结果表明，感知的数据重用的有效性和效率是重用行为的主要因素。[⑧] 科学家数据再利用影响因素主要是学科层面因素（数据知识库的可用性）和个人层面因素（感知有用性、感知关注和内部资源可用性）。[⑨] 社会科学家的数据重用意图直接受到数据重用的主观规范、对数据重用的态度以及

[①] 史雅莉、赵童、杨思洛：《引证视角下科研用户的数据认知行为研究——基于扎根理论方法》，《情报理论与实践》2020 年第 6 期。

[②] 史雅莉、司莉：《我国科研人员数据引用行为特征分析》，《情报理论与实践》2019 年第 6 期。

[③] 丁文姚、李健、韩毅：《我国图书情报领域期刊论文的科学数据引用特征研究》，《图书情报工作》2019 年第 22 期。

[④] 李海涛、吴雪华：《基于引文分析法的我国历史学者档案利用特征研究》，《档案学研究》2020 年第 4 期。

[⑤] 丁楠、杨柳、丁莹、凌晨、潘有能：《我国社会学期刊论文数据引用行为研究》，《图书与情报》2014 年第 6 期。

[⑥] 王雪、马胜利、佘曾溧、杨波：《科学数据的引用行为及其影响力研究》，《情报学报》2016 年第 11 期。

[⑦] 邱均平、何文静：《科学数据共享与引用行为的相互作用关系研究》，《情报理论与实践》2015 年第 10 期。

[⑧] Renata Gonçalves Curty, Kevin Crowston, Alison Specht, Bruce W. Grant and Elizabeth D. Dalton, "Attitudes and Norms Affecting Scientists' Data Reuse", *PLoS One*, Vol. 12, No. 12, 2017, p. e0189288, https://doi.org/0189210.0181371/journal.pone.0189288.

[⑨] Youngseek Kim and Ayoung Yoon, "Scientists' Data Reuse Behaviors: A Multilevel Analysis", *Journal of the Association for Information Science and Technology*, Vol. 68, No. 12, 2017, pp. 2709 – 2719.

参与数据重用的感知努力的影响。①

4. 数据共享行为

不同国家、学科领域的科研人员数据共享行为具有差异性。"国内社会科学家的数据共享行为受个人因素影响非常明显，包括感知职业获益和风险，感知努力和数据共享态度。"② 学者们从同辈理论③、元分析结构方程模型④解释了数据共享行为的影响因素，从公共科学视角构建数据开放共享合作模型⑤，科研人员数据共享的博弈模型⑥。

（四）数据素养测评

随着数据素养教育的深入发展，如何了解公众的数据素养水平及差异性，如何评价数据素养教育，如何干预数据素养教育，进而提升公众的数据素养水平等问题，在数据素养教育体系中至关重要。因此，数据素养的测评研究就成为解决上述问题的关键所在。

1. 评价指标体系

个体数据素养评价指标包括"数据意识、数据收集、数据管理、数据操作、数据伦理等12个指标内容"⑦。面向不同群体的数据素养评价指标体系各具针对性，教师数据素养评价包括数据知识、数据技能、教学应用、意识道德4个一级指标。⑧ 中小学教师数据素养评价

---

① Ayoung Yoon and Youngseek Kim, "Social Scientists' Data Reuse Behaviors: Exploring the Roles of Attitudinal Beliefs, Attitudes, Norms, and Data Repositories", *Library & Information Science Research*, Vol. 39, No. 3, 2017, pp. 224–233.

② 孙晓燕：《科学数据共享行为的理论模型构建及测度实证研究》，《情报学报》2016年第10期。

③ 毕达天、曹冉、杜小民：《人文社科科学数据共享意愿影响因素研究——基于同辈压力视角》，《情报资料工作》2020年第4期。

④ 万莉、程慧平：《基于元分析结构方程模型的科学数据共享行为因素研究》，《情报理论与实践》2021年第7期。

⑤ 盛小平、秦颢洋：《公众科学视角下的科学数据开放共享合作行为分析》，《图书情报工作》2021年第23期。

⑥ 刘晓婷、佟泽华、师闻笛：《大数据时代科研人员数据共享演化博弈研究：信任机制视角》，《情报理论与实践》2019年第3期。

⑦ 邓李君、杨文建：《个体数据素养评价体系及相关指标内涵研究进展》，《图书情报工作》2017年第3期。

⑧ 李青、赵欢欢：《教师数据素养评价指标体系研究》，《电化教育研究》2018年第10期。

指标体系包括数据意识、数据知识、数据操控技能、数据应用能力、评价交流数据、数据思维6个一级指标①。此外，还有针对工程硕士②、社会科学研究者等群体特征的评价指标。面向专业领域的数据素养评价指标体系，从数据素养能力角度建立数据素养评价指标体系，如科研人员的科学数据素养能力③、大数据管理与应用专业学生的数据素养能力④等。

2. 数据素养量表开发

数据素养测量更具有科学性、严谨性和可操作性。基于胜任特征模型的研究生数据素养评价量表包括数据意识、数据收集与评估、数据组织与管理、数据处理与分析、数据利用与归档及数据伦理等六大类19项标准。⑤ 以及基于情景应用的教师数据素养量表⑥，基于试题的通用数据素养量表⑦。

3. 数据素养实证测度

大规模测评有助于了解各类群体的数据素养水平。在不同情境下的数据素养测度结果表明，我国研究生在科研活动中具有良好数据意识，但数据能力普遍较弱。⑧ 移动互联网环境中大学生数据素养存在年级与专业差异，"数据意识、数据表达与解释的群体均衡收敛，个

---

① 林秀清、杨现民、李怡斐：《中小学教师数据素养评价指标体系构建》，《中国远程教育》2020年第2期。

② 葛明星、王战军、蔺跟荣：《工程硕士数据素养评价指数的建构与应用》，《高等工程教育研究》2020年第3期。

③ 秦小燕、初景利：《面向我国科研人员的科学数据素养能力评价研究》，《情报理论与实践》2020年第2期。

④ 徐绪堪、薛梦瑶：《面向大数据管理与应用专业的数据素养能力评价指标体系构建》，《情报理论与实践》2021年第9期。

⑤ 张晓阳、李榀：《基于胜任特征的研究生数据素养能力测评量表研究》，《图书情报工作》2017年第8期。

⑥ Department of Education, Office of Planning, Evaluation and Policy Development, *Teachers' Ability to Use Data to Inform Instruction: Challenges and Supports*, Washington, D. C., 2011.

⑦ Shiri Mund: Defining and Measuring Data Literacy for the 21st Century, Ph. D. Dissertation, New York University, 2022.

⑧ 余维杰、周娅莉、吴锦池：《我国研究生在科研活动中的数据素养现状研究——以双生命周期理论为视角》，《图书情报工作》2020年第7期。

体异质性在数据知识与技能、数据组织与管理能力方面表现显著"①。

4. 数据素养影响因素

学者们不断深入探索数据素养的影响因素。"教育培训、技术平台和素养氛围可以通过态度对数据素养产生正向影响；高学历与积极态度或高学历、高教育培训、低技术平台、低素养氛围是形成高科学数据素养的前因组合。"② 通过深度访谈可知，高校博士生数据素养影响因素主要包括数据、博士生主体和数据环境三个维度。③ 学生参与 GIS 数据教育活动受到内外因素的驱动。④ 数据素养还与个体的认知超载、焦虑、认知疲劳、回避行为等相关。⑤

5. 数据素养干预研究

明确数据素养的影响因素，可以采取有效措施进行干预。对教育工作者一年的数据使用干预，数据素养得到显著提高。⑥ 对 1182 名教育工作者长达两年的干预实验，在学生监测系统数据方面，通过干预，能够显著提高数据素养，知识鸿沟差距缩小。⑦ 短期干预也具有积极效果，对 64 名教师的课前 6 小时数据素养干预，也能够增加教

---

① 李霞、陈琦、刘思岩：《移动互联网环境下大学生数据素养能力实证评价研究》，《情报理论与实践》2020 年第 2 期。

② 毕达天、曹冉：《科研人员数据素养影响因素分析——基于 SEM 及 fsQCA 方法》，《情报学报》2021 年第 1 期。

③ 梁宇、郑易平：《高校博士生数据素养的影响因素及应对策略》，《情报理论与实践》2021 年第 4 期。

④ Bethany S. McGowan, "Measuring Student Motivation for Participation in GIS Data Activities", *Portal: Libraries and the Academy*, Vol. 20, No. 3, 2020, pp. 475–494.

⑤ Bibiana Giudice da Silva Cezar and Antônio Carlos Gastaud Maçada, "Cognitive Overload, Anxiety, Cognitive Fatigue, Avoidance Behavior and Data Literacy in Big Data Environments", *Information Processing & Management*, Vol. 60, No. 6, 2023, p. 103482, https://doi.org/10.1016/j.ipm.2023.103482.

⑥ Wilma B. Kippers, Cindy L. Poortman, Kim Schildkamp and Adrie J. Visscher, "Data Literacy: What Do Educators Learn and Struggle with during a Data Use Intervention?", *Studies in Educational Evaluation*, Vol. 56, 2018, pp. 21–31.

⑦ Marieke van Geel, Trynke Keuning, Adrie Visscher and Jean-Paul Fox, "Changes in Educators' Data Literacy during a Data-based Decision Making Intervention", *Teaching and Teacher Education*, Vol. 64, 2017, pp. 187–198.

师的数据素养知识与技能。① 同样的职前短时干预也证明具有积极效果。② 基于教育领域的数据素养干预研究,有学者提出评估数据使用的职业发展干预模型。③

(五) 数据素养教育

数据素养教育是大数据时代信息素养教育的拓展④,主要围绕数据素养教育资源建设、教育实践活动和教育模型展开。

1. 数据素养课程建设

课程建设是数据素养教育的内容载体。高校图书馆方面,魏来与王思明从教学对象、教学途径、教学内容角度调研分析了国内12所高校图书馆数据素养课程建设情况并提出建议。⑤ 武汉大学图书馆开设了"数据素养与数据利用"通识课程并取得了良好效果。⑥ 专业学院方面,对38所iSchool联盟院校的数据素养课程进行调查发现,数据素养课程逐步增多,注重数据能力训练的系统化。⑦ 对国内32所双一流大学信息管理与信息系统专业本科培养方案和数据素养课程相关数据的分析表明,国内专业学院数据素养课程存在目标不明确、课程

---

① Todd D. Reeves and Sheryl L. Honig, "A Classroom Data Literacy Intervention for Pre-service Teachers", *Teaching and Teacher Education*, Vol. 50, 2015, pp. 90 – 101.

② Samuel Merk, Simone Poindl, Sebastian Wurster and Thorsten Bohl, "Fostering Aspects of Pre-service Teachers' Data Literacy: Results of a Randomized Controlled Trial", *Teaching and Teacher Education*, Vol. 91, 2020, p. 103043, https://doi.org/103010.101016/j.tate.1020 20.103043.

③ Muhammad Fauzan Ansyari, Wim Groot and Kristof De Witte, "Tracking the Process of Data Use Professional Development Interventions for Instructional Improvement: A Systematic Literature Review", *Educational Research Review*, Vol. 31, 2020, p. 100362, https://doi.org/10.1016/j.edurev.2020.100362.

④ 黄如花、李白杨:《数据素养教育:大数据时代信息素养教育的拓展》,《图书情报知识》2016年第1期。

⑤ 魏来、王思明:《我国高校图书馆数据素养课程内容构建研究》,《情报资料工作》2018年第6期。

⑥ 刘霞、方小利、郑怡萍:《武汉大学面向本科生的数据素养通识课程的建设与思考》,《图书情报工作》2020年第22期。

⑦ 司莉、姚瑞妃:《图书情报专业研究生数据素养课程设置及特征分析——基于iSchool联盟院校的调查》,《图书与情报》2018年第1期。

体系不完善、课程内容不均衡问题。① 在建设策略方面，可依据数据生命周期构建"数据意识及伦理、数据获取和数据处理、数据分析与利用课程模块的数据素养课程群"②。面向不同专业不同群体可建立不同的数据素养课程体系，如立足信息技术课程、教育实习实践，贯穿人才培养生命周期，着力提高数据思维与数据能力的数据素养课程体系。③ 档案学专业的数据素养教育内容包括认知层、行动层和升华层，并融入了"数据态度、数据意识、数据知识、数据技能、数据伦理、数据文化等知识"④。

2. 数据素养教育实践

宏观调查层面，主要是调研国内外高校图书馆科学数据素养教育开展情况⑤，我国高校图书馆数据素养教育资源供给以"985 工程"为主⑥。在微观个案层面，典型有图书馆员负责实施的教师学习社区（Faculty Learning Communities）数据素养项目⑦、普渡大学图书馆的数据信息素养教育项目⑧。在公共图书馆，对青少年开展数据素养教育也是重要内容。研究表明，青少年对数据教育活动具有兴趣和参与度。⑨

---

① 张薇薇、施茜蕾：《基于知识建构的本科数据素养教育学习环境设计》，《现代情报》2021 年第 3 期。

② 沈玖玖、徐萍、张琴、龚花萍：《大数据时代高校数据素养课程群构建研究》，《图书情报工作》2019 年第 19 期。

③ 张斌、刘三妍、刘智、孙建文：《面向大数据的师范生数据素养课程体系构建研究》，《中国远程教育》2018 年第 4 期。

④ 归吉官：《基于档案学专业教育的数据素养教育内容体系建设》，《档案学通讯》2018 年第 2 期。

⑤ 宋甲丽、程结晶：《高校图书馆科学数据素养教育现状调查及建议》，《图书馆学研究》2018 年第 19 期。

⑥ 卢祖丹：《我国高校图书馆数据素养服务供给实证评价研究》，《图书馆杂志》2020 年第 10 期。

⑦ Theresa Burress, Emily Mann and Tina Neville, "Exploring Data Literacy via a Librarian-faculty Learning Community: A Case Study", *The Journal of Academic Librarianship*, Vol. 46, No. 1, 2020, p. 102076, https://doi.org/102010.101016/j.acalib.102019.102076.

⑧ 孟祥保、符玉霜：《美国数据素养课题剖析与启示》，《图书与情报》2018 年第 5 期。

⑨ Leanne Bowler, Manuela Aronofsky, Genevieve Milliken and Amelia Acker, "Teen Engagements with Data in an After-school Data Literacy Programme at the Public Library", *Information Research: An International Electronic Journal*, Vol. 25, No. 4, 2020, https://doi.org/10.47989/irisic2015.

加拿大的达尔豪斯大学《数据素养教育的策略和最佳实践知识综合报告》系统总结了数据素养的培养目标、教育的适宜时期、数据素养技能要素以及数据素养的可持续发展。① 用数据思考（Thinking with Data，TWD）项目实验发现，通过社会研究、数学、科学和英语语言艺术的集中整合，学生的数据素养得到了提高。② 高校图书馆还开展了面向数字人文的数据素养课程项目。③

在教育策略方面，对哈佛大学案例和国内访谈的研究表明，数据文化和交流合作也是重要的策略。④ 高校图书馆可以数据生命周期为导线开展启发式教育。⑤ 在高校思想政治队伍建设中，数据素养教育"技术框架是基础，算法能力是关键，思维方式是本质"⑥。

3. 数据素养教育模型

在数据素养教育实践基础之上，国内外学者提出了相应的理论模型，以指导数据素养教育实践深入发展。从教育对象而言，针对不同专业不同群体建立数据素养教育模型，如编辑出版专业的数据素养教育体系⑦、档案馆工作人员数据素养教育模型⑧、基于马克思主义活动理论建立的大学生数据素养教育模型⑨，此外还有跨学科的数据素

---

① 陈媛媛、王苑颖：《加拿大数据素养教育实践及启示——以达尔豪斯大学为例》，《情报理论与实践》2019年第6期。

② Philip Vahey, Ken Rafanan, Charles Patton, Karen Swan, Mark van't Hooft, Annette Kratcoski and Tina Stanford, "A Cross-disciplinary Approach to Teaching Data Literacy and Proportionality", *Educational Studies in Mathematics*, Vol. 81, No. 2, 2012, pp. 179–205.

③ 张璇、孟祥保：《面向数字人文的高校数据素养教育案例研究》，《大学图书馆学报》2019年第5期。

④ 郝媛玲、沈婷婷、高珊：《高校数据素养教育实践的思考和建议——基于哈佛大学案例和我国图书情报人员访谈的分析》，《图书情报工作》2015年第12期。

⑤ 邓李君：《高校图书馆数据素养教育策略研究》，《国家图书馆学刊》2016年第4期。

⑥ 葛卫华：《培育高校思想政治工作队伍大数据素养的有效路径》，《毛泽东邓小平理论研究》2017年第7期。

⑦ 周小莉：《面向编辑出版专业的数据素养教育体系构建研究》，《出版科学》2020年第1期。

⑧ 邢变变、杨晴晴：《大数据时代档案专业人员数据素养提升探析》，《档案与建设》2020年第4期。

⑨ 杜茹：《大学生数据素养教育模型构建——基于马克思主义活动理论视角》，《情报科学》2021年第1期。

养教育框架①。从教育主体而言,建立的有高校图书馆 5W 科学数据素养教育模型②,图书馆与其他机构相互协作的数据素养教育框架③。

4. 数据素养教育机制

数据素养教育需要在国家、社会和高校三个层面建立相应的机制④,需要各方利益主体积极参与、相互协同。国家层面,将数据素养教育纳入大数据发展战略,制定数据素养全民教育总体规划。社会层面,各类社会机构积极参与至数据素养教育活动之中,共同营造良好的数据素养教育氛围。高校层面,发挥高校图书馆的积极作用,可在数据素养教育政策、数据素养专业、数据管理平台等方面促进数据素养发展。⑤ 数据管理与共享政策是数据素养的促进动力⑥,数据馆员是图书馆数据素养教育的主体,其能力与专业发展关乎数据素养教育的成效⑦,数据管理平台是开展数据素养教育的依托⑧。

三 数据素养教育走向

综上所述,数据素养教育研究呈现如下几个方面的特征:一是数据素养价值日益凸显,科研数据管理、开放数据、数字人文、数字公

---

① Kate Farrell, Judy Robertson, "Interdisciplinary Data Education: Teaching Primary and Secondary Learners How to be Data Citizens", in *Proceedings of the 14th Workshop in Primary and Secondary Computing Education*, WiPSCE'19, ACM, https://doi.org/10.1145/3361721.3362120.

② 张群、刘玉敏:《高校图书馆科学数据素养教育体系模型构建研究》,《大学图书馆学报》2016 年第 1 期。

③ Stephen Pinfield, Andrew M. Cox and Jen Smith, "Research Data Management and Libraries: Relationships, Activities, Drivers and Influences", *PLoS One*, Vol. 9, No. 12, 2014, p. e114734, https://doi.org/10.1371/journal.pone.0114734.

④ 郝媛玲、沈婷婷:《数据素养及其培养机制的构建与策略思考》,《情报理论与实践》2016 年第 1 期。

⑤ 邓李君:《高校图书馆数据素养教育策略研究》,《国家图书馆学刊》2016 年第 4 期。

⑥ 张闪闪、顾立平、盖晓良:《国外信息服务机构的数据管理政策调研与分析》,《图书情报知识》2015 年第 5 期。

⑦ 蒋丽丽、陈幼华、陈琛:《国外高校图书馆数据馆员服务模式研究》,《图书情报工作》2015 年第 17 期。

⑧ 朱玲等:《北京大学开放研究数据平台建设:探索与实践》,《图书情报工作》2016 年第 4 期。

民、数据新闻等领域对数据素养的要求越来越高。二是数据素养研究呈现跨学科特征，涉及图书情报学、教育学、新闻与传播学、心理学、数据科学、安全科学、生物学、统计学等。三是数据素养教育主体呈现多元化，包括学术图书馆、专业学院、数据中心、档案馆、专业学会、政府部门等。四是数据素养教学形式多样互为补充，包括学院专业课程、在线课程、慕课、移动学习、翻转课堂等方式。五是图书馆作用日益加强，图书馆在数据素养教育中的作用日益凸显，无论是在数据素养研究中还是在数据素养教育实践中，图书馆尤其是高校图书馆起到了重要作用。

但是，现有研究也存在诸多需要完善之处：第一，数据素养及其教育理论体系不够系统完整，缺少统一的概念模型，对其价值缺乏足够的认识，应用领域范围缺乏明晰界定。第二，数据素养缺乏科学有效的测度量表，对用户数据素养现状缺乏整体性认识，调查数据缺乏对比性。第三，数据素养教育内容体系缺乏深入认识和系统构建，图书馆在数据素养教育中的作用认识还不够充分，缺乏必要的本土实践探索。因此，本书以数据素养形成机理和促进机制为研究主线，力图建立整合的数据素养理论框架，开发适合中国本土情境的数据素养测量方法与工具，设计本土数据素养教育课程，探索中国图书馆数据素养教育模式。

第三节 研究框架及内容

一 研究框架

爱因斯坦认为科学理论结构是直接经验（感觉）的各种体现、导出命题和公理体系的统一[①]。简而言之，科学理论建构也是"提出问题—分析问题—解决问题"的逻辑步骤，是经验到理论的抽象过程。

---

① [美] 爱因斯坦：《爱因斯坦文集》第一卷，许良英、范岱年编译，商务印书馆1976年版，第541—542页。

因此，本书围绕数据素养形成机理和数据素养促进机制两条主线，从数据素养教育理论建构和数据素养教育实践范式两个层面建构了研究框架，具体如图 1-2 所示：

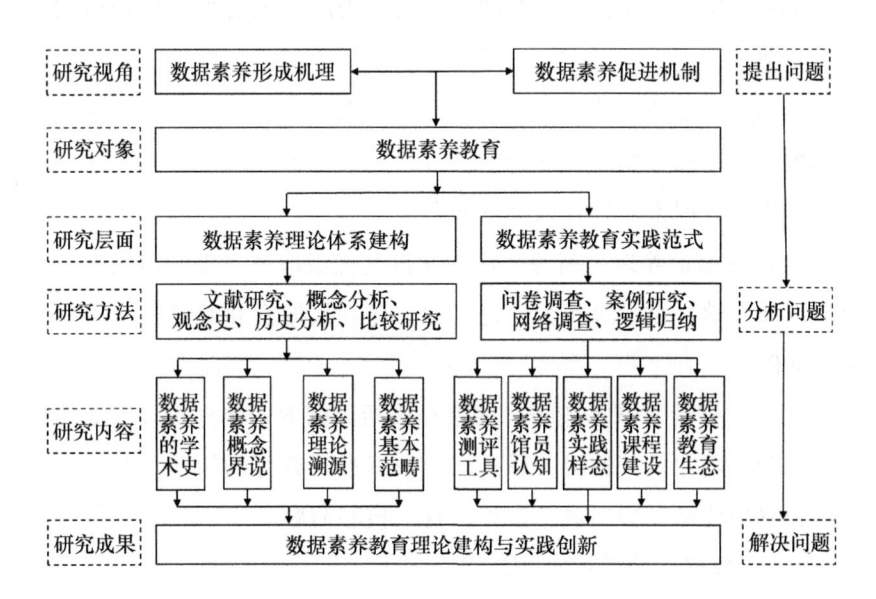

研究视角	数据素养形成机理 → ← 数据素养促进机制	提出问题
研究对象	数据素养教育	
研究层面	数据素养理论体系建构 / 数据素养教育实践范式	
研究方法	文献研究、概念分析、观念史、历史分析、比较研究 / 问卷调查、案例研究、网络调查、逻辑归纳	分析问题
研究内容	数据素养的学术史 / 数据素养概念界说 / 数据素养理论溯源 / 数据素养基本范畴 / 数据素养测评工具 / 数据素养馆员认知 / 数据素养实践样态 / 数据素养课程建设 / 数据素养教育生态	
研究成果	数据素养教育理论建构与实践创新	解决问题

图 1-2　数据素养教育研究总体框架

本书的核心研究对象是"数据素养及其教育模式"，着力解决"数据素养是什么"和"数据素养如何提高"两个基本问题，深入探索数据素养形成机理、数据素养促进机制，力图建构完整的数据素养认识论、本体论、范畴论、价值论、方法论、实践论、课程论和生态论。

二　主要内容

如图 1-2 所示，全书分为数据素养教育理论体系建构与数据素养教育实践范式两部分，具体内容如下：

（一）数据素养教育理论体系建构

重点解决数据素养观念、概念、理论基础和数据素养教育等基本理论问题，内容分为四章：

（1）数据素养的学术史。系统梳理国内外数据素养及其教育的起源、发展现状及其研究走向，批判分析数据素养研究领域的学术观点、研究方法及应用，重点介绍具有影响力的学术成果，呈现数据素养研究全景。

（2）数据素养概念界说。界定数据、数据素养、数据素养教育等基础概念，溯源数据素养理论基础，论述数据素养教育体系构建的必要性，建立数据素养教育内容框架。

（3）数据素养理论溯源。追溯和批判性汲取图书馆学情报学、教育学、社会学、哲学等相关理论知识，建立数据素养及其教育研究的理论基础。

（4）数据素养基本范畴。抽象和概括数据素养教育实践活动的现象、概念、规律及其逻辑关联，建立数据素养教育的始项范畴、中项范畴和终项范畴，提出数据素养教育的核心命题。

（二）数据素养教育实践范式

重点研究数据素养教育的时代价值、课程建设、国内外实践状况和治理机制构建，内容分为五章：

（1）数据素养测评工具。梳理数据素养测评历史、分析数据素养测评理论基础和工具类型，调查和对比研究国内外代表性数据素养测评工具，为我国数据素养测评工具开发提供针对性和可行性建议。

（2）学术图书馆数据素养教育馆员认知。以学术图书馆馆员为对象，调查我国学术馆员对数据素养教育内涵的认知、数据素养教育实践的认知、数据素养教育机制建设的认知，探究我国学术图书馆数据素养教育认知特征、实践状况及其影响因素，为推进我国数据素养教育发展提供第一手数据。

（3）学术图书馆数据素养教育实践样态。比较分析国内外典型性学术图书馆数据素养教育典型案例，提炼数据素养教育模式，提供数据素养教育实施路径。

（4）数据素养课程资源建设。调查 iSchool 院校数据素养类课程设置、国内外著名慕课（MOOC）平台数据素养课程设置状况，从课程目标、教学内容、教学方式、考核方式等方面总结数据素养课程建设情况。并以课题负责人开设数据素养课程为对象，探索数据素养课程建设的本土经验。

（5）数据素养教育生态模型。界定数据素养教育生态系统内涵，构建数据素养教育生态模型的核心要素及其关联，分析其运行机制，并提出优化路径。从宏观和理论角度为数据素养教育实践建立逻辑框架和促进策略。

三 研究方法

以问题为导向，坚持定性与定量研究相结合、理论分析与实证调查相结合，集成多学科研究方法，主要包括：

（一）文献研究

系统收集国内外数据素养、数据素养教育相关的期刊论文、学位论文、会议论文、学术专著、课程、研究课题、调查数据、政策文本等相关资料，综合运用文献计量、概念分析、概念史、扎根理论等方法系统梳理数据素养相关资料，为本书概念辨析、术语界定、理论建构、对策建议等提供相应的文献资料。

（二）调查研究

调查一：①调查目的：馆员对数据素养教育的认知和态度。②调查对象：学术图书馆员 200 名左右。③操作技术：自编问卷调查表，随机抽样。

调查二：①调查目的：数据素养专业课程建设状况，总结数据素养课程基本特征，凝练数据素养课程建设模式。②调查对象：iSchool 联盟院校数据素养类课程设置。③操作技术：全样本调查，通过逐一访问和搜索调查对象的官方网站和相关学术文献。

调查三：①调查目的：数据素养开放课程建设状况。②调查对象：国内外著名 MOOC 平台（如 Coursera、edX、Udacity、中国大学 MOOC 等）。③操作技术：逐一访问和检索数据素养类课程，并记录课程详细信息。

（三）案例研究

案例研究一：学术图书馆数据素养实践样态研究。选择国内外学术图书馆数据素养教育典型案例，比较分析其教育过程要素及其特征，凝练数据素养教育实践模式。

案例研究二：选择大学层面和图书馆层面的数据素养教育生态建设案例，检验数据素养教育生态模型的科学性与合理性。

案例研究三：设计与实施本土数据素养课程案例，探索和总结数据素养教育经验。

（四）概念史方法

"离析"和"综合"文献资料，审视其所产生的时代背景及其与社会文化的互动，呈现"数据素养"观念形成与演化，考察其内涵以及与信息素养、媒介素养、元素养等其他概念之间的关联。

（五）范畴分析方法

结合数据素养的发展历程，用历史与逻辑相统一、由抽象上升到具体、分析与综合相统一的方法，揭示数据素养教育活动的基本规律，建构数据素养教育的基本范畴体系，提出数据素养研究的基本命题。

第二章　数据素养教育概念界说

德国哲学家黑格尔（Georg Wilhelm Friedrich Hegel，1770—1831）曾说："概念在它的自身同一里是自在自为地规定了的东西。"① 数据素养概念不只是抽象的存在，还是"完全具体的东西"②。数据素养概念是数据素养研究的逻辑起点，综观数据素养教育研究，几乎都是从"数据素养"概念界定开始，逐步推导出数据素养概念模型、数据素养测评、数据素养教育实践，蕴含着学者对数据素养不同的实践总结和逻辑演绎。因为只有科学、正确和全面地理解"数据素养"的内涵、演变过程及其应用情境，才能深入地把握数据素养的形成机理，才能完整地建立数据素养的促进机制，才能使数据素养教育研究成果落地生根、开花结果。③

追溯"数据素养"概念演变，界定数据素养内涵，也是回归学术研究的旨趣所在。数据素养是一个新兴和跨学科领域，数据素养的概念多达上百种。匈牙利塞切尼·伊什特万大学（Szent István University）图书情报学系教授蒂博尔·科尔泰认为有必要统一数据素养概念。④ 加拿大西蒙弗雷泽大学（Simon Fraser University）教育学院副教授格布

---

① ［德］黑格尔：《小逻辑》，贺麟译，商务印书馆1980年版，第327页。
② ［德］黑格尔：《小逻辑》，贺麟译，商务印书馆1980年版，第334页。
③ 陈羽洁、张义兵、李艺：《素养是什么？——基于皮亚杰发生认识论知识观的演绎》，《电化教育研究》2021年第1期。
④ Tibor Koltay, "Data Literacy: In Search of a Name and Identity", *Journal of Documentation*, Vol. 71, No. 2, 2015, pp. 401–415.

雷·恩吉达（Gebre Engida）将数据素养概念分为能力发展、数据查找、个人数据意识和公民参与四个发展取向。① 国内北京航空航天大学图书馆秦小燕博士在其博士学位论文中对33种数据素养概念做过较为细致的梳理。② 数据素养概念的众说纷纭，在一定程度上限制了数据素养的测量、教育实践的发展。由此，有必要梳理"数据素养"概念的发展与演变过程，界定其内涵与外延，阐释数据素养教育的内涵与价值。

第一节　数据素养概念分析

"数据素养"是一个不断在发展的概念。2004年，美国奥古斯堡学院（Augsburg College）教授米洛·希尔德（Milo Schield）在《信息素养、统计素养和数据素养》一文中明确提出"数据素养"（Data Literacy）概念。③ 值得注意的是，希尔德教授曾主持美国凯克基金会（W. M. Keck Foundation）资助项目"面向人文学科的统计素养跨学科课程开发"④，统计素养与数据素养密不可分。随着数据素养教育实践的深入发展以及大数据社会的来临，各学科领域专家从不同学科不同角度提出了数据素养的概念，如"数据信息素养"（Data Information Literacy）⑤、"科学数据素养"（Science Data Literacy）⑥、"科研数

---

① Engida Gebre, "Conceptions and Perspectives of Data Literacy in Secondary Education", *British Journal of Educational Technology*, Vol. 53, No. 5, 2022, pp. 1080 – 1095.

② 秦小燕：《科学数据素养能力指标体系构建与实证研究》，博士学位论文，中国科学院大学，2018年，第155—160页。

③ Milo Schield, "Information Literacy, Statistical Literacy, Data Literacy", *IASSIST Quarterly*, Vol. 28, No. 2 – 3, 2004, pp. 6 – 11.

④ Milo Schield, "Statistical Literacy and Liberal Education at Augsburg College", *Quantitative Literacy*, Vol. 6, No. 4, 2004, pp. 16 – 18.

⑤ Jacob Carlson, Michael Fosmire, C. C. Miller and Megan Sapp Nelson, "Determining Data Information Literacy Needs: A Study of Students and Research Faculty", *Portal: Libraries and the Academy*, Vol. 11, No. 2, 2011, pp. 629 – 657.

⑥ Jian Qin and John D'Ignazio, "Lessons Learned from a Two-year Experience in Science Data Literacy Education", 2010, http://docs.lib.purdue.edu/iatul2010/conf/day2/5, December 3, 2022.

据素养"(Research Data Literacy)①、"大数据素养"(Big Data Literacy)②、"安全数据素养"(Safety Data Literacy)③、"数据可视化素养"(Data Visualization Literacy)④、"开放数据素养"(Open Data Literacy)⑤ 等,术语表述各异、异彩纷呈,涉及图书馆学情报学、数据科学、统计学、安全科学、新闻传播学、教育学等多学科,涵盖科研、教育、社会、大数据、开放数据等多领域,实为一个基础性和跨学科的概念。参考媒介素养研究的理论框架⑥,可将数据素养研究梳理为以下三种取向:

一 能力说

能力取向的数据素养定义,将数据素养视为个体能力并具有发展的层次性,强调不同层次的能力。现有研究集中在科学数据、教育学、新闻传播学等学科专业领域。

(一) 科学数据领域的数据素养定义

回顾人类科学发展史,实验科学、理论推演、计算机仿真这三种科研范式均与数据密切相关,数据分析与管理能力是科研人员的基本

---

① René Schneider, "Training Trainers for Research Data Literacy: A Content-and Method-oriented Approach", in Serap Kurbanoğlu, Joumana Boustany, Sonja Špiranec, Esther Grassian, Diane Mizrachi and Loriene Roy eds. , *Information Literacy in the Workplace. ECIL 2017. Communications in Computer and Information Science*, Vol. 810, Cham: Springer, 2018, pp. 139 – 147, https://doi.org/10.1007/978-3-319-74334-9_15.

② Padmanabhan Seshaiyer and Connie L. McNeely, "Big Data Literacy", in Laurie A. Schintler and Connie L. McNeely, eds. , *Encyclopedia of Big Data*, Cham: Springer International Publishing, 2020, pp. 82 – 84.

③ 雷雨、吴超:《安全数据素养的作用机制及其促进研究》,《情报杂志》2019 年第 9 期。

④ Katy Börnera, Andreas Buecklea and Michael Gindaa, "Data Visualization Literacy: Definitions, Conceptual Frameworks, Exercises, and Assessments", *PNAS*, Vol. 116, No. 6, 2019, pp. 1857 – 1864.

⑤ Nicholas Weber, An Yan and Carole L. Palmer, "Open Data Literacy Project", https://www.ideals.illinois.edu/handle/2142/96721, December 22, 2021.

⑥ 卢峰:《媒介素养之塔:新媒体技术影响下的媒介素养构成》,《国际新闻界》2015 年第 4 期。

功。在数据密集型科研范式中，这一能力的重要性日益凸显，因而被纳入研究视野，即科学数据素养。代表性科学数据素养定义如下：

2013年，卡尔森（Carlson）等提出信息数据素养核心能力包括：理解数据，如数据定义、数据的作用；查找或获取数据，数据来源及其评价、数据获取的主要方法；解读与评价数据；管理数据，包括元数据、数据库、数据管理库、数据政策、数据管理工具等；利用数据，包括数据操作、数据分析方法、数据使用伦理。①

2013年，美国雪城大学秦健教授指出："科学数据素养是指科学研究中收集、加工、管理、评价和利用数据的知识与能力。科学数据素养虽然与信息素养、数字素养类似，但是科学数据素养主要关注数据收集、加工、管理、评价与使用的多种能力，而非基于文献，强调在科学研究中对数据产生、操作和使用数据集的能力。"②

2015年，沈婷婷认为数据素养就是对数据的"听、说、读、写"的能力，也是对数据的理解、交流、获取、运用的能力，同时也要具备批判性的思维。③

2015年，匈牙利塞切尼·伊什特万大学科尔泰教授认为，数据素养使个人能够访问、解释、批判性评估、管理、处理和合乎道德地使用数据。④

2019年，秦小燕和初景利认为"科学数据素养"是教育学界"数据素养"概念在科学研究领域的应用，"强调对科学数据的理解、利用和管理能力，目的是将数据转化为知识"。⑤

---

① Javier Calzada Prado and Miguel-Ángel Marzal, "Incorporating Data Literacy into Information Literacy Programs: Core Competencies and Contents", *Libri: International Journal of Libraries and Information Studies*, Vol. 63, No. 2, 2013, pp. 123 – 134.

② Jian Qin and John D'Ignazio. "Lessons Learned from a Two-year Experience in Science Data Literacy Education", 2010, http://docs.lib.purdue.edu/iatul2010/conf/day2/5, December 3, 2022.

③ 沈婷婷:《数据素养及其对科学数据管理的影响》,《图书馆论坛》2015年第1期。

④ Tibor Koltay, "Data Literacy: In Search of a Name and Identity", *Journal of Documentation*, Vol. 71, No. 2, 2015, pp. 401 – 415.

⑤ 秦小燕、初景利:《科学数据素养内涵结构研究》,《图书情报工作》2019年第18期。

随着数据密集型科研范式的兴起，数据素养的内涵更为广泛。除数据分析和数据可视化之外，生命科学数据素养还包括：使用哪些定量分析工具；如何将这些工具作为实验的一个组成部分应用到生物学环境中；如何根据特定问题或假设解释分析数据；如何在不同平台上有效地传达结果。① 安全数据素养则由数据素养和安全素养两部分组成。②

（二）教育学领域的数据素养定义

智慧教育环境下，教育数据的科学处理和分析对教育具有积极的促进作用，数据驱动教育蓬勃发展。培育数据使用文化、出台教育数据法律政策、建立纵向数据库、开发数据素养资源包③等多维路径推动数据素养发展。《教学与教师教育》（Teaching and Teacher Education）、《教育评价研究》（Studies in Educational Evaluation）、《英国教育技术杂志》（British Journal of Educational Technology）、《教师学院记录》（Teachers College Record）等国际教育学期刊及时报道数据素养研究成果。2020年，《国际高等教育技术杂志》（International Journal of Educational Technology in Higher Education）刊出"高等教育数据素养的批判视角：新兴视角与挑战"④。2021年，《教育评价研究》（Studies in Educational Evaluation）推出"基于数据决策的复杂性"⑤。教育学领域的数据素养代表性定义如下：

2013年，美国心理学会教育心理学分会前主任、"西部教育"数

---

① J. Phil Gibson and Teresa Mourad, "The Growing Importance of Data Literacy in Life Science Education", *American Journal of Botany*, Vol. 105, No. 12, 2018, pp. 1953–1956.

② 雷雨、吴超：《安全数据素养的作用机制及其促进研究》，《情报杂志》2019年第9期。

③ 王正青、张力文：《大数据时代美国发展教师数据素养的基础与路径》，《比较教育研究》2018年第2期。

④ Juliana Elisa Raffaghelli, Stefania Manca, Bonnie Stewart, Paul Prinsloo and Albert Sangrà, "Supporting the Development of Critical Data Literacies in Higher Education: Building Blocks for Fair Data Cultures in Society", *International Journal of Educational Technology in Higher Education*, Vol. 17, 2020, https://doi.org/10.1186/s41239–41020–00235-w.

⑤ Ellen B. Mandinach and Kim Schildkamp, "The Complexity of Data-based Decision Making: An Introduction to the Special Issue", *Studies in Educational Evaluation*, Vol. 69, 2021, p. 100906, https://doi.org/100910.101016/j.stueduc.102020.100906.

据驱动决策项目（Data for Decisions Initiative at WestEd）主任曼迪纳契（Ellen B. Mandinach）和考夫曼基金会（Kauffman Foundation）首席研究员古曼（Edith Gummer）在一篇综述里提出数据素养是"有效理解和使用数据并做出决策和执行的能力"[①]。在提交给迈克尔和苏珊·戴尔基金会（Michael & Susan Dell Foundation）的研究报告中，西部教育把这一定义进一步表述为："教师数据素养是指教师收集、分析、解释各种类型的教育数据，并用其优化教学、确定教学方案、有效教学的能力。"[②] 这一定义本质上是将数据素养视为特定领域的能力。

从教师角度而言，国内学者阮士桂和郑燕林认为教师数据素养包括数据处理的基本技能、通过数据分析来改善教学的能力两个方面[③]。学者李青和任一姝进一步把教师数据素养分为"使用数据的相关知识、通过数据驱动教学的能力、使用数据的相关意识三个方面"[④]。学者刘雅馨等同样认为教师数据素养是教师在接触教育数据时所体现出来的一种综合能力，包含数据意识与态度、数据基础知识、数据核心技能以及数据思维方法四个方面[⑤] 教师数据素养本质上还是强调数据素养能力。

从学生角度而言，数据素养包括数据意识、数据获取、数据参与、数据管理、数据交流、数据伦理和数据保存七个阶段，以促进学习为目标[⑥]。

---

① Ellen B. Mandinach and Edith S. Gummer, "A Systemic View of Implementing Data Literacy in Educator Preparation", *Educational Researcher*, Vol. 42, No. 1, 2013, pp. 30 – 37.
② WestEd, "An Analysis of the Licensure Requirements that Pertain to Data Literacy", https：//files. eric. ed. gov/fulltext/ED568597. pdf, December 3, 2021.
③ 阮士桂、郑燕林：《教师数据素养的构成、功用与发展策略》，《现代远距离教育》2016 年第 1 期。
④ 李青、任一姝：《国外教师数据素养教育研究与实践现状述评》，《电化教育研究》2016 年第 5 期。
⑤ 刘雅馨、杨现民、李新、田雪松：《大数据时代教师数据素养模型构建》，《电化教育研究》2018 年第 2 期。
⑥ Clarence Maybee and Lisa Zilinski, "Data Informed Learning：A Next Phase Data Literacy Framework for Higher Education", *Proceedings of the Association for Information Science and Technology*, Vol. 52, No. 1, 2015, pp. 1 – 4.

教育学领域关注的"数据"是来自一线教育教学的数据，利益相关方不同，数据素养的内涵也不尽相同①。

（三）新闻传播学领域的数据素养定义

数据素养是新闻从业者的基本素养之一②，与之紧密关联的是数据新闻，即"基于数据的抓取、挖掘、统计、分析和可视化呈现的新型新闻报道方式"③。与科学数据素养能力具有高度的一致性。结合新闻传播领域的专业性，数据素养被定义为"消费知识、连贯地生产和批判性地思考数据的能力"④。既包括统计知识，也包括大型数据集的处理能力、理解数据来源的能力、连接各种数据集及其解释的能力。事实上，这与新闻传播专业核心能力是相互契合的。与此同时，国内学者许向东指出："数据新闻是一种传播新闻信息的方式，并不是新闻传播的本质与核心。"⑤ 数据新闻事业下的数据素养更为强调新闻的专业性、数据可视化能力。或许，这从另一个方面说明了数据素养的跨学科性和渗透性。

二　过程说

基于过程的数据素养定义，强调的是围绕科研生命周期所应具备的能力，或者是习得数据素养所要经历的阶段。

（一）数据生命周期视角

2014年，孟祥保和李爱国将科学数据素养界定为三个层次：具有数据意识，具备数据基本知识与技能，能够利用数据资源发现问

---

① 李艳、刘淑君：《国外教师数据素养测评研究及启示》，《开放教育研究》2020年第1期。

② 陈昌凤：《21世纪的新闻教育：如何培养创新型人才?》，《新闻大学》2020年第9期。

③ 方洁、颜冬：《全球视野下的"数据新闻"：理念与实践》，《国际新闻界》2013年第6期。

④ Jonathan Gray, Liliana Bounegru and Lucy Chambers, *The Data Journalism Handbook*: *How Journalists Can Use Data to Improve the News*, Sebastopol, CA: O'Reilly Media Inc, 2012.

⑤ 许向东：《对中美数据新闻人才培养模式的比较与思考》，《国际新闻界》2016年第10期。

题、分析问题和解决问题①。

2016年，胡卉和吴鸣认为："数据素养强调的是一种正当地发现和获取数据、批判地选择和评估数据、规范地管理和处理数据、合理地利用和共享数据的意识和能力。"② 并构建了8个生命周期阶段的22项数据管理能力。

上述定义均聚焦数据生命周期各个环节，每一环节对应一种数据能力。

（二）个体发展过程视角

从个体生命历程、职业发展的角度提出数据素养的具体要求，具有较强的整体性和协同性。这一角度的定义富有挑战性，因此并不多见。教师数据素养从职前到在职是一个连续的统一体，可以概念化一个元结构③。

三 文化说

将数据素养视为现代文明社会中公众应具备的基本素养之一，与媒介素养、信息素养、数字素养等共同构成现代公众的基本素养体系，强调个体与社会之间的互动关系。具有主体性、情境性、关键性、多元性和社会性④。例如，在政府开放数据运动中，数据素养是"访问、批判性评估、解释、操作、管理、总结、处理、呈现和合乎道德地使用数据的能力"⑤。侧重公众获取数据的能力、权利、责

---

① 孟祥保、李爱国：《国外高校图书馆科学数据素养教育研究》，《大学图书馆学报》2014年第3期。

② 胡卉、吴鸣：《嵌入科研工作流与数据生命周期的数据素养能力研究》，《图书与情报》2016年第4期。

③ Jori S. Beck and Diana Nunnaley, "A Continuum of Data Literacy for Teaching", *Studies in Educational Evaluation*, Vol. 69, 2021, p. 100871, https://doi.org/100810.101016/j.stueduc.102020.100871.

④ Aristea Fotopoulou, "Conceptualising Critical Data Literacies for Civil Society Organisations: Agency, Care, and Social Responsibility", *Information, Communication & Society*, Vol. 24, No. 11, 2021, pp. 1640–1657.

⑤ Karen Okamoto, "Introducing Open Government Data", *Reference Librarian*, Vol. 58, No. 2, 2017, pp. 111–123.

任等。

　　社会参与是公民数据素养的主要特征,英国公民数据素养项目将公民数据素养框架分为数据思维(公民对数据的批判性理解)、数据行为(公民与数据的日常互动)、数据参与(公民积极参与数据及其素养网络)三个维度。① 数据流行联盟(Data-Pop Alliance)将数据素养定义为"通过数据建设性地参与社会的愿望和能力"。② 国际人道主义数据交换中心把数据素养定义为阅读、处理、分析和与数据对话的能力。③ 任一姝和王晓军则认为公民的数据素养是"运用定性或定量的数据理解、寻找、收集、解释、呈现和支持自己观点的能力"。④ 数据分析是核心,数据素养教育是一项系统性工程。

　　不同的情境对数据素养要求侧重点也不同。在 COVID-19 突发公共卫生事件中,数据素养更具有紧迫性和现实性,是理解和批判性评估数据化及其社会影响的个人能力,如应对数据滥用、数据偏见、虚假数据等能力。⑤ 地理空间数据集的社会应用,则关注其起源、具体性质和经济应用,以及地理空间数据的选择和处理如何影响人们的经济决策。⑥

---

　　① Simeon Yates, Elinor Carmi, Alicja Pawluczuk, Eleanor Lockley Bridgette Wessels and Justine Gangneux, "Me and My Big Data Report 2020: Understanding Citizens' Data Literacies: Thinking, Doing & Participating with Our Data", https://www.nuffieldfoundation.org/wp-content/uploads/2020/03/Me-and-My-Big-Data-Report-March-2020.pdf, December 3, 2021.

　　② Data-Pop Alliance, "Beyond Data Literacy: Reinventing Community Engagement and Empowerment in the Age of Data", September 2015, https://datapopalliance.org/wp-content/uploads/2015/11/Beyond-Data-Literacy-2015.pdf, December 22, 2021.

　　③ Humanitarian Data Exchange, "Glossary of Data Terms", https://centre.humdata.org/glossary/, December 22, 2021.

　　④ 任一姝、王晓军:《大数据时代:如何提升公民的数据素养能力》,《中国教育信息化》2016 年第 17 期。

　　⑤ Dennis Nguyen, "Mediatisation and Datafication in the Global COVID-19 Pandemic: On the Urgency of Data Literacy", *Media International Australia*, Vol. 178, No. 1, 2021, pp. 210-214.

　　⑥ Carsten Juergens, "Digital Data Literacy in an Economic World: Geo-spatial Data Literacy Aspects", *ISPRS International Journal of Geo-Information*, Vol. 9, No. 6, 2020, https://doi.org/10.3390/ijgi9060373.

四 比较分析

综上定义，给"数据素养"下一个一劳永逸的"标准"定义似乎是不太现实的，但是从三种导向的数据素养定义可以归纳出"数据素养"十项共同特征：①数据素养是个人解决问题的一种基本能力，数据收集、分析和应用在问题解决中起到重要作用。②数据素养侧重伦理性，强调个人数据保护、数据使用伦理、数字隐私等。③数据驱动决策，在"数据—信息—知识—智慧"全链条中，数据素养起到转化和活化的作用，数据素养是一种特殊的知识和技能。④数据素养具有层次性，强调从具体的数据处理与分析等具体知识到抽象的数据意识、数据思维和数据文化。⑤数据素养具有过程性，既有科学数据生命周期的客观性，也有个体数据素养发展的周期性。⑥数据素养赋能发展，数据素养在科学研究、教育教学、新闻传播、政府治理、商业发展、健康医疗等学科领域中具有独特价值。⑦数据素养具有情境性，不同专业领域的数据素养存在差异，具有明显的学科特征。⑧数据素养侧重批判性思维，数据素养使个人能够更好地选择、评估和分析数据，具有批判性数据思维以做出明智决策，批判性思维对数据素养至关重要。[①] ⑨数据素养具有交流性，数据素养可以视为一种新兴的世界通用语言，也是组织管理、社会治理的第二语言。数据标准化、数据可视化、数据故事化是基本的语言符号。⑩数据素养具有表现特征和差异性，因此可测度、可量化。

当然，三种取向的数据素养定义也存在差异性。"能力说"强调个体的能力，并把数据素养的各项能力分解，且具有明确的专业目标性和群体指向性，如科学数据素养能力、教师数据素养，这就为数据

---

① Bing Wang, Chao Wu and Lang Huang, "Data Literacy for Safety Professionals in Safety Management: A Theoretical Perspective on Basic Questions and Answers", *Safety Science*, Vol. 117, 2019, pp. 15–22.

素养测度提供了可操作性。但是将素养等同于能力，具有一定的不合理性。"过程说"把数据素养分为一系列数据生命周期环节。"文化说"强调个体与社会的互动，将个体数据素养置于社会文化环境之中考察，具有广阔的视野，也拓展了数据素养的研究边界。但是个体如何参与社会互动、如何理解和表达自己，则需要建构一个整合的概念框架。

综上所述，数据素养是一个不断在演变并具有学科情境的概念，要成为一个有基础性和战略意义的"数据素养"则需要更完整的理论建构和复杂的实践发展。①

第二节 数据素养内涵外延

一 数据与素养

在定义"数据素养"之前，有必要先阐明什么是"数据"、什么是"素养"，这是理解和界定概念的必要条件。

（一）数据的词源学考察

1. 数

秦简《鲁久次问数于陈起》提出"天下之物，无不用数"。《史记·律书》和《汉书·律历志》都从哲学高度肯定了"数"的存在。②在西方文明中，"数"（number）产生于13世纪，源自英法名词"noumbre"、古法语"nombre"和拉丁语"numerus"，表示"总和，集合的总数"。14世纪后期，演变为"书面符号或算术值"之义。③《现代汉语词典》将"数"（shù）解释为：①数目。②数学上表示事物的量的

---

① Luci Pangrazio and Julian Sefton-Green, "The Social Utility of 'Data Literacy'", *Learning Media and Technology*, Vol. 45, No. 2, 2020, pp. 208–220.

② 丁四新：《"数"的哲学观念再论与早期中国的宇宙论数理》，《哲学研究》2020年第6期。

③ "Number (n.)", https://www.etymonline.com/word/number#etymonline_v_42502, January 2, 2022.

基本概念。③事物的数量。④天命；劫数。⑤几；几个。①

2. 数据

"data"源自希腊文字"da-tum"复数形式。17世纪40年代开始，表示"给定或授予的事实"，在经典用法中，最初是"作为数学问题计算基础的一个事实"。从1897年开始，"数据"被定义为"数字事实收集以备将来参考"。1946年，"数据"首次表示"用于执行计算机操作的可传输和可存储信息"的含义。从1954年开始具有"数据处理"用义。1962年，"数据"用于表示信息科学技术中的数据库、结构化数据等。1970年，数据实体概念出现。②

《现代汉语词典》中"数据"是指进行各种统计、计算、科学研究或技术设计等所依据的数值。③ 在这里"数据"主要还是数值型的。韦氏词典是将"数据"定义为"作为推断、讨论或者计算基础的事实类信息"，牛津高阶词典将其界定为"事实或信息，尤其是把它们用来核查、探寻事物的本质或进行决策时"。④

3. 大数据

信息与智能技术的快速发展和广泛应用，以及数据资源化大规模发展，预示着大数据时代的来临。1998年，《自然》首次提出"大数据"术语。2008年，《自然》推出"大数据"专刊。2011年，麦肯锡发布《大数据：创新、竞争与生产力的下一个前沿》报告，介绍了各领域的大数据应用。⑤ 2012年，达沃斯世界经济论坛发布《大数

---

① 中国社会科学院语言研究所词典编辑室编：《现代汉语词典》，商务印书馆2016年第7版，第1218页。

② "Data（n.）"，https：//www.etymonline.com/word/data#etymonline_ v_ 782，January 2，2022.

③ 中国社会科学院语言研究所词典编辑室编：《现代汉语词典》，商务印书馆2016年第7版，第1218页。

④ 吴忭、David Shaffer：《数据赋能的理解学习》，《开放教育研究》2020年第2期。

⑤ James Manyika，Michael Chui，Brad Brown，Jacques Bughin，Richard Dobbs，Charles Roxburgh and Angela Hung Byers，"Big Data：The Next Frontier for Innovation，Competition，and Productivity"，May 2011，https：//www.mckinsey.com/business-functions/mckinsey-digital/our-insights/big-data-the-next-frontier-for-innovation，December 3，2021.

据，大影响》报告，宣告大数据时代的到来，大数据是"超过了典型数据库软件工具捕获、存储、管理和分析数据能力的数据集合"。① 大数据具有规模性（Volume）、高速性（Velocity）、多样性（Variety）的"3V"特征，在此基础上学者们又将其拓展为价值性（Value）、真实性（Veracity）、易变性（Variability）等特征。

（二）素养的词源学考察

在中国文化中"素养"一词早已被使用，如《汉书·李寻传》中就有："马不伏历，不可以趋道；士不素养，不可以重国。"② 这里的"素养"指的是修习涵养。《现代汉语词典》将"素养"界定为"平日的修养"。③《大辞海》中"素养"是指"经常修习涵养"。④

英文中"literacy"表示"读写能力"，1883年出现该词，由"literate"加后缀"cy"。⑤《牛津高阶英汉双解词典》中的解释是"读写能力"。⑥

世界权威组织也定义过"素养"（literacy）。联合国教科文组织（United Nations Educational, Scientific and Cultural Organization, UNESCO）定义："素养是使用与不同背景相关的印刷和书面材料来识别、理解、解释、创造、交流和计算的能力。"⑦ OECD定义："素养是在特定情境中通过利用和调动心理社会资源（包括知识、技能和

---

① World Economic Forum, "Big Data, Big Impact: New Possibilities for International Development", https://www3.weforum.org/docs/WEF_TC_MFS_BigDataBigImpact_Briefing_2012.pdf, December 3, 2021.
② （东汉）班固：《汉书》卷23《李寻传》，中华书局1962年版，第472页。
③ 中国社会科学院语言研究所词典编辑室编：《现代汉语词典》，商务印书馆2016年第7版，第1248页。
④ 夏征农、陈至立主编：《大辞海·语词卷》，上海辞书出版社2014年版，第3327页。
⑤ "Literacy (n.)", https://www.etymonline.com/word/literacy#etymonline_v_30356, December 3, 2021.
⑥ [英]霍恩比：《牛津高阶英汉双解词典》，赵翠莲等译，商务印书馆2014年第8版，第1217页。
⑦ UNESCO, "Literacy", http://uis.unesco.org/en/glossary-term/literacy, November 2, 2021.

态度等)以满足复杂需要的能力。"① 欧盟 (European Union, EU) 定义素养是"适用于特定情境的知识、技能和态度的综合"。

综上所述,素养具有四个最基本的特征:①素养是人的特有能力,是获取知识、分析问题和解决问题的能力;②素养是一系列知识、技能、态度等的综合;③素养具有情境性,面临不同的生活、工作和学习环境,具化为不同的素养,如媒介素养、信息素养、数据素养;④素养的宗旨是实现个体与社会的互动、促进人的发展。

二 数据素养内涵

(一) 数据素养的定义

综合数据素养观念变迁及其生成情境、数据素养三种取向的定义,以及对"数据"和"素养"词义的本源考察,本书将数据素养界定为:人们在社会发展活动中的数据知识、数据能力和数据思维的综合体(结构见图2-1)。

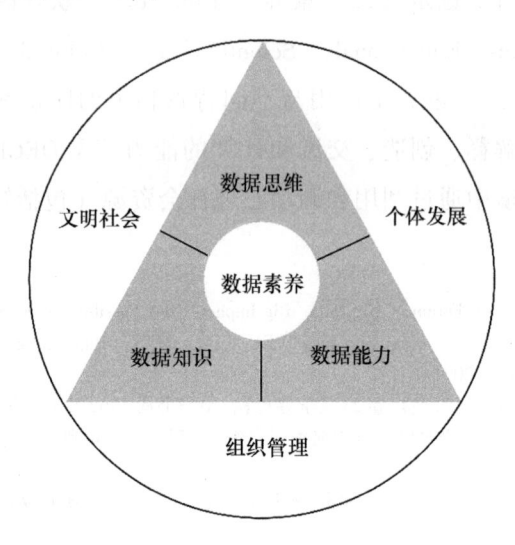

图2-1 数据素养概念结构

---

① OECD, "The Definition and Selection of Key Competencies: Executive Summary", https://www.oecd.org/pisa/35070367.pdf, November 2, 2021.

这一定义的出发点是：

第一，数据素养是一种工具化的能力，是数据获取、分析、交流和应用能力的综合体现。

第二，数据素养是系统化的知识。

第三，数据素养也是一种学习与思考的思维方式。数据思维和统计方法是通过客观事物的量化数据与数量特征来揭示其内在发展规律和现象本质的思维方式，为我们提供了观察与探索客观世界的新视角。[1]

第四，数据素养具有特定情境性，在不同学科领域、不同应用情境中具有不同的能力表现，不同个体的数据素养表现水平也不尽相同。

第五，数据素养在组织管理中，如教学、科研、生产等，具有驱动作用或者是互动作用，个体既是数据生产者，也是数据消费者，数据素养显得尤为重要。

第六，数据素养既是个体认知活动，又是社会互动过程，也是一种社会文化现象。是数据与个体、社会的相互关系。

相比较而言，本书对数据素养的定义，既继承了其他学者的核心观点，又深化了数据素养的发展基础，具体体现如下：首先，数据素养是三维一体的结构，把数据素养定义的"能力说""过程说""文化说"统一起来，把数据知识、能力、思维整合在一起。三者存在显性与隐性、动态与静态相互转化的关系。其次，数据素养既是个体的，也是社会的。强调与环境的交互作用，突出了对社会、经济、文化等的意义，将个体数据素养发展置于社会文明发展之中考察。再次，本书对数据素养的定义强调了数据思维的重要性，"思维是人类特有的一种高级认识活动，是人类认识客观世界的高阶能力，旨在探索与发现事物的本质联系与发展规律"[2]，把数据意识、数据态度、

---

[1] 贾璞、宋乃庆：《大数据时代中学生数据素养：内涵、价值与构成维度》，《电化教育研究》2020年第12期。

[2] 李新、杨现民：《教育数据思维的内涵、构成与培养路径》，《现代远程教育研究》2019年第6期。

数据认知等统一起来。最后，强调公众是数据生产者和消费者的双重身份，随着社会文明的发展，数据形态、数据信息技术乃至相关制度会发生变化，但是人是数据的消费者和生产者这一对属性始终是存在的，表现在数据对个人发展、组织管理和社会进步之中，因此这个定义更具有包容性。

（二）数据素养内涵特征

1. 价值性（目标性）

数据素养的价值是促进人的全面发展，数据素养教育是数据指向、教育指向和价值指向的综合，不仅要培育个体（学生、科研人员、公众等）的数据知识（数据类型、数据管理、数据法律等），数据技能（数据收集、数据组织、数据分析、数据可视化等），还要塑造人们的数据智慧、数据伦理、数据思维等观念。数据素养是一种高级心智能力，帮助个体在多样化情境中满足重要的数据需要，不仅对学科专家重要，而且对所有人都重要。

2. 普遍性

数据素养是通过数据发现、分析和解决问题的一系列能力，这是人类特有的普遍能力。在对象上具有普遍性，具有结果导向，可观察、可测度、可评价。在不同层面上分为个体数据素养、机构数据素养、社会数据素养。

3. 情境性

与普遍性对立统一，领域不同，衍生不同领域的数据素养，如科学数据素养、安全数据素养、健康数据素养等。数据素养的真实运用情境包括个体活动、组织活动（科学研究活动、教育教学活动等）以及社会经济发展。

4. 习得性

直接指向具体数据知识、数据行为的后天实现或再现。

5. 系统性

数据素养是思维、知识和能力的统一，是个体发展、组织管理和社会文明的相互促进，具有系统的结构性、层次性和协同性。

（三）四对概念的关系

理解数据素养的内涵，尚需进一步辨析素养与知识、素养与情境、素养与表现、素养与能力四对关系。

1. 素养与知识

素养与知识关系问题的实质是知识与个体发展关系问题的时代表达。① 素养是个体在具体情境中所展现出来的综合特质。素养不等于知识，知识的积累不一定带来素养的提升。但素养发展离不开知识，没有知识，素养就是无源之水、无本之木。知识是人类实践过程的集合②，知识与素养之间的转换需要具体的活动情境。因此，数据知识在具体的情境中通过学习、转移、转化和创造才能形成数据素养，是在批判性思维指导下基于数据发现问题、分析问题和解决问题的过程。

2. 素养与情境

数据素养与具体的情境密切关联，一方面，数据素养根植于具体的情境之中，作为一种复杂的、高级的数据素养能力，其形成和发展依赖于人类数据活动，如科学计算、社会经济数据统计、数据要素市场活动等具体的情境之中，事实上也只有在具体的经济社会活动中才能充分表现出来。另一方面，数据素养一经成熟，就能够迁移至不同的具体应用情境之中，例如，人类对"数"的概念认识和应用，就是对具体情境的高度抽象，同时又能够刻画不同的应用场景，并且能够适应具体情境及其发展变化。

3. 素养与表现

准确理解数据素养与数据能力表现（performance）的关系，对数据素养测评和数据素养教育的意义是不言而喻的，两者既有区别也有

---

① 张良、王永强：《化知识为素养的教学机理、过程与要求》，《课程·教材·教法》2022年第6期。

② 张华：《论核心素养的内涵》，《全球教育展望》2016年第4期。

内在的关联。一方面，数据素养融数据知识与技能、数据认知与伦理、数据创造性与德性于一体，是一种复杂的心智结构，它遵循的基本原则是"心灵"（mind）原则。数据能力表现是在特定情境和条件下的外部行为呈现，它遵循的基本原则是"行为"（behavior）原则。① 另一方面，数据素养是数据能力表现的基础和源泉，数据素养总会以某种方式获得表现，当表现被恰当理解和使用的时候，它可以成为判断数据素养发展水平的标志之一，这也是数据素养能够得以测评的基础。

4. 素养与能力

"能力"的概念被用于从传统的以教育计划为主的投入导向到基于能力测量的产出导向的转型。② 能力是随着社会变迁不断发展而变化的，不同时代数据素养能力内涵也是不同的，如工业文明的数据素养能力以统计分析能力为主，而信息文明时代数据素养面对的数据更为复杂多样，需要具备的能力更为多元化。素养是对能力的包含、融合和超越，而非简单的叠加。

综上所述，数据素养是一种高级能力和人性能力，其本质是文明形态下人类调动和整合数据资源、方法和工具而建立起来的观念、结果和情境之间的内在联系和心智灵活性。③

三　与其他素养关联

数据素养是图书馆学、情报学和档案学领域的多元素养之一④，与信息素养、数字素养、元素养、科学素养、媒介素养等具有内在的

---

① 张华：《论核心素养的内涵》，《全球教育展望》2016年第4期。
② ［德］迪特里希·本纳：《教养—素养—能力——对学校教育目的和教育研究的反思》，彭韬译，《全球教育展望》2022年第2期。
③ 杨向东：《关于核心素养若干概念和命题的辨析》，《华东师范大学学报》（教育科学版）2020年第10期。
④ 邓胜利、付少雄：《素养教育的新拓展：从信息素养到多元素养》，《图书馆杂志》2018年第5期。

关联性。

（一）与信息素养的关系

1974年，美国信息产业协会前主席保罗·泽考斯基（Paul Zurkowski）首次提出"信息素养"概念。① 信息素养是一个不断发展的概念。② 被图书馆领域广泛采用的是美国大学与研究图书馆学会（Association of College & Research Libraries, ACRL）的信息素养定义："信息素养是一套综合能力，包括对信息的反思性发现、对信息如何产生和价值评估的理解，以及利用信息创造新知识和合乎道德地参与学习共同体。"③ 对比两者定义，数据素养与信息素养的关系是：信息素养是数据素养发展的源头之一，数据素养是信息素养在大数据时代的深化和拓展④，两者都强调数据和信息的获取与利用及批判性、反思性的综合能力。区别在于数据素养侧重于数据的生命周期管理、数据驱动作用等基于数据的能力，而信息素养更为广泛。

（二）与数字素养的关系

数字化生存环境下，英国、美国、澳大利亚等发达国家都将国民数字素养的发展置于国家战略高度，制定相关政策来支持国民开展数字素养教育。⑤ 1994年，以色列学者阿尔卡莱（Yoram Eshet-Alkalia）最早提出"数字素养"（digital literacy）概念。⑥ 美国图书馆协会（American Library Association, ALA）的数字素养工作组将数字素养定

---

① 吴丹、李秀园、徐爽、董晶、樊舒、桂丹云：《近十年信息素养理论的使用与发展研究》，《图书馆杂志》2020年第1期。

② 彭立伟、高洁：《国际信息素养范式演变》，《图书情报工作》2020年第9期。

③ ACRL, "Framework for Information Literacy for Higher Education", January 11, 2016, https://www.ala.org/acrl/sites/ala.org.acrl/files/content/issues/infolit/framework1.pdf, November 2, 2021.

④ 黄如花、李白杨：《数据素养教育：大数据时代信息素养教育的拓展》，《图书情报知识》2016年第1期。

⑤ 张静、回雁雁：《国外高校数字素养教育实践及其启示》，《图书情报工作》2016年第11期。

⑥ Yoram Eshet-Alkalai, "Digital Literacy: A Conceptual Framework for Survival Skills in the Digital Era", Journal of Educational Multimedia and Hypermedia, Vol. 13, No. 1, 2004, pp. 93 – 106.

义为:"使用信息和通信技术来查找、评估、创建和交流信息的能力,这个过程需要具备认知和技术技能。"① 国际图联提出结果导向的数字素养定义,即利用数字工具并发挥其潜能的能力。② 2018年,联合国教科文组织发布了数字素养全球框架(Digital Literacy Global Framework),旨在帮助世界各国加强数字素养教育质量监测,有效利用研究成果改进学习,提升公民数字素养。③ 在欧盟一般使用"数字能力"(digital competence)表示数字素养。欧盟从2005年开始聚焦数字能力研究,面向公民、消费者、教育主管部门、高等教育机构和教育者开发了一系列数字能力框架,例如面向公民的数字能力框架2.1版(The Digital Competence Framework 2.1),定义了信息与数据素养、数字交流与合作、数字内容创建、数字安全和问题解决5个关键阈。④

数字素养与信息素养都强调查找、评价、使用等信息行为,强调批判性思考,但是从发展历程上看,数字素养是信息素养的深化,是数字化时代信息素养的拓展。⑤ 与此类似,数据素养是信息素养、数据素养在大数据时代的深化和拓展。而数据素养侧重数据管理、数据分析和可视化、数据应用能力,而数字素养更为侧重数字交流能力。

(三)与统计素养的关系

统计素养与数学发展和经济生活密切关联。1993年,沃尔曼(Wallman)认为"统计素养"是理解和批判性评估渗透到我们日常生活中的统计结果的能力,以及欣赏统计思维可以在公共和私人、专业和个人决策中做出的贡献的能力。⑥ 加尔(Gal)认为统计素养是能够解

---

① ALA, "Digital literacy", https://literacy.ala.org/digital-literacy/, November 2, 2021.
② 何蕾:《国际图联数字素养宣言》,《图书馆论坛》2017年第11期。
③ 吕建强、许艳丽:《数字素养全球框架研究及其启示》,《图书馆建设》2020年第2期。
④ Stephanie Carretero, Riina Vuorikari and Yves Punie, *DigComp 2.1: The Digital Competence Framework for Citizens with Eight Proficiency Levels and Examples of Use*, EUR 28558 EN, 2017, doi: 10.2760/38842.
⑤ 叶兰:《欧美数字素养实践进展与启示》,《图书馆建设》2014年第7期。
⑥ Katherine K. Wallman, "Enhancing Statistical Literacy: Enriching Our Society", *Journal of the American Statistical Association*, Vol. 88, No. 421, 1993, pp. 1–8.

释、批判性评价生活情境中的统计信息、基于数据的观点和随机现象的能力，并能够讨论与交流相应的统计观点。① 米洛·席尔德（Milo Schield）将统计素养定义为"将统计数据用作论证中的证据"②。"统计素养就是人们掌握统计基本知识的程度、统计理论方法水平及运用统计方法解决现实问题的能力和所具有的统计世界观"③，是统计知识、方法和观念三个维度的统一。统计的对象、过程和结果都是数据。

显然，统计数据也与数据密切关联，因此有专家认为数据素养就是统计数据④。虽然统计素养和数据素养是相互关联的，但它们代表了两种不同的技能组合。统计素养是解释汇总统计数据的能力，并且是理解和导航数据的基本技能。而数据素养则需要以执行数据分析为目标的操作数据集的能力。这两种素养都与信息素养相关，即识别、定位、评估和有效使用所需信息。

（四）与科学素养的关系

1952 年，科南特（Conant）在《科学中的普通教育》一书中首次提出"科学素养"一词，科学素养一直为世界各国教育研究者所关注。⑤ 2018 年，国际学生评估项目（Programme for International Student Assessment，PISA）将科学素养界定为：善于带着科学观念，思考和参与科学问题的能力，一个有科学素养的人愿意参与有关科学和技术的理性论述，这需要有能力科学地解释现象，评估和设计科学探究，科学地解释数据和证据。⑥ 2016 年由美国国家科学院、工程

---

① Iddo Gal, "Adults' Statistical Literacy: Meanings, Components, Responsibilities", *International Statistical Review*, Vol. 70, No. 1, 2002, pp. 1–25.

② Milo Schield, "Information Literacy, Statistical Literacy, Data Literacy", *IASSIST Quarterly*, Vol. 28, No. 2–3, 2004, pp. 6–11.

③ 李金昌：《论统计素养》，《浙江统计》2006 年第 1 期。

④ Robert Gould, "Data Literacy is Statistical Literacy", *Statistics Education Research Journal*, Vol. 16, No. 1, 2017, pp. 22–25.

⑤ 王泉泉、魏铭、刘霞：《核心素养框架下科学素养的内涵与结构》，《北京师范大学学报》（社会科学版）2019 年第 2 期。

⑥ OECD, "PISA 2018 Assessment and Analytical Framework", April 26, 2019, https://doi.org/10.1787/b25efab8-en, December 3, 2021.

院、医学院以及科学教育委员会等组织机构共同编写的研究报告《科学素养：概念、情境与影响》特别指出，"面对信息洪流，科学素养需要的是整合并解释信息的能力，以及进行反思和评价的能力"①。在 COIVD - 19 中，科学素养也包括鉴别虚假新闻的能力，科学传播与信息素养、数据素养交织在一起。对比两者定义，科学素养内涵更为广泛，从某种意义上来说，科学数据素养（数据素养）是科学数据的重要内容。

（五）与媒介素养的关系

1933 年，英国学者利维斯（F. R. Leavis）和丹尼斯·汤普森（Denys Thompson）首次倡导媒介素养教育。②媒介素养是社会公众批判性能力之一，随着世界各国政府和联合国教科文组织的介入，媒介素养已被纳入澳大利亚、加拿大、英国、法国、德国、挪威、芬兰、瑞典等国中、小学的正规教育内容。③媒介素养是现代文明社会中公民必备的基本能力，其宗旨是"培养和造就能够负责任地使用媒介技术完善自我、参与社会进步的个体"④。对比两者定义，媒介侧重文化和社会参与，而数据素养侧重数据自身及其分析，数据分析和批判运用可以促进媒介素养。

（六）与元素养的关系⑤

2011 年，纽约州立大学帝国州立学院的托马斯·P. 麦基（Thomas P. Mackey）和奥尔巴尼大学图书馆的特鲁迪·E. 雅各布森（Trudi E. Jacobson）提出"元素养"概念，促进了数字时代的批判性思维和协

---

① ［美］凯瑟琳·E. 斯诺、肯妮·A. 迪布纳主编：《科学素养：概念、情境与影响》，裴新宁、正太年主译，中国科学技术出版社 2020 年版。
② 袁军：《媒介素养教育的世界视野与中国模式》，《国际新闻界》2010 年第 5 期。
③ 张志安、沈国麟：《媒介素养：一个亟待重视的全民教育课题——对中国大陆媒介素养研究的回顾和简评》，《新闻记者》2004 年第 5 期。
④ 钟志贤、王姝莉、易凯谕：《论公民媒介素养测评框架建构》，《电化教育研究》2020 年第 1 期。
⑤ 陈晓红、高凡、何雪梅：《国内外元素养教育研究综述》，《图书馆理论与实践》2019 年第 1 期。

作，为有效参与社交媒体和在线社区提供全面的框架。① 元素养可理解为"催生其他素养的素养"②。2015年，ACRL《高等教育信息素养框架》采纳了"元素养"概念，开启了信息素养教育的全新愿景。③ 数据素养同样包括确定、获取、理论、评价等环节，统一于元素养。元素养包括情感（Affective）、行为（Behavioral）、认知（Cognitive）和元认知（Metacognitive）四个领域，每一领域培养目标内涵丰富，如对元认知的教育与培养，就是要达到为什么学习、如何学习、还需要学习什么、如何继续学习等自我剖析多个目标。④ 元素养在定义、内涵界定、教育实践等方面为数据素养提供了一系列理论资源，是数据素养概念展开的框架。

综上所述，数据素养与其他素养的关系如图2-2所示：

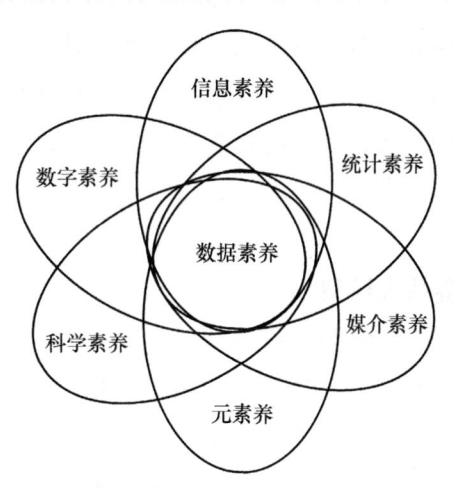

图2-2 数据素养与其他素养的关系

---

① Thomas P. Mackey and Trudi E. Jacobson, "Reframing Information Literacy as a Metaliteracy", *College & Research Libraries*, Vol. 72, No. 1, 2011, pp. 62-78.

② 杨鹤林：《元素养：美国高等教育信息素养新标准前瞻》，《大学图书馆学报》2014年第3期。

③ 美国大学与研究图书馆协会：《高等教育信息素养框架》，韩丽风等译，《大学图书馆学报》2015年第6期。

④ Thomas P. Mackey and Trudi E. Jacobson, "Reframing Information Literacy as a Metaliteracy", *College & Research Libraries*, Vol. 72, No. 1, 2011, pp. 62-78.

数据素养与其他素养统一于个体发展与社会文明进展之中，是公众生存的基本素养。但形成条件、关注重点和适用范围也存在差异性。①

此外，数据素养与计算思维、阅读素养、可视化素养、数学素养等密切关联。随着人工智能时代的到来，算法素养作为前沿性概念被列入素质能力集合②，智能媒介素养教育被赋予了时代内涵③。

第三节 数据素养概念模型

概念模型用于信息世界的建模，是现实世界到信息世界的第一层抽象。数据素养概念模型表达了概念以及概念间的关系，是描述数据素养实践的抽象概念集合。这种关系结构则具体为数据素养的维度，也是更加全面深刻认识数据素养内涵的方法。国内外学者从不同角度建构了数据素养的结构，具有代表性的数据素养概念结构模型如下文所述：

一 数据素养代表模型

（一）科学数据素养过程—目标模型

2019年，国内学者秦小燕等提出科学数据素养过程—目标模型，聚焦科学数据管理领域的数据素养行为，将科学数据素养形成过程划分为数据需求分析、数据生产与收集、数据分析与处理、数据出版与共享、数据组织与保存、数据发现与获取、数据评价与再利用七个纵向发展阶段，把科学数据素养内涵划分为数据意识、数据文化、数据

---

① Peter Stordy,"Taxonomy of Literacies", *Journal of Documentation*, Vol. 71, No. 3, 2015, pp. 456 – 476.
② 吴丹、刘静：《人工智能时代的算法素养：内涵剖析与能力框架构建》，《中国图书馆学报》2022年第6期。
③ 黄晓勇：《充分重视智能媒介素养的提升》，《光明日报》2021年11月19日第11版。

知识、数据技能、数据伦理五个相互关联的维度。①

（二）基于胜任特征的研究生数据素养模型

张晓阳等以胜任特征模型为基础，综合研究生科研活动流程中的各个环节，在数据素养能力现状和需求调研基础上，构建了包含22项能力的研究生数据素养能力模型。并从数据意识、数据收集与评估、数据组织与管理、数据处理与分析、数据利用与归档、数据伦理层面编制研究生数据素养能力测试量表。②

（三）雪城大学科学数据素养模型

美国雪城大学信息研究学院秦健（Jian Qin）等以数据能力为核心，构建了由数据收集、数据处理、数据管理、数据评估和利用四个方面的技巧和能力所组成的科学数据素养模型，该模型对数据操作技能的强调与科学研究中基于实践的数据集的生产、操作和使用相契合③。

（四）教师数据素养模型

刘雅馨和杨现民等通过比较分析国内外教师数据素养模型，提出了国内教师数据素养通用模型，该模型由四层结构组成：意识态度层，包括教育数据意识和教育数据伦理；基础知识层，包括教育大数据、数据科学知识；核心技能层，包括数据采集、数据分析、数据解读、数据应用和数据交流方面的能力；思维方法层，包括问题导向思维、量化互联思维、创新变革思维、辩证批评思维等。④

（五）教师数据素养发展框架

2016年，美国西部教育项目主任曼迪纳契和考夫曼基金会首席研究员古曼以教师数据驱动教学为对象，通过专家咨询方法建立了教

---

① 秦小燕、初景利：《科学数据素养内涵结构研究》，《图书情报工作》2019年第18期。

② 张晓阳、李楣：《基于胜任特征的研究生数据素养能力测评量表研究》，《图书情报工作》2017年第8期。

③ Jian Qin and John D'Ignazio, "Lessons Learned from a Two-year Experience in Science Data Literacy Education", 2010, http://docs.lib.purdue.edu/iatul2010/conf/day2/5, December 3, 2022.

④ 刘雅馨、杨现民、李新、田雪松：《大数据时代教师数据素养模型构建》，《电化教育研究》2018年第2期。

师数据素养框架（Data Literacy For Teachers，DLFT），该框架确定了数据驱动教学过程中不同阶段所需的 7 项知识和技能：内容知识、教学方法知识、课程知识、教学内容知识、学习者及其特点知识、教学环境知识、教育目的和价值观知识。数据驱动教学过程包含识别和凝练问题、使用数据、数据转换为信息、根据信息做出决策和评价结果 5 个关键步骤①②，每个步骤包括若干能力要求。

（六）公民数据素养概念模型

以英国利物浦大学数据公民素养概念模型为代表。提高数字素养已经是世界各国政府的一个关键政策目标。公民数字素养的一个关键组成部分是了解其个人数据的用途。"我和我的大数据"项目，旨在了解英国公民数据素养的水平和变化，并制定政策和教育材料以支持改进这一点。该项目将以四种广泛的方式检查和解决这些问题：一是通过数据调查和研讨探索公民数据素养的表现水平；二是分析数据素养变化的影响因素和不平等的社会基础；三是为学校、大学和社会团体开发培训和支持材料，以提高公民的数据素养；四是为利益相关者制定关于提高公民数据素养的政策建议。③

其提出的数据公民概念模型旨在具有较好的灵活性，可根据技术、环境和社会变化进行及时调整。我们的分析为数据素养研究人员和教育工作者提供了参考的关键点，但我们承认，任何数据公民的概念化都需要持续的审查过程和更新。数据公民概念模型包括数据思维、数据执行和数据参与。

维度一：数据行为。数据行为可以定义为一组核心数据素养技

---

① 李新、杨现民、晋欣泉：《美国教师数据素养发展现状及其对我国的启示》，《现代教育技术》2019 年第 4 期。

② Ellen B. Mandinach and Edith S. Gummer, "What Does It Mean for Teachers to Be Data Literate: Laying Out the Skills, Knowledge, and Dispositions", *Teaching and Teacher Education*, Vol. 60, 2016, pp. 366 – 376.

③ "About the Me and My Big Data Project", https：//www.liverpool.ac.uk/humanities-and-social-sciences/research/research-themes/centre-for-digital-humanities/projects/big-data/about/, December 3, 2022.

能,对于在"数据化"社会中深思熟虑和知情地参与数据至关重要。它们不仅仅是"死记硬背的技能",而且是数据素养定义的核心。数据行为不仅涉及公民适当管理数据的能力,而且还涉及以合乎道德和批判性方式管理数据的能力。数据行为涵盖数据获取、数据评价、数据解读、数据创建、数据引用、数据管理、数据可视化与操作、数据清除、数据伦理等。

维度二:数据思维。理想情况下,对数据的专注参与和理解——数据思维——应该是公民决策过程的核心。无论是在线购买产品还是在社交网络平台上发布图片,公民都需要能够理解数据是在专门设计的界面中呈现的各种社会和经济过程的一部分。具有数据素养的公民在通过数据观察和分析世界时应该使用他们的关键技能。数据思维包括数据保护意识、数据传播与交流、批判性思维、数据安全、数据隐私、利用数据解决问题、数据社会理解力、数据收集理解力。

维度三:数据参与。通过数据参与,我们强调解决大数据鸿沟的方法不是将公民"整合"到"数据化"结构中,而是让他们能够调查、挑战、谈判、抗议、采取行动并改变结构,以便他们可以成为有意识的数据公民。集体公民行动和参与数据社会治理对于解决数据处理器主体现实的规范化问题至关重要。数据参与包括使用数据参与社会、参与数据社会辩论、数据行动主义(积极参与数据结构,包括数据黑客)、支持其他人的数据素养。

此外,还有安全数据素养模型[①]、数据可视化素养模型[②]。

二 数据素养三元结构

根据前文定义,以及综合各类数据素养概念模型,本书提出数据

[①] 雷雨、吴超:《安全数据素养的作用机制及其促进研究》,《情报杂志》2019 年第 9 期。

[②] Katy Börnera, Andreas Buecklea and Michael Gindaa, "Data Visualization Literacy: Definitions, Conceptual Frameworks, Exercises, and Assessments", *PNAS*, Vol. 116, No. 6, 2019, pp. 1857-1864.

素养三元结构模型，如图2-3所示，数据素养是由思维、知识和能力组成的三元结构，是在正确的数据思维引导下，运用数据知识，发现、分析和解决问题的能力。

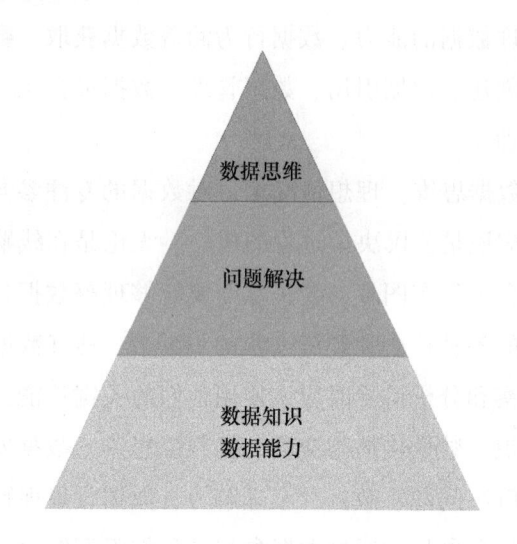

图2-3 数据素养三元结构

第一，基础层，由个体的数据知识、数据能力构成，基本知识体现的数据一般性的知识，具有普遍意义，能力是可以后天习得的。

第二，问题层，利用数据分析问题、解决问题的过程，在此过程中体现和提升数据素养，强调数据素养的过程性、情境性和迁移性，指向具体的学科专业领域，如教育学领域的数据素养、图书馆学情报学领域的数据素养、新闻传播学领域的数据素养等，分别指向各自学科的问题解决。

第三，思维层，在体验、认知、顿悟、感知、内化等过程中长时间形成的相对稳定的数据观念、数据价值观等，实质上是个体的数据的本体论、认识论和方法论。

三元结构形成一个完整的系统，三个层面具有内在的密切联系，其中数据知识和数据能力是基础，数据思维是高级层面，问题层发挥着承上启下的作用，在问题层数据知识和能力得以内化为数据思维，也促使数据思维得以具体化和情境化。从上到下或从下到上，三个层面遵循"向下层层包含，向上逐层归因"的规则，既相互依托，又相互归属。①

综上所述，本章界定了数据素养的内涵。对数据素养内涵与结构的系统理解与把握是进行科学测量的基础，也是进行有效培育的前提。本书批判性回顾了文献中的数据素养概念，将现有数据素养概念界定分为能力说、过程说和文化说三大导向，通过对数据素养的历史发展及国际比较研究，本书提出了一个更为广泛和包容的数据素养概念，数据素养是人们在真实情境中数据思维、数据知识和数据能力的综合体。并进一步分析了数据素养的内涵特征，与信息素养、数字素养、元素养等的关联，整合了现有概念的属性、能力和背景，准确而全面地厘清数据素养这一概念。

---

① 李艺、钟柏昌：《谈"核心素养"》，《教育研究》2015年第9期。

第三章 数据素养教育理论溯源

唐代杰出政治家、思想家、文学家和历史学家魏徵（580—643）在《谏太宗十思疏》中说道："求木之长者，必固其根本；欲流之远者，必浚其泉源。"① 理论基础是学科发展的命脉，理论体系是任何学科领域研究的旨趣之所在。理论是实践发展的逻辑起点，并对实践整体发展起到宏观指导和理论阐释的作用。数据素养教育作为一个跨学科的前沿领域，与图书馆学的信息素养、数字素养、元素养、DIKW 理论、第四科研范式、数据生命周期理论，与教育学的建构主义学习、关联主义学习理论，与社会学的社会认知、社会学习理论，与哲学的人的全面发展、活动理论等紧密关联。

第一节 图书馆学相关理论

一 信息素养

（一）信息素养内涵演进与理论发展

1974 年，美国信息产业协会前主席泽考斯基首先提出"信息素养"概念："人们利用大量的信息工具及主要信息源使问题得到解答的技能。"② 1989 年，《美国图书馆协会信息素养主席委员会最终报

---

① （后晋）刘昫：《旧唐书》卷 71《魏徵传》，中华书局 1975 年版，第 2551 页。

② Paul G. Zurkowski, *The Information Service Environment Relationships and Priorities. Related Paper No. 5*, Washington D. C.: National Commission on Libraries and Information Science, No. 11, 1974, pp. 1011 – 1033.

告》将信息素养定义为能够认识到何时需要信息,且能够有效定位、检索、评价和利用所需信息。①南开大学于良芝教授研究发现,自20世纪90年代末以来,信息素养内涵发生了四种不同性质的修正②:①通过强调信息素养的情境化而修正原有概念中的"普适性和标准化"意涵;②通过突出信息利用者的主观体验修正原有信息素养概念中的"客观化和外在化"意涵;③通过强调信息素养与社会文化环境的关系修正原有信息素养概念中的"通用性和个体化"意涵;④通过强调信息和信息素养中的权势关系纠正原有信息素养概念中的"客观性和中立性"意涵。在这一进程中,信息素养又演化和吸收了其他素养,如数字素养、元素养、数据素养、媒介素养等。根据信息环境、信息技术、信息素养内涵与内容框架、信息素养教育实践的变化,可将信息素养整个发展历程分为1970s、1980s、1990s—2004年、2004年至今四个阶段,以及第一代信息素养与第二代信息素养两大范式。③信息素养理论在发展过程中,使用的理论主要以图书馆学情报学为主,辅之以心理学、教育学,其中223种理论来自23个不同的学科领域。④教育学的学习理论、心理学的建构主义学习理论等被广泛应用。

在具体实践中,信息素养发展出若干教育框架,以作为实践的指导性文件,信息素养教育从标准走向框架⑤,具有代表性的文件如表3-1所示:

---

① ALA, "Presidential Committee on Information Literacy: Final Report", January 10, 1989, https://www.ala.org/acrl/publications/whitepapers/presidential, January 2, 2022.

② 于良芝、王俊丽:《从普适技能到嵌入实践——国外信息素养理论与实践回顾》,《中国图书馆学报》2020年第2期。

③ 彭立伟、高洁:《国际信息素养范式演变》,《图书情报工作》2020年第9期。

④ 吴丹、李秀园、徐爽、董晶、樊舒、桂丹云:《近十年信息素养理论的使用与发展研究》,《图书馆杂志》2020年第1期。

⑤ 周开发、曾玉珍:《信息素养范式转变:从标准到框架》,《图书馆建设》2016年第5期。

表 3-1　　　　　　　　　　信息素养教育框架

时间	文件名称	机构	内容
2006年	面向终生学习的信息素养指南①	国际图联	准确确认执行某项任务或解决某个问题所需信息；高效地查询信息；对获取到的信息进行组织和再组织、解释和分析；评价信息的准确性和可靠性，包括合乎伦理地声明信息来源；与他人交流信息分析和解释的结果；利用信息达成行动目标和结果。
2010年	英国开放大学数字和信息素养框架②	英国开放大学	理解和参与数字实践；查找信息；批判性评价；管理、创建和交流信息；合作与共享。
2011年	威尔士信息素养框架③	威尔士信息素养项目	能力框架分为四个关键领域：通过课程提高计划、开发和反思思维，通过课程提高口头、阅读和写作能力，通过课程提高信息和通信技术能力，通过课程提高数据能力（如使用数学信息计算、解释并呈现结果）。
2011年	信息素养七大支柱：研究角度④	英国国家和大学图书馆协会	科研人员的信息素养体现在：知晓合乎伦理地收集、利用、管理、整合和创造信息和数据，并拥有相应的信息技能高效完成上述各项活动。
2015年	高等教育信息素养框架⑤	ACRL	框架包括六个要素：权威的构建性和情境性、信息创建的过程性、信息的价值属性、探究式研究、对话式学术研究、探索式策略检索。

---

① Jesús Lau, "Guidelines on Information Literacy for Lifelong Learning", https://www.ifla.org/wp-content/uploads/2019/05/assets/information-literacy/publications/ifla-guidelines-en.pdf, November 2, 2021.

② The Open University, "Digital and Information Literacy Framework", https://www.open.ac.uk/library-skills-framework/DIL-framework, November 2, 2021.

③ Welsh Information Literacy Project 2010, "Information Literacy Framework for Wales", https://libraries.wales/wp-content/uploads/2016/06/Information_Literacy_Framework_Wales.pdf, November 2, 2021.

④ SCONUL, "The SCONUL Seven Pillars of Information Literacy", https://www.sconul.ac.uk/page/seven-pillars-of-information-literacy, November 2, 2021.

⑤ 美国大学与研究图书馆协会：《高等教育信息素养框架》，韩丽风等译，《大学图书馆学报》2015年第6期。

(二) 对数据素养的启发

从信息素养发展过程中，可以发现数据素养与信息素养有着密切的关系和理论借鉴：一是信息素养内涵一直处于演进之中，其中"实践转向"和"元素养"转向是具有变革性的定义。① 而数据素养定义至今还未出现颠覆性的内涵变化，数据素养发展还有待深入。二是从标准走向框架，国内外组织制定了许多信息素养框架，为信息素养教育实践提供理论框架，而数据素养这方面还做得不够深入。三是充分汲取相关理论，尤其是图书馆学、情报学、教育学、心理学的相关理论，融入概念发展、实践指导之中。

二 数字素养

(一) 数字素养的内涵与演变

信息技术的发展，尤其是云计算、社会化媒体、大数据、人工智能等快速发展与广泛应用，深刻改变了人们的生活、学习与工作方式，正如美国麻省理工学院教授尼古拉斯·尼葛洛庞帝（Nicholas Negroponte）所预言的数字时代已然来临。数字素养已是数字时代生存的必备技能。全球许多国家和国际组织高度重视公众的数字素养教育问题。2021 年，中央网络安全和信息化委员会印发《提升全民数字素养与技能行动纲要》，从国家战略高度整体提升全民数字素养与技能水平。②

学界公认"数字素养"（digital literacy）概念模型最早是 1994 年由以色列学者阿尔卡莱（Yoram Eshet-Alkalai）提出的，他认为数字素养不仅仅是使用软件或者是操作数字设备的能力，还包括各种复杂

---

① 美国大学与研究图书馆协会：《高等教育信息素养框架》，韩丽风等译，《大学图书馆学报》2015 年第 6 期。

② 中央网络安全和信息化委员会办公室：《提升全民数字素养与技能行动纲要》，2021 年 11 月 5 日，http://www.cac.gov.cn/2021-11/05/c_1637708867754305.htm，2021 年 12 月 3 日。

的认知、机动、社会和情感能力,只有具备这些技能,人们才能在数字环境中有效运作。数字素养框架是由视觉图像素养(阅读视觉信息的技巧与能力)、再创造素养(整合既有独立信息片段,创造出有意义、真实的、创造性的作品或者解释的能力)、分支素养(也叫超媒体素养,在超媒体环境中进行关联、分支和非线性导航,具有良好的多维方向感和建构知识的能力)、信息素养(以批判性方式认知和评估信息)以及社会情感素养(网络空间下的社会交往能力,主要涉及社会和情感方面)五部分构成。① 后期,他将"实时思考技能"(并行处理多项事务的能力)也纳入数字素养框架之中。②

  国际组织也高度重视数字素养教育。2012 年,ALA 将数字素养定义为"使用信息和通信技术查找、评估、创建和传播信息的能力,以及在整个过程中个体所具备的认知和技术处理技能"③。该定义延续了信息素养的内涵,强调数字化环境下的个体信息素养。

  2014 年,IFLA 提出一个结果导向的定义:具备数字素养意味着可以在高效、有效、合理的情况下最大限度地利用数字技术,以满足个人、社会和专业领域的信息需求。④

  欧盟的数字素养称为数字能力(Digital Competence),将其视为终身学习的关键能力之一,2006 年首次定义了数字能力,并在 2018 年更新了定义:数字能力包括在学习、工作和社会参与中自信、批判性和负责任地使用和参与数字技术。它包括信息和数据素养、沟通与协作、媒体素养、数字内容创作(包括编程)、安全(包括与网络安全相关的数字福利和能力)、与知识产权相关的问题、解决问

---

① Yoram Eshet-Alkalai, "Digital Literacy: A Conceptual Framework for Survival Skills in the Digital Era", *Journal of Educational Multimedia and Hypermedia*, Vol. 13, No. 1, 2004, pp. 93 – 106.

② Yoram Eshet-Alkalai, "Thinking in the Digital Era: A Revised Model for Digital Literacy", *Issues in Informing Science and Information Technology*, Vol. 9, 2012, pp. 267 – 276.

③ "Digital Literacy", https://literacy.ala.org/digital-literacy/, December 26, 2021.

④ 国际图书馆协会联合会:《国际图联互联网宣言(2014 年版)》,https://repository.ifla.org/handle/123456789/1644,2021 年 12 月 26 日。

题和批判性思维。① 2011 年，欧盟实施"数字素养项目"，并作为欧盟八大核心素养之一。② 2017 年更新为"数字素养框架 2.1"③。例如，2017 年发布的通用型《欧盟教育者数字素养框架》，"旨在帮助各级各类教育者提升数字素养，推进教育的数字化进程，塑造欧洲的数字未来"④。

2018 年，联合国教科文组织发布《数字素养全球框架》，数字素养被定义为：通过数字技术安全适当地获取、管理、理解、整合、交流、评估和创造信息，促进就业、体面工作和创业的能力。⑤ 它包括各种被称为计算机素养、ICT 素养、信息素养和媒体素养的能力。

英国联合信息系统委员会（Joint Information Systems Committee，JISC）将数字素养视为个体在数字社会中生活、学习和工作的适应能力，并提出了一个数字素养七要素模型：信息素养（查找、解释、评价、管理和共享信息）、媒介素养（在各种媒介上批判性阅读和创造性生产学术和专业交流）、交流与协作素养（在数字网络中参与学习和研究）、ICT 素养（采纳、适应和利用数字设备、应用和服务）、学习能力（在富媒体技术环境中有效地正式和非正式学习）、数字学术（依靠数字系统参与前沿学术、专业和科研实践）。⑥

---

① European Commission, Youth Directorate-General for Education, Sport and Culture, *Key Competences for Lifelong Learning*, Publications Office, March 2019, doi：10.2766/569540.

② Anusca Ferrari,"DIGCOMP: A Framework for Developing and Understanding Digital Competence in Europe", https：//publications.jrc.ec.europa.eu/repository/bitstream/JRC83167/lb-na-26035-enn.pdf, June 3, 2022.

③ Stephanie Carretero, Riina Vuorikari and Yves Punie, *DigComp 2.1*: *The Digital Competence Framework for Citizens with Eight Proficiency Levels and Examples of Use*, EUR 28558 EN, 2017, doi：10.2760/38842.

④ 闫广芬、刘丽：《教师数字素养及其培育路径研究——基于欧盟七个教师数字素养框架的比较分析》，《比较教育研究》2022 年第 3 期。

⑤ Nancy Law, David Woo, Jimmy de la Torre and Gary Wong, *A Global Framework of Reference on Digital Literacy Skills for Indicator 4.4.2*, UNESCO Institute for Statistics UIS/2018/ICT/IP/51, June 2018.

⑥ JISC,"Developing Digital Literacies", March 6, 2014, https：//www.jisc.ac.uk/guides/developing-digital-literacies, December 26, 2021.

综上所述，数字素养是一个不断在发展的概念，数字素养也逐步得到国际组织的重视，尤其是在中国，已经上升至数字战略高度。

（二）对数据素养的启发

首先，在发展背景上，数字素养与时代发展同步，尤其是欧盟等国家组织对数字素养的概念的更新，说明数字素养内容是不断在演变的，需要综合考虑数字技术的进步、人们的具体需求、国家的战略要求等因素。因此，数据素养内容需要紧跟国家数据战略、个体数据需求、数智技术进度、数字文化发展等内外部因素。

其次，在概念内涵上，数字素养并非统一、独立的概念，而是与信息素养、数据素养、媒介素养等概念存在着密切的关联性，"数字素养是传承与发展了信息素养、媒介素养、科学数据素养内涵而形成的综合性概念"[①]。学者、国家权威组织对其理解具有自身的应用指向性，不同学科和国家也开发有各自的数字素养能力框架。因此，数据素养概念的界定也需要从具体情境出发，需要深刻辨析与数字素养、信息素养、计算素养等概念之间的内在联系。数据素养能力框架建立需要参考其他素养的内容框架。

最后，在推动力量上，从上述数字素养发展来看，数字素养发展是由学者个体、学术机构、政府部门、国际知名组织等一系列力量共同推动发展的。数据素养的发展同样需要利益相关各方的共同努力。

三 元素养

（一）元素养框架

随着信息技术的深入发展，传统信息素养框架难以适应信息生态的演化和高等教育的新要求。2011年，美国纽约州立大学托马斯·P. 麦基和特鲁迪·E. 雅各布森首次提出元素养（Metaliteracy）概念，将元素养界定为一种基础性的、自我参照的塑造其他类型素养的综合

---

① 杨文建：《英美数字素养教育研究》，《图书馆建设》2018年第3期。

框架，主要包括七种基本能力：理解格式类型和传递模式；以研究者身份主动评估用户反馈；创建用户生成信息语境；批判性评估动态内容；以多媒体格式生产原始内容；理解个人隐私、信息伦理和知识产权问题；在参与式环境中共享信息。① 分为情感、行为、认知和元认知四个领域，每种能力涉及一个或多个领域。由此可见，元素养是"催生其他素养的素养"，汲取和整合相关素养理念和技术方法，面向社交媒体和在线社区等的信息获取、生产、分享和协作的综合框架，旨在提高人们数字化时代的批判性思维和协作能力②，是消除其他素养之间的分歧并建立关联的基础性概念框架（如图 3-1 所示）。

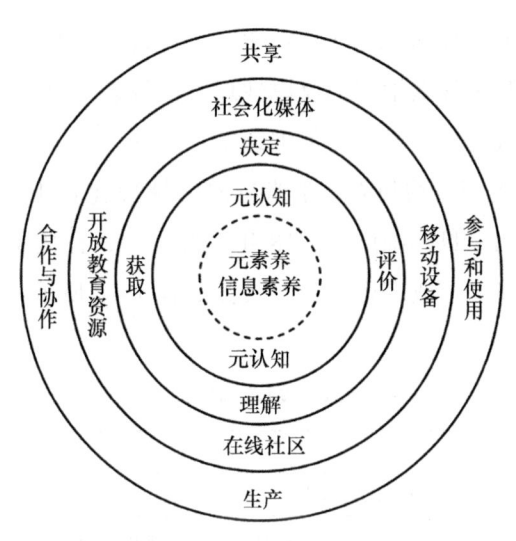

图 3-1 元素养概念模型

从元素养概念模型可以看出，元认知是元素养教育的核心，用户查找、获取、理解和评价信息都是建立在元认知基础之上。在此基础

---

① Thomas P. Mackey and Trudi E. Jacobson, "Reframing Information Literacy as a Metaliteracy", *College & Research Libraries*, Vol. 72, No. 1, 2011, pp. 62–78.
② 杨鹤林：《元素养：美国高等教育信息素养新标准前瞻》，《大学图书馆学报》2014 年第 3 期。

上，用户具备独立获取、批判性评估和选择信息的能力，用户可利用社会化媒体、移动设备、在线社区和开放教育资源，实现信息的生产、参与和使用、共享、合作与协作。元素养概念模型以学习者为中心，学习目标包括以下四个领域①②：

行为领域（Behavioral）：学生在顺利完成学习活动后应该能做什么——技能和能力；

认知领域（Cognitive）：学生在顺利完成学习活动后应该知道什么——理解、组织、应用、评价；

情感领域（Affective）：学习者通过参与学习活动而产生的情绪或态度的变化；

元认知领域（Metacognitive）：学习者对自己思维的看法——对他们如何学习以及为什么学习的反思性理解，他们知道什么，不知道什么，他们的先入之见，以及如何继续学习。

2014 年，美国纽约州立大学米歇尔·佛特（Michele Forte）等提出了元素养的四个目标维度，2018 年升级了该目标体系③，元素养培养目标涉及上述一个或多个领域，具体如表 3-2 所示：

表 3-2　　　　　　　　　　元素养领域和目标

目标	内容	领域
目标1：积极评估内容，同时评估自己的偏见	核实专业知识但承认专家确实存在。	A，C
	承认内容的产生并不总是出于正当理由，而且存在微妙的或明显的偏见。	C

---

① 张丹：《美国大学图书馆的元素养教育的进展及其启示》，《大学图书馆学报》2016 年第 2 期。

② Trudi Jacobson, Tom Mackey, Kelsey O'Brien and Emer O'Keeffe, "2018 Metaliteracy Goals and Learning Objectives", https://metaliteracy.org/learning-objectives/2018-metaliteracy-goals-and-learning-objectives/, December 26, 2021.

③ Trudi Jacobson, Tom Mackey, Kelsey O'Brien and Emer O'Keeffe and Emer O'Keeffe, "2018 Metaliteracy Goals and Learning Objectives", https://metaliteracy.org/learning-objectives/2018-metaliteracy-goals-and-learning-objectives/, December 26, 2021.

续表

目标	内容	领域
目标1：积极评估内容，同时评估自己的偏见	从多个角度反思你对信息或信息环境的感受。	A, M
	有意识地从不同的观点和来源中寻找信息。	B
	确定信息来源目的、文档类型和传递模式如何影响其在特定情境下的价值。	B, C
	区分编辑评论和基于研究的观点，认识到所有信息中都嵌入了价值观和信仰。	C
	确定来自多样化在线来源的正式和非正式信息的价值，如学术性、用户生成和开放教育资源。	C
	评估社交媒体环境中用户生成的信息，区分观点和事实。	B, C
	批判性评估来自所有来源的信息，包括在线传播的动态内容。	B
	检查你对所呈现信息的感觉，以及这会如何影响你的回答。	A, M
目标2：以道德和负责任的态度对待所有知识产权	区分生产原始信息和重新混合公开许可的内容。	C
	挑战自己，制定符合道德和新颖的方法，以建立在你觉得令人兴奋和吸引人的其他人的想法之上。	A, M
	思考如何有效地、合乎道德地将别人的知识产权整合到你自己的原创和再混合作品中。	M
	负责任地生产和分享原创信息，以合乎道德方式重组和重新利用公开许可的内容。	B
	区分公共信息和个人信息，做出合乎道德和知情的在线信息分享决策。	C
	在原创内容和再利用内容的创作和许可方面，区分版权、知识共享和开放许可。	B, C
	在您工作的环境中识别并遵循特定的知识产权归属预期。	B, C
目标3：在协作和参与性环境中产生和共享信息	把自己视为信息的生产者和消费者。	A, M
	在合作环境中认真、合乎道德地参与。	B
	保护个人隐私，主动保护你的网上信息。	B, C
	通过使用适当、不断发展的格式和平台来生产内容，准确有效地分享知识。	B
	转换信息呈现的方式，以最好地满足特定受众的需求。	B, C
	认识到学习者也是老师，在合作环境中教授你所知道或学到的东西。	A, B, C
	批判性地评估和验证用户生成内容，并恰当地应用于新知识创造。	B, C
	认同多元的文化价值和规范，为全球受众创造和分享信息。	B, C

续表

目标	内容	领域
目标4：制定学习策略，以满足终身的个人和职业目标	认识到学习是一个过程，反思失误或错误会带来新的见解和发现。	M
	评估学习情况，确定所获得的知识和理解上的差距。	M, C
	认识到批判性思维依赖于某一学科知识，并通过探究和研究主动追求更深入的理解。	A, B, C, M
	重视终身学习的持久性、适应性和灵活性。	M
	适应新的学习环境，灵活运用不同的学习方法。	A, B
	适应并理解新技术及其对学习的影响。	A, B
	在共享空间有效交流和协作，从多个角度进行学习。	B, C
	参与知情的、自我导向的学习，通过当今社交媒体环境的全球影响力来鼓励更广阔的世界观。	B, M
	将元素养作为终身学习的价值和实践。	M

（二）对数据素养的启示①

元素养很好地适应了社会化媒体环境下的信息素养需求，并融入了多种素养的思想观点，如批判性思维、元认知、协作式学习理论等，对于数据素养而言，具有很好的契合点：

一是聚焦元认知，数据素养既要高度关注学习者认知、技能、态度的培养，也要关注认知活动的自我意识和自我调节，如批判性思维、反思性学习、学会学习等，促使终生学习理念的实践生成和具体策略。

二是依托研究性学习，建立以学习者为中心、以真实生活为情境、以学习者兴趣为导向、以自我探索和团队合作为途径、以综合能力和多元智能培养为目标的数据素养教育方式。

三是有效建构互动信息圈，数据素养教育应培养学习者利用社交

---

① 肖婉、张舒予：《元素养：社交媒体时代高校信息素养教育新理念》，《开放教育研究》2016年第5期。

媒体、在线社区建构个体社交网络和互动信息圈的能力，促进学习者个体知识的建构和群体智慧的提升。

四 DIKW 模型

（一）DIKW 模型形成过程

数据（Data）、信息（Information）、知识（Knowledge）、智慧（Wisdom）是数据素养教育的基础概念，准确理解概念内涵及其转化关系是数据素养教育理论逻辑展开的基石。一般而言，数据是客观事物或活动的描述和记录，具有情境化、符号化特征，信息是客观世界中各种事物的存在状态或特征的反映，具有问题指向性。知识是人们从实践经验中总结出来且被新的实践所证实的规律及经验的总结，具有可推理的规则。[1] 45 位学者对数据、信息和知识的定义元分析表明，数据、信息是客观的，而知识是主观的。[2] 智慧是人类特有能力，在获取、组织、应用和传播信息和知识的基础上，对事物做出科学分析、价值判断和前瞻预测，智慧是人类科学理性和人文关怀的综合，是一种非确定性随机的过程，因为并非人人都具备智慧，也只有人类具有智慧。

数据、信息、知识、智慧之间相互关联、相互转化、相互作用，学者从不同角度构建了 DIKW 模型。1982 年，克利夫兰（Cleveland）初步提出"数据—信息—知识—情报"（DIKW）模型原型，后经由泽莱尼（Zeleny）等扩展，2007 年罗利（Rowley）建立了一个整合的 DIKW 模型（如图 3 - 2 所示）[3]，为学界所广泛认可。

---

[1] 郑彦宁、化柏林：《数据、信息、知识与情报转化关系的探讨》，《情报理论与实践》2011 年第 7 期。

[2] Chaim Zins, "Conceptual Approaches for Defining Data, Information, and Knowledge", *Journal of the American Society for Information Science and Technology*, Vol. 58, No. 4, 2007, pp. 479 - 493.

[3] Jennifer Rowley, "The Wisdom Hierarchy: Representations of the DIKW Hierarchy", *Journal of Information Science*, Vol. 33, No. 2, 2007, pp. 163 - 180.

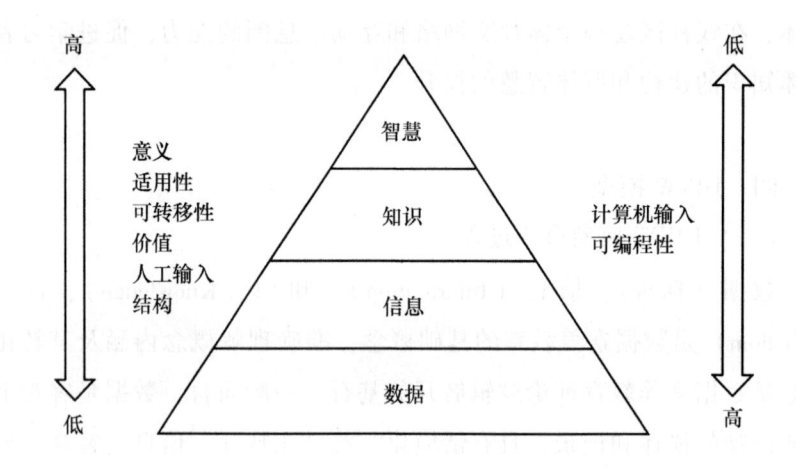

```
         高                                          低
         ↑                                          ↑
         │        ┌─────────┐                       │
      意义│       ╱   智慧    ╲                     │
      适用性│     ╱─────────────╲                   │计算机输入
      可转移性│  ╱     知识       ╲                 │可编程性
      价值│   ╱─────────────────────╲               │
      人工输入│╱       信息            ╲            │
      结构 │╱─────────────────────────────╲         │
         │╱           数据                 ╲        │
         ↓                                          ↓
         低                                          高
```

图 3-2　DIKW 模型

在 DIKW 理论模型中，数据、信息、知识和智慧是人类认识客观事物的不同阶段的产物，是一个从低级到高级、从表象到本质的认识和描述过程。一方面，低层次是高层次认识的基础和依据，数据是信息、知识和智慧的源泉，是对世界的客观认识和描绘，信息是知识的基石，知识是智慧的基础，信息是数据与知识的桥梁，知识反映了信息的本质。智慧是知识的应用和生产性使用、创造性再生产。① 另一方面，高层次对低层次获取具有影响，智慧影响知识的吸收和创造，知识影响信息的获取与应用，信息影响数据的认识和采集。

（二）对数据素养的启发

数据是 DIKW 模型的起点、智慧是最高点，厘清 DIKW 模型的内在机理有助于理解数据素养与信息素养、数字素养之间的关系。

一方面，数据素养与信息素养、数字素养是内在统一的，都是建立在 DIKW 整体性把握之上，提高人们的数据（信息、数字）知识与能力，具有数字化生存的知识与能力。事实上，也只有人类才具有此种智慧。

---

① 荆宁宁、程俊瑜：《数据、信息、知识与智慧》，《情报科学》2005 年第 12 期。

另一方面，数据素养、信息素养和数字素养也存在差别性，主要是在把握与处理的对象上，数据素养以科学数据、政府数据、医疗健康数据、金融数据等为对象，信息素养以信息和信息技术、信息资源为对象，数字素养以数字化信息、数字数据为对象。所认识和应对的对象不同，相应的知识与能力也就不尽相同，数据素养以数据处理与分析为主、信息素养以信息获取与有效利用为主、数字素养以数字化意识与应用为主。

五 数据生命周期

（一）数据生命周期模型

生命周期理论一直是图书情报学领域的基础理论，为学者所关注和运用[1]，如信息生命周期的理论[2]、网络信息生命周期实证[3]、新媒体信息生命周期[4]、基于信息生命周期的信息素养教育[5]、信息生命周期应用[6]等一系列相关成果。随着"数据"关注度的不断提高，生命周期思想引入大数据管理、数据科学领域，并出现了一些具有影响力的数据生命周期管理模型。需要指出的是，"数据生命周期"和"数据生命周期管理"是两个不同的概念。数据生命周期考察的是数据本身的生命周期各个阶段的状态及其运动规律，而数据生命周期管理的研究对象除数据本身之外，还考察数据的技术、政策、法律、伦

---

[1] Andrew Martin Cox and Winnie Wan Ting Tam, "A Critical Analysis of Lifecycle Models of the Research Process and Research Data Management", *Aslib Journal of Information Management*, Vol. 70, No. 2, 2018, pp. 142–157.

[2] 索传军：《试论信息生命周期的概念及研究内容》，《图书情报工作》2010年第13期。

[3] 马费成、夏永红：《网络信息的生命周期实证研究》，《情报理论与实践》2009年第6期。

[4] 刘晓娟、王昊贤、张爱芸：《微博信息生命周期研究》，《图书情报工作》2014年第1期。

[5] 鲍雪莹、赵宇翔、朱庆华：《社会化媒体环境下信息生命周期的解构及信息素养刍议》，《情报资料工作》2016年第3期。

[6] 黄静、周锐：《基于信息生命周期管理理论的政府数据治理框架构建研究》，《电子政务》2019年第9期。

理等管理问题,是数据、技术和人三者的统一,更具有复杂性。数据生命周期管理的本质是依据科研过程管理数据①。具有代表性的数据生命周期模型如表3-3所示:

表3-3　　　　　　　　代表性数据生命周期模型

模型名称	描述类型	生命周期阶段划分	结构	特征
DCC数据生命周期模型	数字对象	外层:数据的产生与汇集、评估与选择、接入与融合、长期保存与存储、获取使用与重用,以及数据转换 内层:描述、保存、社区参与、监护和长期保存②	环形结构	以数据为核心,五个层次结构清晰,数据生命周期描述全面
英国数据存储数据生命周期模型	人文社会科学数据	创建数据、处理数据、分析数据、保存数据、授予数据访问权限、重用数据③	环形结构	以数据监护、组织和共享为重点
DataONE数据生命周期模型	数字数据	计划、收集、保证、描述、保存、发现、整合、分析④	环形结构	融入信息生态学思想,注重数据整合
澳大利亚国家数据服务	数字数据	创建、存储、描述、识别、注册、发现、访问、利用⑤	环形结构	以共享和再利用为重点,帮助数据生产者和消费者管理数据

---

① 丁宁、马浩琴:《国外高校科学数据生命周期管理模型比较研究及借鉴》,《图书情报工作》2013年第6期。

② DCC, "The DCC Curation Lifecycle Model", https://dcc.ac.uk/sites/default/files/documents/publications/DCCLifecycle.pdf, November 2, 2021.

③ UKDA, "Data Lifecycle", https://www.data-archive.ac.uk/managing-data/, November 2, 2021.

④ Carly Strasser, Robert Cook, William Michener and Amber Budden, "Primer on Data Management: What You Always Wanted to Know", https://doi.org/doi:10.5060/D2251G48, November 2, 2021.

⑤ Adrian Burton and Andrew Treloar, "Designing for Discovery and Re-use: The 'ANDS Data Sharing Werbs' Approach to Service Decomposition", *The International Journal of Digital Curation*, Vol. 4, No. 3, 2009, https://doi.org/10.2218/ijdc.v4i3.124.

续表

模型名称	描述类型	生命周期阶段划分	结构	特征
DDI 数据生命周期模型	社会科学数据	研究概念、数据采集、数据处理、数据归档、数据分发、数据发现、数据分析、重新利用①	链形结构	面向社会科学研究过程的数据管理
美国校际社会科学数据共享联盟（ICPSR）数据生命周期模型	社会科学数据	项目计划和数据管理计划、项目实施、数据收集和文件创建、数据分析、数据共享准备、数据存档②	链形结构	面向科研生命周期过程的数据管理
政府开放数据全生命周期模型	政府数据	数据的生成采集期、整合开放期、整合利用期、价值评估期、再生/消亡期③	迭代循环的环状结构	聚焦数据开放的系统整体
公共安全数据生命周期模型	公共安全数据	数据规划、数据采集、数据处理、数据保存、数据使用④	环形结构	关联统合公共安全活动与数据管理要素、关系和过程

综合上述数据生命周期模型，发现数据生命周期模型存在三种不同的取向：一是通用型数据生命周期模型，侧重数据生命周期的抽象与总体概况，描述数据管理的一系列连贯环节，如英国数字监护中心（Digital Curation Centre，DCC）数据生命周期模型。二是领域型数据生命周期模型，面向具体的学科专业、应用场景，如公共安全数据生

---

① DDI, "Overview of the DDI Version 3.0 Conceptual Model", http://opendatafoundation. org/ddi/srg/Papers/DDIModel_ v_ 4. pdf, November 2, 2021.

② ICPSR, "Guide to Social Science Data Preparation and Archiving", https://deepblue. lib. umich. edu/bitstream/handle/2027. 42/61289/ICPSR_ dataprep_ pdf;sequence = 1, November 2, 2021.

③ 段尧清、姜慧、汤弘昊：《政府开放数据全生命周期：概念、模型与结构——系统论视角》，《情报理论与实践》2019 年第 5 期。

④ 陆莉、沙勇忠、徐雪峰：《基于生命周期的公共安全数据管理模型研究》，《图书与情报》2019 年第 4 期。

命周期模型。三是科研活动数据生命周期模型，面向科研生命周期各个环节的数据管理活动，如 DDI 数据生命周期模型。

（二）对数据素养的启示

数据生命周期模型为数据素养教育研究提供如下几个方面的理论资源：一是数据素养教育的周期性与连续性。数据生命周期管理模型为数据管理、数据治理和数据素养教育提供了生命周期视角，国内外学者应用这一理论展开了相应的研究，例如：黄如花等从数据计划、数据确认、数据描述、数据保存、数据整合和利用五个数据生命周期阶段调查分析了数据期刊政策。① 孟祥保等从数据生产、组织、存储、出版与利用的生命周期环节揭示历史学、教育学、人口统计学、政府与法律、商业与经济领域的人文社会科学数据特征。二是数据素养教育的情境性，不同领域对数据生命周期管理环节的要求能力存在差异性，需要结合具体的情境展开相应的需求分析、教学内容设计、评价指标设计等。

六　第四科研范式

科研范式是一个基础性的科学哲学概念。1962 年，美国科学哲学家托马斯·库恩（Thomas Samuel Kuhn，1922—1996）在《科学革命的结构》中提出范式概念，范式是特定科学共同体的共有信念、价值、技术等构成的整体，是认识、理解与解释世界的工具。② 范式理论具有世界观、价值观和方法论的功能，三者相互关联、互为整体，是科学共同体形成和发展的根本动力和共同原则。③ 在现代科学中，科研范式内容进一步拓展为研究流程、研究基础设施、学术评价制度等。2007 年，计算机图灵奖得主吉姆·格雷（Jim Grey）提出科研第

---

① 黄如花、李楠：《基于数据生命周期模型的国外数据期刊政策研究》，《图书与情报》2017 年第 3 期。

② 陈俊：《库恩"范式"的本质及认识论意蕴》，《自然辩证法研究》2007 年第 11 期。

③ 杨怀中、邱海英：《库恩范式理论的三大功能及其人文意义》，《湖北社会科学》2008 年第 6 期。

四范式，即数据密集型科研范式。2009 年，《第四范式：数据密集型科学发现》深入讨论了地球环境、健康医疗、科学基础架构和学术交流的数据密集型科研模式。①

数据密集型科研范式对科研人员的数据创建、收集、分析、出版、共享等能力都提出了变革性挑战，数据素养重要性不言而喻，在数据观念、数据方法论、数据分析工具、数据应用场景等方面都提出了新要求、新举措。

第二节　教育学相关理论

一　建构主义学习理论

（一）主要观点

瑞士心理学家皮亚杰（Jean Piaget，1896—1980）最早提出建构主义（Constructivism）观点，在对儿童心理学深入系统研究基础上，1972 年，他提出认知是一种以个体的经验和知识为基础的主动建构过程。这引起学界的广泛研究，并涌现出不同的学派，如维果斯基提出的"最近发展区"概念、维特洛克的学校生产过程模式、乔纳生的非结构性经验背景、杜威的经验性学习理论，这些观点丰富和完善了建构主义理论。②

建构主义理论强调以原有的经验、心理结构和信念等来建构知识，关注学习的主动性、社会性和情境性，其主要内容体现在它的知识观、学生观、学习观。建构主义知识观认为知识不是现实的精确表征和最终答案，而只是假设、解释，需要结合具体情境进行再创造。建构主义学习观认为学习的本质是个体根据已有经验和知识的主动建

---

① Tony Hey、Stewart Tansley、Kristin Tolle：《第四范式：数据密集型科学发现》，潘教峰、张晓林等译，科学出版社 2012 年版。
② 武晓燕：《试论建构主义理论对英语教学的启示》，《外语与外语教学》2006 年第 2 期。

构,不是老师简单地把知识传授给学生,学习活动是"通化"与"顺应"之间的"平衡—不平衡—新的平衡"的循环往复过程,同时学习是在特定环境中由老师指导的一种建构活动。而教师只是中介者、发现者,起着导向和组织学习活动的作用。①

(二) 对数据素养教育的启示

建构主义学习理论在 LIS 研究中也得到了较为广泛的应用,尤其是对信息素养理论发展起到了积极推动作用②,在阅读推广③、信息素养④等领域得到应用。建构主义学习理论对数据素养教育有如下几个方面的启示:

一是开展情境式数据素养教育⑤,这与《高等教育信息素养框架》的观点不谋而合,在情境中理论数据的评价与生成、数据的发现与获取,在情境中探讨数据的创造性应用,通过数据参与社会等。

二是开展合作式数据素养教学,突出学习共同体的作用。⑥ 学习具有社会性,科研项目内的数据交流、社会调查中的社会文化特性、数据分析中的技术及协作环境的影响等,都将影响学习者的数据文化、数据交流、数据伦理、数据技术等方面能力。

三是充分激发学习者的内在动机,从学习效果来说,内在动机比外在动机更重要,学习者在发现问题、分析问题和解决问题的过程中独立运用数据,更能快速提升自身的数据能力。

---

① 武晓燕:《试论建构主义理论对英语教学的启示》,《外语与外语教学》2006 年第 2 期。

② 于良芝、王俊丽:《从普适技能到嵌入实践——国外信息素养理论与实践回顾》,《中国图书馆学报》2020 年第 2 期。

③ 赵晶:《建构主义理论与图书馆盲人阅读推广模式构建》,《图书馆工作与研究》2017 年第 7 期。

④ Kafi D. Kumasi, Deborah H. Charbonneau and Dian Walster, "Theory Talk in the Library Science Scholarly Literature: An Exploratory Analysis", *Library & Information Science Research*, Vol. 35, No. 3, 2013, pp. 175 – 180.

⑤ 刘桂宾:《在情境中理解信息素养——〈高等教育信息素养框架〉探析》,《大学图书馆学报》2019 年第 4 期。

⑥ 钟志贤:《建构主义学习理论与教学设计》,《电化教育研究》2006 年第 5 期。

二 关联主义学习理论

(一) 主要观点

在非正式、网络化时代，关联主义（Connectivism）学习理论应运而生，关联主义认为学习就是形成网络，就是在相关的节点间建立有效的连接。[①] 关联主义学习理论倡导者西蒙斯（George Siemens）提出了八条原理：学习与知识是建立于各种观点之上；学习是一种将不同专业节点或信息源连接起来的过程；学习可能存在于非人的工具设施中；持续学习的能力比当前知识的掌握更重要；为促进持续学习，需要培养与保持各种连接；看出不同领域、理念与概念之间联系的能力至关重要；流通（精确的、最新的知识）是所有管理主义学习活动的目的；决策本身是一种学习过程。选择学习内容，根据不断变化的实际情况理解新信息的意义。随着影响决策的信息的改变，今天正确的答案到了明天就可能是错误的。[②]

(二) 对数据素养教育的启发

关联主义在图书馆信息素养教育中得到了初步应用讨论[③]，对数据素养教育而言，关联主义学习理论可用于如下几个方面：

一是数据素养学习者要善于延伸自己的学习网络，发现有价值的连接，尤其是各类数据节点，如数据知识库、数据平台、数据中心。

二是数据素养教育需要多样化的资源，包括各种来源的数据，如社会调查数据、数据期刊、数据索引、科学大数据平台等，以及数据分析软件、用户行为数据、数据政策法规等。

三是数据素养学习需要熟练掌握多样化的数据软件、学习软件、

---

① 钟志贤、王水平、邱婷：《终身学习能力：关联主义视角》，《中国远程教育》2009年第4期。

② [美] 西蒙斯：《关联主义：数字时代的一种学习理论》，李萍译，《全球教育展望》2005年第8期。

③ 陈廉芳、许春漫：《高校图书馆嵌入式关联主义学习环境构建研究》，《图书馆》2015年第4期。

学习社区等。学习者需要具备较好的信息素养、数字素养等。

四是数据素养的观念、概念、工具等是以节点嵌入在数据生态环境之中，建立在以数字技术为基础的动态学习网络之中，需要包容多样化的观点和学习方式。

三 社会认知理论

（一）主要思想内容

社会认知理论是社会心理学、教育学的经典理论之一。1986年，美国心理学家班杜拉（Albert Bandura，1925—2021）在《思想和行动的社会基础——社会认知理论》一书中提出社会认知理论（Social Cognition Theory，SCT），提出人的行为是由个体认知、个体行为和所处环境三种因素共同影响。后经不断完善，社会认知理论在各个学科领域得到了广泛应用，用于解释和验证个体行为规律，例如，网络学习空间知识共享行为[1]、信息搜寻行为[2]、社交媒体用户转发行为[3]、社交媒体健康信息交流[4]、电子政务系统公民采纳行为[5]，等等。

社会认知理论的主要内容是三元交互决定论、观察学习、自我效能（Self-efficacy）、结果预期（Outcome expectancies）。三元交互决定论将环境、行为、个体因素视为相互独立、相互作用、相互决定的理论实体。随着研究的不断深入，班杜拉提出由个体认知、行为和环境

---

[1] 赵呈领、梁云真、刘丽丽、蒋志辉：《基于社会认知理论的网络学习空间知识共享行为研究》，《电化教育研究》2016年第10期。

[2] 金帅岐、李贺、沈旺、代旺：《用户健康信息搜寻行为的影响因素研究——基于社会认知理论三元交互模型》，《情报科学》2020年第6期。

[3] 汤胤、徐永欢、张萱：《基于社会认知理论的社交媒体用户转发行为研究》，《图书馆工作与研究》2016年第6期。

[4] Hsien-Cheng Lin and Chun-Ming Chang, "What Motivates Health Information Exchange in Social Media? The Roles of the Social Cognitive Theory and Perceived Interactivity", *Information & Management*, Vol. 55, No. 6, 2018, pp. 771–780.

[5] Nripendra P. Rana and Yogesh K. Dwivedi, "Citizen's Adoption of an E-government System: Validating Extended Social Cognitive Theory (SCT)", *Government Information Quarterly*, Vol. 32, No. 2, 2015, pp. 172–181.

三者构成的三方互惠模型,如图3-3所示。

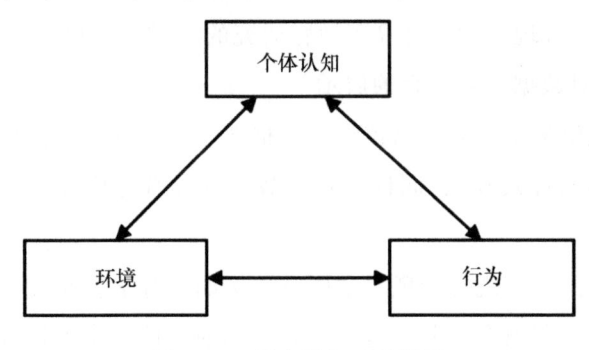

图3-3 社会认知理论模型

（二）对数据素养教育的启示

社会认知理论可用于数据获取、共享、引用等行为研究,例如,数据行为、数据认知和数据环境的交互影响,数据素养对自我效能的影响,数据搜寻行为的影响因素等。

四 教育现象学理论

（一）主要思想

教育现象学是一门追问教育生活中具体现象的学问。"现象"是指教育生活中具体显现的情境,当情境中的活动主体交互发生了具有教育意义的行为时,即为"教育现象"。教育现象学以现象学的理论和方法,关注教育情境,研究教育现象,审视实践中的教育学。教育现象学是主张把目光朝向教育生活,朝向教育实践。现象学的教育学应关注三个方面的研究,即教育的关系、教育的情境和教育的行动。我们在看一个教育生活的情境或现象时,要观察:这是一个什么样的情境,教师与学生关系怎样；什么样的情境才具有教育意义,是一个教育的情境；教师会有什么样的教育行动,什么样的行动才具有教育性。[①] 教育现象学主张

---

① 张利荣:《教育现象学对高等教育研究的方法论价值》,《中国高教研究》2010年第10期。

高等教育研究"回到实事本身",教育现象学强调高等教育研究"生活世界",教育现象学促进高等教育研究的"问题反思"。

(二)对数据素养教育的启示

教育现象学方法在图书馆学、情报学领域得到了广泛应用,尤其是信息素养教育领域①,同样,对于数据素养教育研究具有广阔的应用前景:

一是数据素养概念的现象学研究。例如,有学者研究了英国英语学者的信息素养概念,并将这些概念与当前的信息素养标准和框架进行比较。②

二是数据素养教学研究。例如,以现象学为方法和理论基础,通过对15名学生进行访谈,探索了学生学习过程中查找和使用信息的方式,了解学生学习信息素养的不同方式将有助于图书馆员和教师设计和提供更有效的信息素养教育。③ 现象学方法还用于考察教师对信息素养教学的看法。④

第三节 哲学思想溯源

一 活动理论

(一)主要思想

活动理论起源于19世纪康德、黑格尔的古典哲学,形成于马克

---

① 李鑫鑫、李晓妍、郑菲:《现象学研究方法在图书馆工作中的应用》,《图书情报工作》2019年第15期。

② Stuart Boon, Bill Johnston and Sheila Webber, "A Phenomenographic Study of English Faculty's Conceptions of Information Literacy", *Journal of Documentation*, Vol. 63, No. 2, 2007, pp. 204 - 228.

③ Rae-Anne Diehm and Mandy Lupton, "Approaches to Learning Information Literacy: A Phenomenographic Study", *The Journal of Academic Librarianship*, Vol. 38, No. 4, 2012, pp. 217 - 225.

④ Lorna Dawes, "Faculty Perceptions of Teaching Information Literacy to First-year Students: A Phenomenographic Study", *Journal of Librarianship and Information Science*, Vol. 51, No. 2, 2019, pp. 545 - 560.

思辨证唯物主义，成熟于苏联心理学家维果茨基（L. S. Vygotsky）、列昂节夫（A. N. Leont'ev）和鲁利亚（A. R. Luria）的文化历史心理学，后又经芬兰学者恩格斯托姆（Y. Engeström）的拓展与丰富。① 活动理论不是方法，而是一种哲学理论分析框架，用以表征、理解和分析不同形式人类活动，即个体与社会的综合。恩格斯托姆将活动理论的发展历程划分为三代，提出人类活动的结构（如图3-4所示），即人们所熟知的活动理论"三角模式"。

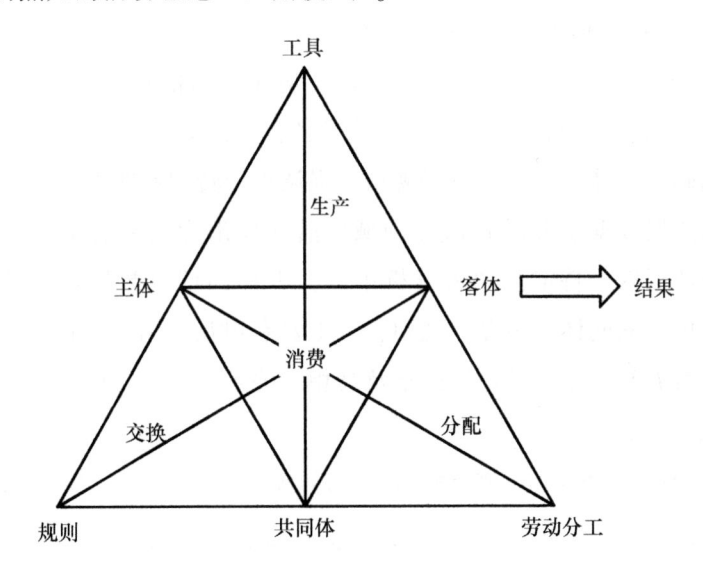

图 3-4 活动理论模型②

该模型包括主体、客体（对象）、共同体、中介（工具）、规则和劳动分工六个组件（要素），组件直接相互作用，形成生产、分配、交换和消费四个子系统。③ 其中包括主体、客体和共同体三个核

---

① 王知津、韩正彪、周鹏：《活动理论视角下的情报学研究及转向模型》，《图书情报知识》2012年第1期。

② Yrjö Engeström, *Learning by Expanding: An Activity-theoretical Approach to Developmental Research*, 2nd ed., Cambridge: Cambridge University Press, 2014, pp. 25-108.

③ 吕巾娇、刘美凤、史力范：《活动理论的发展脉络与应用探析》，《现代教育技术》2007年第1期。

心成分，工具、规则和劳动分工构成次要成分。活动理论关注的是主体对客体朝向目标客体转化的实践过程，探究的是人们使用工具的本质、环境的作用、社会关系、目标和意义，把人类实践活动看作是系统，包括个体、组织、环境、历史、文化、工具、动机等。① 活动理论逐步为教育技术、语言教学、学习科学等学科领域所接受与应用，例如，智慧课堂教学活动理论模型②、学术英语写作教学③、混合式教学④，等等。

（二）在数据素养领域的适切性

在 LIS 领域，活动理论得到了广泛应用，如信息行为⑤、信息素养教育⑥、信息系统⑦、数据治理⑧等领域，为 LIS 研究提供了共同的对话基础、整体性视角、发展视角，强调理论转向实践⑨。

具体到数据素养教育研究领域，活动理论为研究者提供理论框架，以数据素养特定活动为分析单元，表征和理解数据素养教育主体、客体、共同体、中介、规则、分工要素相互作用的过程，考察影响数据素养教育活动的环境因素及其相互关系。例如，以马克思主义

---

① 余亮、黄荣怀：《活动理论视角下协作学习活动的基本要素》，《远程教育杂志》2014 年第 1 期。

② 王兴宇：《活动理论视角下的智慧课堂教学模式研究》，《中国电化教育》2020 年第 4 期。

③ 朱效惠、袁欣：《活动理论视角下的学术英语写作教学研究》，《外语界》2018 年第 1 期。

④ 胡苑艳、曹新宇：《线上线下混合式教学中的同伴中介研究：活动理论视角》，《外语与外语教学》2021 年第 4 期。

⑤ 孙晓宁、赵宇翔、朱庆华：《社会化搜索行为的结构与过程研究：基于活动理论的视角》，《中国图书馆学报》2018 年第 2 期。

⑥ 张莉：《活动理论框架下的合作式信息素质教育活动系统研究》，《图书情报工作》2013 年第 18 期。

⑦ Stan Karanasios, David Allen and Patrick Finnegan, "Information Systems Journal Special Issue on: Activity Theory in Information Systems Research", *Information Systems Journal*, Vol. 25, No. 3, 2015, pp. 309–313.

⑧ 侯雪林、应峻、宋士杰：《活动理论视角下疫情数据故事化的结构要素和过程探析》，《情报理论与实践》2022 年第 8 期。

⑨ 周文博：《活动理论及其在图书馆情报学领域的应用》，《情报学报》2020 年第 3 期。

活动理论为视角分析大学生数据素养教育活动系统及其要素[1]，识别影响数字素养教育的关键因素[2]。

二 人的全面发展理论

（一）主要思想

马克思的人的全面发展理论是马克思社会发展观的集中体现，从辩证唯物主义和历史唯物主义角度揭示了人的全面发展的物质基础和实现路径。其思想集中体现在《德意志意识形态》《1844年经济学哲学手稿》《关于费尔巴哈的提纲》《哲学的贫困》《共产党宣言》《1857—1858年经济学手稿》《1861—1863年经济学手稿》《哥达纲领批判》等著作中。人的全面发展是指"人以一种全面的方式，也就是说，作为一个完整的人，占有自己的全面的本质"[3]。作为类存在物，人的本质是实践活动；作为社会存在物，人的本质在其现实性上是一切社会关系的总和；作为完整的个体的人，人的本质是人的个性。[4] 因而，马克思所讲的人的全面发展与社会的全面发展是辩证统一的，就个体而言，人的全面发展是人的劳动能力、社会关系、个性的全面发展。就社会而言，人的全面发展是全社会所有人的全面发展。

中国共产党人继承了马克思主义人的全面发展理论，并根植中国社会主义现代化建设实践，创新性发展了一系列最新成果。1957年，毛泽东同志提出"我们的教育方针，应该使受教育者在德育、智育、体育几方面都得到发展，成为有社会主义觉悟的有文化的劳动者"[5]。

---

[1] 杜茹：《大学生数据素养教育模型构建——基于马克思主义活动理论视角》，《情报科学》2021年第1期。

[2] 耿荣娜：《信息化时代大学生数字素养教育的关键影响因素研究》，《情报科学》2020年第9期。

[3] 《马克思恩格斯全集》第42卷，人民出版社1979年版，第123页。

[4] 吴向东：《论马克思人的全面发展理论》，《马克思主义研究》2005年第1期。

[5] 毛泽东：《关于正确处理人民内部矛盾的问题》，人民出版社1964年版，第29页。

1980年，邓小平同志提出"立志做有理想、有道德、有知识、有体力的人，立志为人民作贡献，为祖国作贡献，为人类作贡献"①。1995年，《中华人民共和国教育法》明确规定："培养德智体美劳全面发展的社会主义建设者和接班人。"1999年，江泽民同志提出"努力造就'有理想、有道德、有文化、有纪律'的，德育、智育、体育、美育等全面发展的社会主义事业建设者和接班人"②。2006年，胡锦涛同志提出"要坚持育人为本、德育为先，把立德树人作为教育的根本任务，……努力培养德智体美全面发展的社会主义建设者和接班人"③。党的十八大以来，习近平同志进一步丰富和发展了马克思主义关于人的全面发展理论，党的十九大报告提出"不断促进人的全面发展"④，党的二十大报告提出"全面贯彻党的教育方针，落实立德树人根本任务，培养德智体美劳全面发展的社会主义建设者和接班人，坚持以人民为中心发展教育，加快建设高质量教育体系，发展素质教育，促进教育公平"⑤。

（二）对数据素养教育的指导意义

数据素养（信息素养、数字素养）也是人的全面发展的重要内容，数据素养教育也能促进人的全面发展。2021年中央网络安全和信息化委员会办公室印发《提升全民数字素养与技能行动纲要》，部署全民数字素养教育国家战略，提升国民数字化生存技能，促进人的全面发展。推动数据素养（信息素养、数字素养）教育从"物本位"转向"人本位"，从绩效主义转向生命主义。⑥

---

① 中共中央文献研究室编：《邓小平年谱：一九七五——一九九七（上）》，中央文献出版社2007年版，第639页。
② 《江泽民文选》第二卷，人民出版社2006年版，第332页。
③ 胡锦涛：《在全国优秀教师代表座谈会上的讲话》，人民出版社2007年版，第3页。
④ 习近平：《决胜全面建成小康社会 夺取新时代中国特色社会主义伟大胜利——在中国共产党第十九次全国代表大会上的报告》，人民出版社2017年版，第23页。
⑤ 习近平：《高举中国特色社会主义伟大旗帜 为全面建设社会主义现代化国家而团结奋斗——在中国共产党第二十次全国代表大会上的报告》，人民出版社2022年版，第34页。
⑥ 吴砥、朱莎、王美倩：《学生数字素养培育体系的一体化建构：挑战、原则与路径》，《中国电化教育》2022年第7期。

人的全面发展理论在图书馆学界得到了广泛应用,例如,图书馆"以人为本"的哲学内涵①,图书馆在人的全面发展中的作用②,《公共图书馆宣言》③的"以人为本"思想等。人的全面发展理论对数据素养教育具有如下指导意义:一方面,数据素养教育理念应"以人为本",把促进人的全面发展作为宗旨,在数据素养概念界定上,数据伦理、数据法律意识、数据文化等"人"的因素是数据素养的重要维度。在教育活动设计中,应充分考虑数据获取、数据分析、数据共享、数据出版、数据引用等行为特征,以此作为教育内容设计的主线。在教育绩效评价中,以满意度作为评价的重要指标。另一方面,数据素养是一个历史发展过程,不同文化背景、历史阶段数据素养的内涵也不一样,取决于人类的数据素养的认识水平和观念结构。不同文化背景下,数据素养水平也具有差异性。反之,数据素养教育有助于弥合数字鸿沟,促进社会数字化发展。

综上所述,数据素养具有跨学科、多领域、多元面向的特征,哲学、信息资源管理学科、教育学、社会学、心理学等学科研究成果构成了数据素养研究的坚实理论基础,不同学科的理论视角、研究方法和分析层次为数据素养研究提供了多样化资源,这对于推进数据素养深入研究、建构完整的数据素养教育理论体系,无疑具有十分重要的作用。图3-5展示了各学科的相关理论资源对于数据素养研究的作用定位。

数据素养教育理论主要来源于图书馆学的核心理论,尤其是信息素养、数字素养、元素养、DIKW模型、数据生命周期、第四科研范

---

① 夏有根、潘继进、徐一忠:《图书馆"以人为本"的哲学内涵研究》,《图书馆》2011年第1期。
② 徐洪升:《图书馆与人的全面发展》,《图书馆论坛》2003年第5期。
③ 程焕文、高雅、刘佳亲:《理念的力量:中国公共图书馆迈入黄金时代——纪念〈公共图书馆宣言〉颁布25周年》,《图书馆建设》2019年第3期。

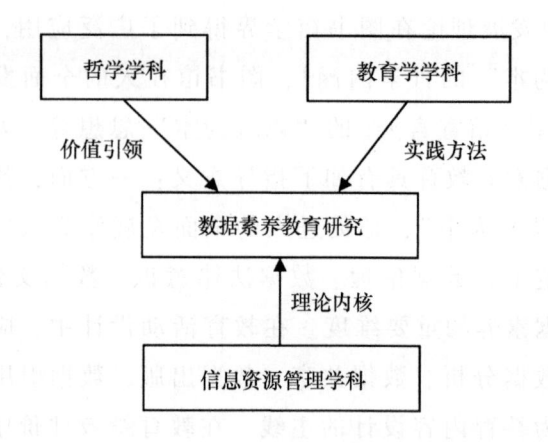

```
        哲学学科              教育学学科

           价值引领          实践方法

              数据素养教育研究

                    理论内核

              信息资源管理学科
```

图 3–5　各学科理论在数据素养教育研究中的作用

式等理论，批评吸收和借鉴这些理论，从而建构数据素养内涵、本质属性以及价值意蕴等，这些是数据素养研究得以深入发展的思想源泉。数据素养教育实践作为一项典型的教育活动，其方法主要来源于教育学的经典理论，如建构主义学习理论、关联主义学习理论、教育现象学理论、社会认知理论等，为描述和解释数据素养教育现象提供了逻辑框架。数据素养教育的价值追求来源于哲学理论，尤其是马克思主义人的全面发展学说。需要说明的是，数据素养是知识、能力和思维的综合，需要综合运用多学科理论与方法，超越传统学科研究范式。

第四章　数据素养基本范畴体系

"范畴"一词译自英文"category",源自希腊文Kategoria,即指示、证明之意。范畴理论可追溯至古希腊哲学家亚里士多德的《范畴篇》,亚氏范畴理论可以诠释为:"只要这个世界可以被范畴化或以范畴的形式表示出来,那么人们就可以深刻地理解和认知世界。"① 康德在亚氏之后系统创立了范畴体系,他提出范畴作为先验的知识形态具有普遍性和必然性,认识主体处于主导地位。黑格尔系统介绍和评述了亚氏范畴学说,并把辩证法用于范畴理论研究之中,范畴被视为辩证思维的逻辑规定。马克思认为,范畴的形成是以物质存在为前提的,逻辑范畴是对客观存在的不断抽象的结果,把范畴体系建立在唯物主义辩证法基础之上,强调了逻辑范畴的实体性。

"范畴作为人类理性思维的逻辑形式,是客观事物本质属性和普遍联系的高度概括和反映,是各种理论体系中的基本概念,是人类认识世界的思维'工具'。"② 范畴需要依次回答三个问题:一是范畴内容包括哪些,这些内容的性质是什么。二是范畴以何种形式表现出来。三是范畴具有何种作用,范畴是本体论、认识论和方法论的统一。③ 范畴体系是由一组具有内在联系的基本概念范畴构成的,是整体性和全局

---

① 吴世雄、陈维振:《范畴理论的发展及其对认知语言学的贡献》,《外国语》(上海外国语大学学报)2004年第4期。
② 徐志远:《现代思想政治教育学范畴研究》,人民出版社2009年版,第41页。
③ 黄少成:《政治教育学范畴研究》,博士学位论文,中国地质大学,2013年,第71页。

性的理性认识。概念范畴是对研究对象的抽象概括和理性认识,概念范畴的内在联系表明的是对象的内部结构关系。① 范畴及其范畴体系的形成是学科领域理论体系构建的重要衡量标准,是一门学科能够成立的重要标志。

本书将数据素养范畴定义为:数据素养范畴是反映和概括数据素养的各种现象及其特征、联系等本质的基本概念,是理性认识和整体把握数据素养的基本认识工具。全面准确认识数据素养范畴,对于数据素养教育理论建构与数据素养教育实践都具有积极的认识论和方法论价值。范畴是"表现一定社会、主体的存在形式与存在规定,常常只是个别的侧面"②。数据素养范畴也具有自身发展的个性与特征。根据范畴所反映的事物及其层面的不同,一个科学理论的范畴体系也存在一定的结构与层次。③ 数据素养教育理论体系之间具有严密的逻辑关系,存在着相互联系、相互作用的层次结构,依据范畴所处划分层次地位,数据素养基本范畴体系由起点范畴、中心范畴、中介范畴、结果范畴和终点范畴组成。

第一节 起点范畴:数据素养

一 逻辑分析

起点范畴也称为逻辑起点,是一门学科或者完整理论体系的始自对象,是整个理论体系展开和演化的最初规定,即黑格尔所说的"科学应当以什么为开端",它是思维的起点和研究对象系统中的核心要素,也被称为逻辑始项。需要指出的是,起点范畴"是一门科学理论

---

① 王牧:《学科建设与犯罪学的完善》,《法学研究》1998年第5期。
② 《马克思恩格斯选集》第2卷,人民出版社1995年版,第24页。
③ 安涛、李艺:《教育技术理论的范畴体系与核心问题》,《现代远程教育研究》2014年第2期。

体系的叙述起点，并不是研究起点"①。黑格尔提出逻辑起点三项质的规定性：第一，逻辑起点应是一门学科中最简单、最抽象的范畴；第二，逻辑起点应揭示对象的最本质规定，以此作为整个学科体系赖以建立的基础，而理论体系的全部发展都包含在这个胚芽中；第三，逻辑起点应与它反映的研究对象在历史上的起点相符合（逻辑起点应与历史起点相同）。② 同时满足这三条规定性的范畴则为理论体系的逻辑起点。后有学者补充了两点：一是逻辑起点应与研究对象保持一致性（逻辑起点的抽象性应受它所反映的研究对象的限制——既不可抽象不足，也不可抽象过度）；二是逻辑起点应当以"直接存在"形态承担一定的社会关系。③ 根据上述逻辑起点的五项基本要求，本书认为数据素养基本范畴体系的逻辑起点是"数据素养"，而不能是其他范畴，原因在于：

第一，"数据素养"是数据素养教育研究中最简单、最抽象的概念。数据素养教育理论体系的建构遵循从抽象到具体的逻辑进路，从"数据素养"这一概念出发，以此作为整个理论体系的叙述起点。"数据素养"是数据素养理论体系中最简单的概念，因为它既不可再分，如果将其分成"数据"和"素养"，则会失去"数据素养"这一概念的内在规定性；它也不以任何东西为前提，不以任何东西为中介。④ 其他范畴可用它来说明或解释，不断进行概念推演或逻辑拓展，不断丰富其最初规定，如"数据素养教育""个体数据素养""数据素养量表""数据素养课程""数据素养生态"等，没有哪个概念像"数据素养"这样能够容纳这么多的外延。

---

① 汪基德、周凤瑾、毛春华：《教育技术学基本范畴体系初探》，《教育研究》2009年第12期。
② 何克抗：《关于教育技术学逻辑起点的论证与思考》，《电化教育研究》2005年第11期。
③ 瞿葆奎、郑金洲：《教育学逻辑起点：昨天的观点与今天的认识（一）》，《上海教育科研》1998年第3期。
④ 汪基德、周凤瑾、毛春华：《教育技术学基本范畴体系初探》，《教育研究》2009年第12期。

第二,"数据素养"是数据素养教育理论框架建构的最基础概念,数据素养教育理论发展均包含在"数据素养"这个胚芽之中。例如,数据素养的观念史、数据素养的内涵、数据素养的本质、数据素养的价值、数据素养课程建设、数据素养测评方法、数据素养教育生态系统等,都与此概念的内在规定性密切关联。

第三,"数据素养"是逻辑起点与历史起点相一致的规定性,是历史与逻辑的统一。"数据素养"概念的提出,也是数据素养产生的时间。

第四,作为逻辑起点的"数据素养"与"数据素养教育"的研究对象完全一致,既不会抽象不足,也不造成逻辑抽象过度。

第五,作为逻辑起点的"数据素养",以"直接存在"的形式承载了特定的社会关系,也就是数据素养教师和学生之间通过一定的方式而展开的"教"与"学"、"输出"和"输入"之间的互动关系。数据素养承载着人的自由而全面发展和社会时代发展对人的要求这一社会关系。数据素养教育的起源和发展过程,与平衡"数据素养"所承载的社会关系的这一进程,具有内在一致性。

综上所述,"数据素养"能够经得起逻辑起点质的规定性的严格检验,可以作为数据素养教育理论体系的起点范畴。

二 基本命题

由起点范畴出发可推导出数据素养概念论:

(一) 数据素养概念史研究

引入概念史研究方法,阐明概念史研究与数据素养研究的契合点和适用性。从"数据素养"概念生成的社会文化语境出发,将"数据素养"概念及其相关教育思想视为包含文化—认知要素的制度[①],辨析不同文化语境、不同学科之间"数据素养"概念的生成脉络和表达方式,考察数据素养的历史发展阶段及其演变特征,在全球数

---

① 黄芳:《社会学新制度主义视角下"素养"概念史考察》,《比较教育研究》2021年第2期。

素养背景下呈现中国数据素养发展的制度、文化和技术因素，为数据素养研究提供新的观察视野和理论参照。

（二）数据素养概念模型研究

当前数据素养的定义主要有能力说、过程说和文化说三种，将多学科视角下的数据素养内涵作为数据素养教育实践的出发点和中心点，并从整合视角提出数据素养的概念及其模型，将有利于推动数据素养理论发展。因此，在全面系统梳理数据素养定义基础上，结合数据素养教育实践，从图书馆学、教育学、心理学、系统论、认知科学、伦理学等角度提出包括数据思维、数据能力和数据知识在内的数据素养概念三维模型。并开发相应的触动方法，为数据素养理论拓展和教育实践提供相应的理论基础和方法论基础。

（三）数据素养概念体系研究

概念化是数据素养概念体系形成和演化的基本路径，数据素养概念体系在数据素养科学化和专业化发展中具有基础性和核心地位。梳理数据素养学术发展史中的核心概念、属性特征、应用场景等，厘清数据素养概念之间的同一、属种、交叉、并列、整部、因果等关系，面向国家数据战略和个体数据素养发展需求建立数据素养的概念体系，阐释概念系统背后的数据素养发展思想，整体呈现数据素养现象及其内在联系。

第二节　中心范畴：数据素养教育

一　逻辑分析

在确定起点范畴之后，需要发现和确立一个研究领域的核心问题，把握住这关键一步就是思维和认识的飞跃。这一问题就是范畴体系中的中心范畴，它在一门学科或完整的理论体系中处于核心地位，也被称为核心范畴。它是范畴体系中最重要的范畴，对其他范畴起着规定作用，制约、主导和支配着其他范畴的发展，始终贯穿于整个范畴体系之中，因此，它也被称为逻辑基项。从起点范畴到中心范畴的推演过程，也是范畴从抽象到具体的运动过程。①

数据素养在发展中，对其本质的认识也在不断深入，其中最为关键的是，数据素养的形成机制是什么，如何促进人们的数据素养，如何发挥其价值？回答这些问题，本书把"数据素养教育"作为数据素养范畴体系的中心范畴，原因有三：

其一，数据素养教育价值的规定性。数据素养教育是把数据素养的功能与价值、需求与行为转化为个体需求与社会价值的核心纽带。从"数据素养"到"数据素养教育"，是从逻辑始项到逻辑基项的运动结果，只有通过教育这一社会机制，才能更好地发挥和体现数据素养服务于人和社会的功能。

其二，数据素养教育范畴是数据素养范畴体系的本质特征。数据素养教育主体与客体、内在需求与外在价值等矛盾关系及其运动规律是整个数据素养范畴体系的本质。从教育客体而言，数据素养教育是研究数据素养形成的基本特征、基本规律。从教育主体而言，数据素养教育是研究数据素养促进的基本规律、基本方法。于内在需求而言，数据素养教育是研究数据素养需求、数据素养行为、数据素养影响因素、数据素养价值证明等。于外在价值而言是研究数据素养促进社会公平，数据素养促进教学、科研活动的价值等，正是对数据素养教育矛盾规律的探索，构成了数据素养的研究对象。

其三，数据素养教育范畴制约主导着数据素养范畴体系中的其他范畴。除了数据素养教育范畴以外，数据素养教育范畴体系中还有数据素养教育主体与客体、数据素养教育需求、数据素养课程、数据素养测量方法与工具、数据素养教育生态、数据素养教育治理等，这些都是从数据素养教育这一范畴所推导出来的，是数据素养教育范畴的

---

① 汪基德、周凤瑾、毛春华：《教育技术学基本范畴体系初探》，《教育研究》2009年第12期。

具体化和运动化。因此,数据素养教育范畴是整个数据素养范畴体系的核心和枢纽,是贯穿于数据素养范畴体系始终的范畴。数据素养自提出以来,人们始终探索其本质、影响因素,从而提升它,大学、研究机构、公共文化机构等也纷纷开设相应的课程,提供数据资源,来实施数据素养教育。在不同学科领域、应用场景,数据素养教育的内容也在不断丰富,如 LIS 领域侧重数据资源管理,而统计学、生物学、大数据领域等侧重数据分析,教育学侧重数据驱动教学,但是其中不变的是千方百计地促进数据素养的提升。

因此,"数据素养教育"是数据素养范畴体系中最基本最重要的范畴,如果离开"教育"谈"数据素养",就可能会失去生动的实践基础和灿烂的人性灵光,最终只是一个理论的术语。

二 基本命题

由中心范畴出发可推导出数据素养主体论、价值论:

(一) 数据素养主体论

1. 数据素养主体性研究

哲学上的主体性理解不仅是通过意识来进行认识的能力,还是通过活生生的人来改造物质实践的能力,更是拥有"身体"和世界的能力。[①] 主体性内在规定着数据素养"教"与"学"的角色及其转化机制,促进人全面而自由地发展。因此,需要从马克思主义唯物史观和数据素养教育实践层面界定数据素养教育主体性的社会历史性、社会实践性和构建过程性特征[②],为数据素养教育实践提供新的理论依据。

2. 数据素养教育主体资源研究

分析数据教育过程中所涉及的一切对数据素养教育目标达成产生

[①] 王晓升:《世界、身体和主体——关于主体性的再思考》,《中国社会科学》2021 年第 12 期。

[②] 朱爱胜:《论新时代高校思想政治教育的主体性意蕴》,《江苏高教》2020 年第 8 期。

积极影响的具有主体性的人力资源①，界定数据素养教育主体资源分类、分析数据素养教育主体特征，尤其是阐述学术图书馆在数据素养教育中的特殊作用，建立数据素养教育主体之间的协同机制，为数据素养教育实践提供理论指导。

3. 用户作为教育主体者

在传统的信息或数据素养教育活动中，图书馆用户往往是作为数据素养教育的对象，事实上，用户也是图书馆的活态资源②，是数据素养教育的重要主体。因此，从价值共创理论探索用户参与数据素养教育行为影响因素、用户数据素养量表、用户参与数据素养教育的模式等问题。

（二）数据素养价值论

1. 数据素养价值追求

数据素养在发展过程中，显示出重实践轻理论、关注教育内容而忽略价值诉求等问题。将数据素养教育纳入社会文化环境之中考察，从哲学价值论层面追问数据素养的人文价值和社会价值，以促进人的自由而全面发展为根本宗旨，这样数据素养才能真正摆脱价值贫困和数字主义，与信息素养、数字素养等真正区别开来，从而富有学术生机和社会活力。

2. 数据素养价值发现

采用价值发现理论，立足于数据素养教育典型成功案例，通过深度访谈、案例分析等方法，探索数据素养价值发现的内在逻辑，构建数据素养价值发现模型，探索包括图书馆在内的数据素养价值发现的实施路径。从实证层面回答数据素养教育的实践价值。

3. 数据素养价值证明

开发不同情境下的数据素养测评量表，建立数据素养教育的增值

---

① 黄世虎、张子悦：《社区思想政治教育主体资源：概念、特征与开发》，《思想政治教育研究》2020年第2期。

② 王子舟、吴汉华：《读者既是图书馆的服务对象也是活态资源》，《图书馆杂志》2009年第9期。

模型，从定量角度证明数据素养对于教学、科学研究、决策等的作用，揭示数据素养独特价值，证明数据素养与信息素养、数字素养等存在本质区别。

第三节　中介范畴：数据素养教育实践

一　逻辑分析

中介是指"在不同事物或同一事物不同要素之间起居间联系的环节，在事物发展过程中，中介表现为事物转化或发展序列的中间阶段"①。马克思主义哲学通常认为中介是事物联系的中间环节，是事物对立统一的桥梁，从这个意义上来说，万事万物都是一体两面、互为中介的。这个"中介"在逻辑上称为逻辑中项，是联结逻辑始项和逻辑终项这两个范畴的中项。没有中介范畴就无法实现逻辑的推演和过渡，逻辑始项也就不可能逐步展开而达到逻辑终项。②

数据素养理论的诸范畴体系的形成，也需要特定的中介范畴，联结、演绎和融合各个范畴，数据素养范畴才能具有整体意义。本书提出，数据素养教育实践范畴是数据素养诸理论范畴运动的中介、桥梁和纽带，是数据素养理论范畴体系建立与运行的基础和条件。从数据素养概念、主体、价值等主观范畴，到数据素养课程、数据素养测评工具、数据素养治理结构等实践范畴的推导和凝练，都需要以数据素养实践范畴为中介和尺度，实践是检验数据素养教育成效的基本标准。

数据素养教育的复杂性和实践性，决定了数据素养教育理论体系是由一系列范畴组合而成的，这些范畴既包括数据素养需求、数据行为等，也包括数据素养教学、数据素养课程开发，还包括数据素养课程实施、数据素养课程管理、数据素养测评等。正是由于确定了数据

---

① 金炳华主编：《马克思主义哲学大辞典》，上海辞书出版社2003年版，第238—239页。
② 米靖：《论体育教育训练学基本范畴体系的逻辑结构》，《北京体育大学学报》2013年第7期。

素养的需求、数据行为的识别、数据素养课程的建设、数据素养课程的实施、数据素养的测评、数据素养教育治理等一系列实践活动，才能达到优化数据素养教育生态的目标，进而提高数据素养教育治理绩效，实现人的自由而全面发展。这也说明了上述范畴是数据素养教育实践范畴，是联结数据素养范畴体系的起点范畴、中心范畴和结果范畴、终点范畴的逻辑中介，在整个范畴体系运行中起着承前启后的作用，构成了一环扣一环的逻辑整体。

二 基本命题

由中介范畴可推导出数据素养课程论、数据素养测评论等命题：

（一）数据素养课程论

1. 国内外数据素养课程设置现状研究

调查国内外 iSchool 院校、图书馆、数据中心等所开设的数据素养类课程设置情况，从课程目标、学分、课程内容、教学方式、考核方式、教材选用等方面总结数据素养课程设置特征，为本土数据素养课程开发提供启发和借鉴。

2. 数据素养课程基本理论研究

从用户需求、社会发展、课程分类等视角论述数据素养课程的本质，探讨数据素养课程与信息素养、数字素养课程的区别与联系。结合国家战略、LIS 学科发展和用户需求探讨数据素养课程目标层次。分析数据素养课程的内容层次、组织方式和教学材料等内容，比较分析不同教学方法适用情况，讨论数据素养课程教学效果的评价标准等。

3. 本土数据素养课程开发与实施研究

根据数据文化、用户数据素养特征，论证本土情境下课程目标、内容模板、教学方法、学习方式和评价方法，并付诸实施。从数据思维塑造、数据技能培养和数据知识传授等方面对课程效果进行评价，并提出未来数据素养课程建设的建议。

（二）数据素养测评论

1. 数据素养测度方法研究

评价是衡量教育对象数据素养水平，以及评判数据素养教育成效的关键环节。梳理国内外数据素养测评理论研究的发展历程、目标及其驱动因素。调查国内外典型的数据素养工具，从测评对象、测评内容、工具类型、应用场景等方面进行比较分析，提出我国数据素养测评工具开发思路及建议。

2. 本土数据素养量表开发

针对本土数据素养量表存在维度不明确、内容不全面、方法不规范等问题，遵循"发展初始题项—预调研与题项纯化—正式调研与题项检验"量表开发的规范程序，以本土不同区域不同群体为调研对象，构建数据素养测量量表并实证检验，为本土情境下的数据素养测评提供测量工具。

3. 数据素养影响因素研究

采用分层随机抽样方法，对我国公众数据素养状况及其影响因素进行实证研究。深入探讨影响用户数据素养水平的关键因素之间的关系及其作用机制，揭示数据素养的形成机理。建立大学生数据素养影响模型，选择一定数量的大学生为追踪研究对象，以时序数据为基础、以多层线性模型为方法，深入探讨数据素养的纵向变迁及影响因素。

第四节 结果范畴：数据素养教育生态

一 逻辑分析

结果范畴是在一门学科理论体系中，通过主体对客体的作用后，事物发展所达到的最后状态。[1] 数据素养范畴体系的结果范畴，就是教育主体在教育原理与规律的指引下，通过对教学过程和教学资源进

---

[1] 汪基德、周凤瑾、毛春华：《教育技术学基本范畴体系初探》，《教育研究》2009年第12期。

行设计、开发、利用、管理和评价的实践活动后，达到优化数据素养教育生态系统的最终结果，这可以从两个方面理解：一方面，教育对象的数据素养得以提高，这是数据素养教育的直接目标。另一方面，数据素养教育资源得到有效配置。在数字生态环境下，数据素养教育资源发展呈现出多元、共创、共享、服务的特征。数据素养教育各种资源投入要素得到合理组合，实现功能和效用的最大化。数据素养教育资源合理需求与有效供给、整体与局部处于相对均衡状态，呈现出内容的丰富性、形式的多样性、获取的便捷性、使用的共享性、传播的时效性、传递的交互性、结构发展的动态性，以及配置节点资源的丰裕度和冗余度等特性。

从"优化数据素养教育生态"的结果范畴中可推导出丰富的子范畴，例如，数据素养教育主体、数据素养教育介体、数据素养教育对象、数据素养教育资源等。数据素养教育实践诸要素的优化状态是在空间上保持一致性、在时间上保持连续性，实现要素协同。

二 基本命题

由数据素养结果范畴推导出数据素养教育生态论：

（一）数据素养教育生态系统内涵

随着数智技术的快速发展与应用，社会公众对数据素养的需求日益多样化，数据素养教育日益重要与复杂。在分析国内外数据素养教育框架基础上，借助生态学理论，提出数据素养教育生态系统概念，分析其特征与功能，多维度、立体化、动态化描述、阐释和规范数据素养教育活动。

（二）数据素养教育生态系统模型

参考信息素养、数字素养教育体系，建立由实体要素和功能要素构成的数据素养教育生态系统模型，分析生态因子、环境与主体之间的复杂关联关系，探讨数据素养教育生态系统的协同与共享机制、竞争与共生机制、循环与平衡机制、协同演化机制，为数据素养教育实践提供理论分析框架。

（三）数据素养教育生态优化策略

分析数据素养教育生态系统建设中的成功模式、存在的问题，结合数据素养教育发展方向，从制度生态、文化生态、技术生态、数据生态等方面提出优化策略与实施方法，为数据素养教育生态建设提供科学可行的建议。

第五节　终点范畴：数据素养教育治理

一　逻辑分析

"思维从作为逻辑起点的最一般的抽象规定出发，经过中介，形成了思维中的具体，进而达到上升过程的逻辑终点。"① 终点范畴是范畴体系的全部思想内容的综合，是整个范畴体系辩证运动的总结，因此，终点范畴也称为逻辑终项。终点范畴是一个完整理论体系建立的最终目的。

本书将"数据素养教育治理"作为整个数据素养范畴体系的终点范畴。"数据素养教育治理"这一范畴不仅反映了数据素养教育的根本任务，还体现出数据素养教育的时代特征，与国家治理能力和治理体系现代化建设的内在关系，把数据素养教育置于国家治理、教育治理的时代命题之中考察。数据素养教育治理包括教育治理能力、治理绩效、治理空间、治理工具等子范畴，丰富了数据素养的基本范畴体系。从实践活动上看，数据素养教育的最终目标是促进学习者的数据素养，提高数据素养教育绩效，并最终实现人的全面而自由发展。这就需要从整体上把握数据素养教育的协调性、先进性。

---

① 汪基德、周凤瑾、毛春华：《教育技术学基本范畴体系初探》，《教育研究》2009年第12期。

二 基本命题

由终点范畴可推导出数据素养教育治理论：

（一）数据素养教育治理体系

在国家治理体系和治理能力现代化背景下，分析构建数据素养教育治理体系的必要性，论述数据素养教育治理和数据素养教育治理体系的内涵、特征与场景，提出数据素养教育治理体系的构成要素，即治理理念、治理目标、治理主体、治理对象、治理工具、治理成效等。

（二）数据素养教育治理能力

置于教育治理现代化背景下考察数据素养教育治理能力，一方面辨析数据素养教育治理能力概念，例如，与教育治理、治理能力现代化、数据素养教育治理体系的区别与联系。另一方面是厘清数据素养教育治理能力现代化的关键要素，从系统整体角度逐一分析其先导要素、前提要素、基础要素、动力要素、保障要素等，揭示各个要素之间相互依存、相互促进的机制。

（三）数据素养教育治理绩效

以数据素养教育治理流程、数据素养教育治理机制的系统构建为主线，从广泛深入的文献梳理、实地调研入手，厘清和界定我国数据素养教育治理的基本概念和基本范畴，以设计治理绩效评价指标体系为重点突破，分类分层设计科学严谨、易于操作的数据素养教育治理绩效指标体系，全面系统分析我国数据素养教育治理过程中存在的现实困境，从理念、基础、保障、实施等层面提出数据素养教育治理策略，推进数据素养教育治理能力现代化。

国内外数据素养教育实践活动发展迅速、异彩纷呈。但是，数据素养理论研究明显滞后，数据素养教育实践发展缺乏坚实、系统的理论支撑，在一定程度上制约了数据素养教育实践的发展深度与高度。理论匮乏的突出表现就是，数据素养研究没有能够建立起系统完整、逻辑自洽、具有说服力的基本范畴体系。范畴体系是走向学科独立、理论成熟的重要基础,教育技术学①、思想政治教育学②、情报学③、数据慈善④等领域不遗余力地构建基本范畴体系。

本书所架构的数据素养基本范畴体系是由起点范畴、中心范畴、中介范畴和终点范畴构成的前后连贯、从抽象到具体、从概念到体系的动态立体的系统。在这个结构中,以数据素养为起点范畴,以数据素养教育为中心范畴,经由数据素养需求、数据素养行为、数据素养课程、数据素养教学、数据素养评价等构成的中介,优化数据素养教育生态系统,最终实现数据素养教育善治的目标。它反映了人们对数据素养及其教育各种现象及其辩证关系的认识过程的一般规律,是辩证法、认识论和逻辑学的统一体(如图4-1所示)。

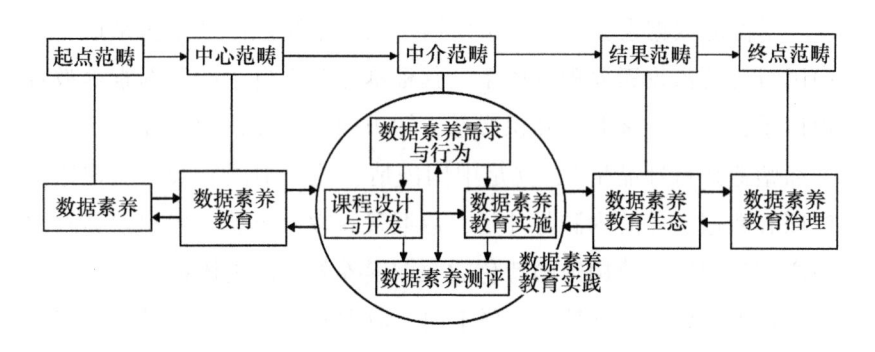

图4-1 数据素养基本范畴体系

数据素养基本范畴体系对于数据素养教育研究起到了如下几个方面的主要作用:

---

① 汪基德、周凤瑾、毛春华:《教育技术学基本范畴体系初探》,《教育研究》2009年第12期。

② 徐志远、范慧玲:《论现代思想政治教育学基本范畴的内在逻辑联系》,《学校党建与思想教育》2019年第5期。

③ 安璐、陈苗苗、沈燕、李纲:《中国特色情报学的基本范畴与核心命题》,《中国图书馆学报》2021年第6期。

④ 梁志文:《数据慈善的基本范畴与法律框架》,《上海交通大学学报》(哲学社会科学版)2022年第2期。

一是深化数据素养实践价值认识。数据素养及其教育在概念上，与信息素养、数字素养、元素养等交叉融合，在测评方法上，定量与定性方法相互交织，在教育实践中，数据素养教育需求、课程建设等丰富多彩。这些理论探索与实际经验需要提炼与升华。一方面，数据素养范畴作为数据素养教育实践活动的理性思维工具，对数据素养教育理论建构具有规范功能，以规范的逻辑形式和语言对数据素养教育现象进行发现、描述、阐述、解释和展现，使之概念化、理论化和系统化。反言之，人们以数据素养范畴为基础和指导，进一步深化对数据素养教育实践活动的认识，进一步认识数据素养教育的本质与规律。另一方面，数据素养范畴研究体现了图书馆学理论原创能力的提升，规范化的范畴体系为理论创新提供了基本的逻辑思维工具和命题来源。

二是促进数据素养理论体系建构。从自主知识体系建构来说，构建中国特色的数据素养理论体系，其根本是建立自主的数据素养教育知识体系，在知识来源、知识形态、知识内容、知识运用和知识创新等方面塑造独特性品格[1]，立足中国国情、扎根中国实践，从理论上尝试回答数据素养的内涵与外延、数据素养教育类型、数据素养测评等核心理论问题，建构中国特色的数据素养教育理论体系。

三是预测数据素养教育发展走向。数据素养教育预测是指数据素养教育预测者在掌握相关信息的前提下，揭示数据素养教育规律，进而对数据素养教育的未来发展趋势、社会意识形态的未来发展状况及教育对象数据素养的未来状态进行推测的一种实践活动。数据素养教育预测既是一个具体的运动过程，也贯穿于微观和宏观的数据素养教育的始终。

需要说明的是，任何范畴体系都是特定历史条件的产物，"它是和一定历史时期的科学和思维认识的发展水平相联系的，没有绝对完善、最终完成的范畴体系"[2]。数据素养基本范畴体系也是历史的产

---

[1] 王旭：《建构中国自主的纪检监察学知识体系》，《求索》2022年第6期。
[2] 汪基德、周凤瑾、毛春华：《教育技术学基本范畴体系初探》，《教育研究》2009年第12期。

物，它只能帮助我们获得并形成相对新的认识。因此，数据素养基本范畴体系，也要随着社会文化的发展、科学技术的进步、人们认识水平和认识能力的提高，以及数据素养教育理论和实践的发展而与时俱进，不断发展和完善。

第五章　数据素养测评工具比较

测评和评价是人类社会一项重要实践活动，是个体进行价值判断、认识世界、参与社会实践的重要方式。测评是数据素养教育的重要一环，科学有效的测评工具是开展数据素养评价的基础和保障。国内外学者在数据素养测评理论、测评工具开发与应用方面取得了一系列研究成果。但是，测评内涵模糊、方法单一、工具简单、应用面较窄等困境，在一定程度上限制了数据素养的影响力和数据素养教育的深入发展。因此，本书认为有必要系统阐述数据素养测评的内涵与功能，比较分析代表性数据素养测评工具，从中汲取有价值的开发思路、研究方法和测评实施等，为论证数据素养测评的科学性与合理性、开发本土数据素养测评工具等重要问题提供必要的思路借鉴。

第一节　数据素养测评的学理分析

一　内涵界定

公众数据思维、数据知识、数据能力测量与评价问题是教育界亟待解决的社会问题。国内外学者从不同角度进行了有益探索，诸如基于胜任特征模型的数据素养量表①，以胜任特征模型为基础的数据可

---

① 张晓阳、李楣：《基于胜任特征的研究生数据素养能力测评量表研究》，《图书情报工作》2017年第8期。

视化素养比较评价①，以证据为中心的初中生数据素养评估②，以及基于情景应用的教师数据素养量表③。但是与信息素养、数字素养、计算思维、媒介素养量表相比，还存在较大差距，主要表现是缺乏代表性和应用广泛性的数据素养测评量表，面向专业领域、特定群体的本土化数据素养量表更是凤毛麟角。

2020年10月，中共中央、国务院印发了《深化新时代教育评价改革总体方案》④，教育评价的"发展性、过程性、多元性、情境性的新时代教育评价理念成为主旋律"⑤。这对数据素养测评提出了新要求、新启示和新目标，不仅要深刻理解数据素养测评的内涵，还要充分认识数据素养测评的育人功能，更需要建构与新时代教育评价改革相适应的数据素养测评体系。

"测评"一词是"测量"和"评价"的结合，"测量"是采用特定的工具以数量化的方式来确定事物属性的过程。"评价"是通过收集到的信息、数据等证据对事物做出价值判断的过程。因此，"测评"就是一个系列化的过程，包括确定对象、开发工具、选择方法、实施测量、数据分析、价值判断、结果反馈等环节。

因此，本书将数据素养测评定义为：根据数据素养相关理论，使用科学、客观和标准的测量工具和方法对个体和社会数据素养行为、能力和表现水平进行测量、分析和评价的过程，并确定出定量或定性的价值。在这里，数据素养测评包括数据素养测评理论、测评方法、测评对象、测评工具、测评结果等要素。数据素养测评不仅包括量化

---

① Monica Rogers, Comparative Data Visualization Literacy Skills of Information Science Students, Ph. D. dissertation, State University of New York at Buffalo, 2022.

② Semi Yeom, Toward a Data Literacy Assessment That Is Fair for Language Minority Students, Ph. D. dissertation, University of Maryland, College Park, 2023.

③ Department of Education, Office of Planning, Evaluation and Policy Development, Teachers' Ability to Use Data to Inform Instruction: Challenges and Supports, Washington, D. C., 2011.

④ 《中共中央 国务院印发〈深化新时代教育评价改革总体方案〉》，国务院公报2020年第30号，https://www.gov.cn/gongbao/content/2020/content_5554488.htm。

⑤ 盛雅琦、张辉蓉：《新时代教师评价素养的内涵解构、价值意蕴及测评框架》，《课程·教材·教法》2022年第5期。

评价，还包括广义的访谈、观察和实验等方法的测评。

二 功能分析

数据素养测评功能定位关乎测评的合法性和合理性，数据素养测评的根本功能是持续性改进数据素养学习和教学，包括四项基本功能：

（一）判断功能

判断功能是数据素养测评最基本、最普遍和最现实的功能。科学的方法、适切的工具、规范的实施是顺利实现数据素养测评的必要条件。数据素养教育测评的最直接目的是客观评定学习者或者公众的数据素养的表现，并赋予一个成绩或者分数、等级。这个判断过程是按照科学的标准和程序对特定对象的数据素养表现做出较为客观的测量和评价。一般而言，人们采用测量工具或者测量方法，系统全面地采集数据，客观描述个体数据素养状态与特征，教育工作者基于测评事实可以做出教育决策和判断，判断结果可以是量化的测评数据，也可能是定性描述的方式，形成数据素养测评的事实判断。数据素养测评不是在真空中进行，其必然与外部的社会价值体系联系在一起，对数据素养的属性做出价值分析或价值判断。例如，数据素养测评中对数据交流的测量，其结果表征的不仅仅是个体数据获取、组织、分析能力，也是个体与其所在学术共同体或者社会的交互关系。数据素养的价值判断建立在事实判断基础之上，事实判断更多具有写实性，而价值判断更具有社会性，如果说数据素养价值判断是刻画个体或群体的当下状态，那么价值判断则描绘的是历史演变或者社会存在。

（二）诊断功能

诊断功能是指用科学可行的测评方法、工具和技术对数据素养的各个方面进行客观、有效的测量，以此判断数据素养的层次、水平、特征及差距。并将测评结果以合适的方式呈现给利益相关方（如教育主体、教育对象、教育监管部门），以此改进教育方法、更新教育内容，从而达到最佳的教育绩效。在这一过程中需要通过各种量表、评价表现、课堂观察等方式大量收集数据，通过对这些数据的分析，实现数据素养教育学生、教学、课程设置、教育管理等问题的诊断。

（三）促进功能

数据素养测评的促进功能是依据评价标准，持续性改进教育质量，提高个体数据素养能力。数据素养测评需要时刻观照教育的整体性和人文性，从整体上把握数据素养教育要素之间的协同，探索数据素养教育的规律，及时改进教育方式，同时要关注数据素养教育对象的个性化和可持续发展，真正以评促进，实现数据素养教育的根本宗旨。一方面，聚焦国家数据政策、教育政策的要求，判断数据素养教育是否达到了国家的具体要求，明确数据素养教育成效是否帮助教育对象具备了数字化生存的基本要求。另一方面，全面、准确刻画教育对象数据素养表现水平及其影响因素，明确哪些因素影响了数据素养教育，分析不同因素之间的作用机制。从根本上找到数据素养发展的影响因素，切实促进数据素养水平提高。

（四）治理功能

《深化新时代教育评价改革总体方案》指出"教育评价事关教育发展方向"。教育测评和教育治理具有内在的关联性，存在相互纠缠的意义与互渗的功能关系。① 数据素养教育测评也是如此，数据素养教育测评为数据素养教育治理提供了客观的数据、工具，是驱动教育决策的过程。同时，数据素养评价也具有治理的功能，是数据素养教育治理的工具和手段。

三 工具分类

为全面系统掌握国内外数据素养测评工具发展现状，本书采用系

---

① 周作宇：《论教育评价的治理功能及其自反性立场》，《华东师范大学学报》（教育科学版）2021 年第 8 期。

统文献调查方法收集国内外数据素养测评工具学术论文和研究报告，具体分为如下四个步骤：

首先，以 Web of Science 核心合集、Scopus 数据库为数据来源，以"Data Literacy"AND（Assessment * OR Measur * OR Tool * OR Test * OR Instrument * OR Questionnaire * OR Survey * OR evaluat *）为主题词检索数据素养测评相关英文文献。以中国学术期刊全文数据库、万方数据知识服务平台为数据来源，以"数据素养"AND（"测评"OR"评价"OR"测量"OR"量表"）为主题词检索数据素养测评相关中文文献。

其次，初步阅读文献，筛选出核心文献，提炼核心概念、核心作者和核心研究机构。文献或研究报告的筛选标准是：①属于数据素养，不属于信息素养；②属于实证研究或者第一手数据调查，而不是文献综述或理论框架建构类文献；③开发或者修正了相应的量表，而不是直接应用其他研究的量表。

再次，利用谷歌学术（Google Scholar）、必应（Bing）等学术搜索引擎，采用滚雪球式方法追踪所选文献的参考文献，获得相关的学术网站、调研报告、调查数据等。

最后，分析纳入分析范围的数据素养测评文献，逐篇研读和归纳，根据不同标准将数据素养测评工具分类如下：

（一）根据测评方法

可以分为量表、直接行为观察（Direct Behavioral Observation）、访谈（Interviews）、社会计量法（Sociometric Approaches）以及数据计量（数据引用）方法等。

1. 数据素养量表方法

量表方法是具有测量参照点和单位的数字连续体，能够使数据素养的特征数量化。通常是由若干问题或者陈述句构成，每句陈述描述数据素养维度的一种特征，要求被测对象根据自身情况做出选择。数据素养量表的实施快捷、计分方便、信效度较高，对调查员要求较低,可快速得到测量结果,但是其开发难度大,编制方法和过程较为复杂,量表内容也较为固定和单一,信息量不够,有的只能测量特定的群体,有的只能测量数据素养的某一维度,难以全面测评。

2. 直接行为观察法

该方法通过对对象在某一情境或者环境下的行为反应的观察来评价其数据素养水平与特征,观察人员使用标准化的记录工具,在现场记录某一时间段内学习者的行为及其与周围人员的互动情况。直接行为观察方法实践性较强,具有丰富的生活现象和场景化,能够带来意想不到的研究效果,因此对实验者的综合素质要求较高,需具有敏锐的观察能力。

3. 访谈方法

深度访谈是数据素养能力测评的一个重要工具,尤其是在测评对象不够明确的情况下使用,访谈可以开放式或者半开放式进行。可以针对测评对象本人,也可以针对测评对象的教师和同伴进行。通过访谈,可以直接获取来自数据素养教学对象和同伴的第一手数据,但是存在访谈时间较长、访谈对象有限、需要较高的访谈技巧等缺点。

4. 社会计量法

社会计量法又称社会测量法,1934 年,由美国心理学家雅各布·莫雷诺(Jacob Levy Moreno, 1889—1974)在《谁将留下?》(*Who Shall Survive?*)一书中提出。社会计量法可用于测量和评估个体在社会团体中的人际吸引或排斥,如社会地位、同伴接纳、社会声誉等。社会计量法可用于数据交流、数据文化测量之中。

5. 数据引用方法

数据引用方法由文献计量、信息计量方法衍生而来,从学术论文中的数据引用情况分析研究者的数据素养水平。例如,管理学领域的数据引用行为可以表征研究者的数据获取来源与方式①,以此来客观判断学者的数据获取、解读、选择和引用能力。

(二) 根据测评对象范围

可以分为个体数据素养测评工具、机构数据素养测评工具和社会公众数据素养测评工具。

(三) 根据测评对象类型

根据人口群体特征,可以分为教师、大学生、高中生、公民等数据素养测评工具。

(四) 根据测评形式②

可以分为基于量表的测评、基于试题的测评、基于需求的测评等。基于量表的测评工具是以量表为主要形式,测量对象在数据思维、数据知识、数据行为等方面的主观认知。基于试题的测评工具是以数据素养试卷试题为主要形式,测量对象在数据思维、数据知识、数据行为等方面的客观能力。基于需求的测评工具是以问卷调查表、访谈提纲等为主要形式,测量对象在数据类型、数据格式、数据获取方式、数据管理技术、数据引用、数据出版等方面的具体需求和期望,以此判断数据素养能力的层次性。

第二节　代表性数据素养测评工具

根据数据素养测评形式,下面从基于量表的数据素养测评、基于访谈的数据素养测评、基于试题的数据素养测评几个角度,选择具有影响力的测评工具介绍如下:

---

① 张莹、戚景琳、孙玉伟:《管理学科研人员数据复用行为特征探析》,《信息资源管理学报》2020年第4期。

② 惠恭健、兰小芳、钱逸舟:《计算思维该如何评?——基于国内外14种评价工具的比较分析》,《远程教育杂志》2020年第4期。

一　基于量表的测评工具

（一）数据能力量表

由澳大利亚公众数据公司（Data to the People）编制数据能力量表（myDatabilities），是比较全面的个体数据素养测量工具，该工具以里兹代尔（Ridsdale）等的数据素养能力框架为基础，包括数据基础、数据阅读、数据写作和数据理解四个维度，共计 18 种核心能力[①]，具体如表 5-1 所示：

表 5-1　　　　　　　　数据能力量表测评体系

维度	测量题项
数据基础	数据文化
	数据伦理
数据阅读	数据发现
	评估和确保数据质量
数据写作	数据收集
	数据管理和组织
	数据操作
	数据固化和重用
	元数据创建和使用
	数据转换
	数据治理
数据理解	数据分析
	数据解释
	使用数据识别问题
	数据可视化
	展示数据（口头）
	数据驱动决策
	基于数据评估决策/结论

---

① Data to the People, "The Global Data Literacy Benchmark：2022", https：//www.datatothepeople.org/_files/ugd/1ff4ae_954f76bb1b0f4913bb38301403fd3d94.pdf.

每种能力包括 6 个层次，具体如表 5-2 所示：

表 5-2　　　　　　　　　　数据能力层级

层次一	层次二	层次三	层次四	层次五	层次六
个人可以在指导下完成简单的任务。	个人可以在需要的情况下自行完成简单的任务。	个人可以自己完成明确的任务。	个人可以独自完成复杂的问题和任务。	个人可以帮助他人完成简单的任务和问题。	个人可以教导和帮助他人完成复杂的问题和任务。

测量结果在一定程度上可以帮助个人识别、优先考虑和衡量能力发展举措的影响。具体如下：

---

2. 数据阅读

2a. 这些陈述中哪一个最能描述您？

A. 在指导下，我可以打开和使用提供给我的数据集。

B. 我可以打开和使用提供给我的数据集。

C. 我可以从提供的各种来源中识别和访问我需要的数据。

D. 我可以从各种来源识别、定位和访问我需要的数据。

E. 我可以帮助其他人从一系列提供的来源中识别和访问他们需要的数据。

F. 我可以教导和协助他人识别、定位和访问他们需要的来自各种来源的数据。

G. 没有描述我的选项。

测评完成后，测评报告发送至个人邮箱，以供随时查看和使用。

（二）教师数据使用量表

2016 年，美国教育部、教育科学委员会等部门组织教育数据领域的专家，联合开发了教师数据素养测评工具，以支持学校教育转向数据驱动决策范式。① 韦曼等学者开发了教师数据使用量表，教师数据使用调查基于教师如何使用数据的概念框架（如图5-1所示）。教师数据使用行为模型是该量表研发的理论基础。在此理论框架中，影响教师数据使用行为的因素包括数据使用能力、数据态度、合作和组织支持。教师数据使用行为处于中心，包括"检测数据—整合信息—做出决策—评价问题—形成问题"五个循环行为。教师数据使用行为促进知识和实践，进而促进学生学习。②

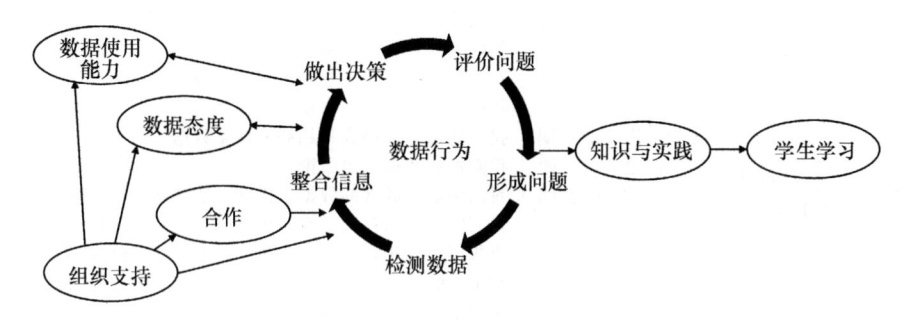

图 5-1 教师数据使用概念框架

除五个介绍性问题之外，问卷还分为五个维度：数据行为、数据使用能力、数据态度、合作行为、组织支持。采用李克特四点量表设计，有"非常反对""反对""同意""非常同意"四个选项。量表包括教师版、管理人员版、教学辅助人员版三个版本。教师版量表如表5-3所示：

---

① 李艳、刘淑君：《国外教师数据素养测评研究及启示》，《开放教育研究》2020年第1期。

② Jeffrey C. Wayman, Stephanie B. Wilkerson, Vincent Cho, Ellen B. Mandinach and Jonathan A. Supovitz, *Guide to Using the Teacher Data Use Survey*, Washington, DC: U. S. Department of Education, Institute of Education Sciences, National Center for Education Evaluation and Regional Assistance, Regional Educational Laboratory Appalachia, October 2016, http://ies.ed.gov/ncee/edlabs.

表 5-3　　　　　　　　　教师数据利用调查量表

量表/问题	描述	题项
数据行动		
数据行动（问题6—9）	教师利用州数据、学期数据、本地数据和个人数据而采取的行动	使用特定形式数据来识别课堂上使用的教学内容？ 使用特定形式数据为个别学生的需求定制教学？ 使用特定形式数据为额外的教学支持提出建议？ 使用特定形式数据为学生小组进行针对性教学？ 与父母或监护人讨论"特定形式的数据"？ 与学生讨论"特定形式的数据"？ 与专家（例如，指导教练或数据教练）就"特定形式的数据"交流？ 与另一位老师交流关于"特定形式的数据"？
团队合作行动（问题17）	作为协作查询学期的一部分，数据团队对数据采取的行动	我们通过查看数据来解决问题。 我们讨论我们对某个问题的先入为主的看法。 我们确定我们将寻求使用数据回答的问题。 我们通过寻找模式和趋势来探索数据。 我们根据数据得出结论。 我们确定了额外的数据，以便更清楚地了解问题。 我们使用数据在教学和学生成果之间建立联系。 当我们考虑实践中的变化时，我们会预测可能的学生成绩。 我们重新审视之前会议上的预测。 我们根据我们的结论确定可行的解决方案。
数据利用能力		
数据能力（问题14）	优秀教师利用数据指导各类实践的认知	1) 我善于利用数据诊断学生的学习需求 2) 我善于根据数据调整教学 3) 我善于根据数据计划课程 4) 我善于利用数据设定学生学习目标
数据态度		
数据对教学的有效性（问题11）	数据在日常教学中的价值认知	1) 数据能帮助教师制订教学计划 2) 数据可以提供更多的学生信息 3) 数据能帮助教师了解学生的学习进度 4) 数据能帮助教师明确学生的学习目标 5) 当教师使用数据指导教学时，学生会受益
数据态度（问题11）	对数据的态度和观点	6) 用数据指导教育实践是很重要的 7) 我喜欢使用数据 8) 我发现数据很有用 9) 使用数据能帮助我成为一名更好的教师

（三）数据公民素养测评项目

提高数字素养已经是世界各国政府的一个关键政策目标。公民数字素养的一项关键能力是知晓个人数据安全保护和合法使用。由英国利物浦大学（University of Liverpool）人文与社会科学系西蒙·耶茨（Simeon Yates）主持的"我和我的大数据"项目，旨在了解英国公民数据素养的水平和变化特征，并制定政策和教育方案以改进。该项目主要采取四种策略来审视和解决这些问题：一是通过调查了解本国公民数据素养的现状与特征；二是综合分析公民数据素养变化和差异性的社会因素；三是为中小学、大学和社会团体开发公民数据素养培训资源，以提高公民的数据素养；四是为利益相关者制定提高公民数据素养的政策建议。[①]

该项目构建的数据公民概念模型包括数据行动（公民的关键数据处理和管理行为）、数据思维（公民对数据的批判性理解）、数据参与（公民在日常生活中主动参与数据）三个维度。

表 5-4　　　　　　　　　　数据公民数据测评框架

维度	领域	描述
数据行动	获取	搜索、识别和访问服务、网站和数据的能力。
	评价	评估数据质量和可信度的能力（例如，事实核查、社交媒体帖子来源核查）。
	解释	能够解释不同的数据格式（如图形、信息图形、界面功能）。
	数据创建	能够以不同格式创建数据（例如，创建博客帖子、社交媒体帖子/标签、演示文稿）。
	数据引用	引用数据源（例如，文本引用、图像源）的能力。
	数据管理	能够以安全可靠的方式存储、加密和管理数据。
	数据可视化和数据操作	以可视化方式表示数据的能力（例如，使用信息图形）。
	数据删除	删除数据的能力（例如，删除cookie、浏览历史记录）。
	数据伦理	合乎道德地使用数据的能力（例如，不共享他人的个人数据，不操纵或错误引用数据，匿名用户身份）。

---

① "About the Me and My Big Data Project", https：//www.liverpool.ac.uk/humanities-and-social-sciences/research/research-themes/centre-for-digital-humanities/projects/big-data/about/, December 3, 2022.

续表

维度	领域	描述
数据思维	数据权利保护意识	了解当地（英国）或地区（欧盟《通用数据保护条例》）的数据保护法律。
	数据交流	指代、语境化和使用数据进行交流的能力，包括在社交媒体、研究或日常互动中提供证据来验证论点。
	批判性数据分析	能够考虑、检查和讨论数据偏见、方法错误、不准确的数据可视化，包括数据偏见和文化背景。
	数据安全性	在使用数据时考虑和实施数据保护步骤的能力。例如，使用私人浏览功能或更安全的浏览器，使用更安全的搜索引擎强密码，或管理和控制"数字痕迹"的技能。
	隐私	在使用数据时考虑和实施隐私保护行为的能力。例如，使用头像，每隔几周删除推文。
	利用数据解决问题	搜索、识别和使用数据解决问题的能力。
	理解数据社会	理解数据经济运作方式的能力。包括平台的资金来源、cookie是什么、算法是什么，以及平台的更广泛影响、程序和权力动态的细节。
	理解数据收集	了解不同机构的不同数据收集实践的能力。包括政府、广告机构和数据代理。以及不同的数据库，如平台、国家卫生服务（NHS）、地方政府选民登记等。
数据参与	使用数据参与社会	利用数据进行社会参与和公民行动的能力（例如，公民主导的活动，使用NHS、英国税务和海关等在线政府服务）。
	参与数据社会辩论	参与数据保护权利或/和互联网治理辩论的能力（例如，参与隐私或/和错误信息辩论）。
	数据活动主义	在数据社会中采取积极措施保护个人和集体隐私和福祉的能力（例如，在线报告不适当或"虚假"内容，使用Add-Blocker等应用程序阻止或减少数据收集）。 集体推广和行使数字权利的能力（例如，使用社交媒体账户的混淆或集体使用）。反对/抵制/修改使用数据服务的霸权方式的能力。 利用开放数据改善公民环境，并追究公共机构和私营公司的责任。
	支持其他人的数据素养	帮助他人提高数据素养的能力（例如，帮助他人了解隐私设置，向人们解释点击"同意"的含义）。

2019年，项目组在125个采样点完成1542次访谈，这些点被选为英国地址的代表性横截面，并按年龄、性别、家庭社会经济群体和城市

反映英国人口基本特征。2019 年 8—9 月完成数据收集，经过分析得到一些关键性的调查结论：

首先，在数据素养知识、实践和意识等方面，很少有受访者获得高分，除了基本测量题目之外，任何一个群体的特定数据素养知识或实践的比例很少超过 70%，也就是说公民数据素养水平较低。

其次，只有小部分受访者具有广泛而又深入的数据思维、数据参与。

再次，"有限"用户和"社交和娱乐媒体"用户组始终与数据意识低下、有限的数据行动相关。

又次，对数据素养特定方面的回应、项目的数据素养整体衡量标准与五组用户类型密切相关。

最后，数据素养水平与教育、年龄和社会经济地位等关键人口统计特征密切相关。

（四）科学数据素养能力问卷

北京航空航天大学图书馆秦小燕和初景利采用文献调查、专家咨询方法从个体、团队和数据生态三个层面构建了基于 ITE-KSA 结构的科学数据素养能力指标体系（如表 5-5 所示），包括 18 个一级指标、47 个二级指标。其中二级指标从"知识""技能""态度"三个方面测量其表现特征，最终形成科学数据素养能力问卷调查，采用李克特量表形式对题项进行赋分和计算。

表 5-5　基于 ITE-KSA 结构的科学数据素养能力指标体系

维度	一级指标	特征
个人维度	数据意识、数据收集、数据分析、数据保存、数据管理、数据评价、数据引用、数据交流、数据安全、数据伦理①	个体层面的数据管理

---

① 秦小燕、初景利：《基于 ITE-KSA 结构的科学数据素养能力指标体系研究》，《图书与情报》2019 年第 1 期。

维度	一级指标	特征
团队维度	个人与团队成员之间的数据共享性、个人数据与团队目标数据的相容性与一致性、个人数据与团队目标数据的差异性与容错性①	组织层面的数据管理
数据生态	数据生态意识及数据文化、数据共享、数据生态动态平衡与调节、数据生态法规建设、数据教育与培训②	社会层面的数据管理

(五) 研究生数据素养能力量表

该量表将数据素养定义为"拥有数据意识和批判性思维,选择恰当的工具对数据进行表征和分析,并能够评估、解释、保存和共享数据,同时掌握基于数据进行讨论和决策的能力"③。量表依据科研生命周期,利用定性与定量研究方法,基于胜任特征编制数据素养能力指标体系,由数据意识、数据收集、数据组织与管理、数据分析、数据利用与归档、数据伦理六个维度48个测量指标组成,采用李克特5点法计分(如表5-6所示)。

表5-6　　　　研究生数据素养能力测试量表

以下问题用于了解您的数据素养能力,请根据您的实际情况,而不是您希望的样子回答。请在最能代表您意见的选项上打"√"。	非常不符合	比较不符合	一般	比较符合	非常符合
一、数据意识					
1. 具有大数据思维					

---

① 秦小燕、初景利:《基于ITE-KSA结构的科学数据素养能力指标体系研究》,《图书与情报》2019年第1期。

② 秦小燕、初景利:《基于ITE-KSA结构的科学数据素养能力指标体系研究》,《图书与情报》2019年第1期。

③ 李楣:《研究生数据素养评价量表构建及应用研究》,硕士学位论文,江苏大学,2017年。

续表

以下问题用于了解您的数据素养能力，请根据您的实际情况，而不是您希望的样子回答。请在最能代表您意见的选项上打"√"。	非常不符合	比较不符合	一般	比较符合	非常符合
2. 认识到科学数据在科研过程中的地位和价值					
……					
二、数据收集					
8. 能够全面、准确地收集所需要的各类数据					
9. 能够有效地选择研究方法（如调查、访谈、实验）和工具收集数据					
……					

（六）政策可视化数据素养调查

政策可视化课题由欧盟"地平线2020"研究和创新计划资助，其目标是为城市决策者配备数据处理、高级可视化和协作性政策实验技能和工具，提高公众参与，在城市政策设计与制定中实现基于证据的决策。[①] 数据素养是数据驱动决策的关键点和难点，2018年，课题组调查欧盟公共服务部门对数据（尤其是大数据）使用的知识和理解水平，重点关注大数据在政策制定和实验中的应用，并特别关注但不限于社会流动和交通领域。调查问题包括大数据是否在组织中使用或产生，它们用于什么具体目的，以及组织中谁在使用它们。调查包括一个关于熟练程度的问题，范围从1到8，涉及分析或解释数据等能力。调查结果显示，高达76%的关键决策者对自己阅读、使用、分析和讨论数据的能力没有信心。PoliVisu课题提出，公共行政部门要利用实验性决策必须在两个层面上解决数据素养问题：一是创建政

---

① PoliVisu Project, "The Vision of PoliVisu", https：//www. polivisu. eu/full - vision.

策可视化,收集原始数据并将其转化为智能的政策可视化,从而提供对情况的共同视图,以支持决策过程。二是从可视化中提取情报,确保任何人,无论他们的背景如何,都可以查看和探索数据可视化,以更好地理解政策背景。①

二 基于访谈的测评工具

(一)数据管理需求访谈工具包

2011年,美国普渡大学图书馆(Purdue University Libraries)和明尼苏达大学图书馆(University of Minnesota Libraries)、俄勒冈大学图书馆(University of Oregon Libraries)、康奈尔大学图书馆(Cornell University Library)获得美国博物馆与图书馆服务协会(Institute of Museum and Library Services,IMLS)数据信息素养项目(Data Information Literacy,DIL),该项目的重要成果之一是数据管理需求包(Data Curation Profiles,DCP)的研制,该工具分为教师版和研究生版数据素养访谈表。教师版访谈表结构由数据集、数据集的生命周期、认识数据、获取外部数据、格式、工具、数据组织与描述、文化实践与伦理行为8个要素构成。研究生版的访谈表模板则是由数据集、数据集的生命周期、数据管理、数据记录与描述、获取与利用外部数据、数据共享、知识产权与伦理、数据长期保存、教育需求9个要素组成。访谈工具包括访谈表和访谈手册,访谈表由教师或研究生填写,访谈手册用以指导和提示访谈工作人员。当问完一个问题时,访谈工作人员根据访谈手册提示操作下一步。② 事实上,对师生数据素养教育需

---

① Freya Acar, Lieven Raes, Bart Rosseau and Matteo Satta, "Making Policies with Data: The Legacy of the PoliVisu Project", in Concilio, Pucci, Raes and Mareels (eds.), *The Data Shake: Opportunities and Obstacles for Urban Policy Making*, Cham: Springer International Publishing, 2021, pp. 105 - 122, https://doi.org/10.1007/978 - 3 - 030 - 63693 - 7_8.

② Jake Carlson, Megan R. Sapp Nelson, Marianne S. Bracke and Sarah J. Wright, "The Data Information Literacy Toolkit", https://docs.lib.purdue.edu/dilsymposium/2013/interviewinstruments/1/.

求的调查也是数据素养测评的内容。

数据信息素养访谈工具表（教师版）示例

模块 7 - 数据的组织和描述

请通过圈出下面的回答来表明您认为您的学生在毕业时掌握下列各项能力的重要性：

7.1 数据管理和组织

技能可能包括：

了解数据的生命周期，制订数据管理计划，并跟踪子集或已处理数据与原始数据集的关系。为数据管理和文档创建标准操作程序。

  1 2 3 4 5
不重要 有些重要 重要 非常重要 十分重要

  我不知道或没有答案

7.2 数据质量和文档

技能可能包括：

识别、记录和解决数据集的任何明显伪影、不完整或损坏。利用元数据来帮助理解数据集的潜在问题。

记录足够多的数据，以使其他人能够复制研究结果和数据。跟踪数据来源并清楚地描绘和表示数据集的版本。

  1 2 3 4 5
不重要 有些重要 重要 非常重要 十分重要

  我不知道或没有答案

附加问题：

1. 您是否为您的数据建立了版本控制系统？

是 否 我不知道

访谈表以深度访谈方式，围绕数据生命周期各个环节实施，具有较强的可操作性和可行性。

（二）教师数据素养测评模型

美国教育部委托米恩斯课题组评估教师数据素养，是"教师对数据的思考"探索性项目子内容。研究团队由2名教育评估专家和1名学生数据系统使用和管理专家、1名数学教育领域的研究人员，以及2名教育决策方向的博士和博士后组成。该团队采用情境访谈方法开发了数据应用场景及其标准问题，用以引导教师对教育数据的深入讨论与思考。[①]

首先，研究团队确定了数据驱动决策的关键环节，包括数据定位、数据理解、数据解释、数据使用和提问。对于每一环节都定义了概念，并确定了教师应具备的特定技能（如表5-7所示）。研究团体通过头脑风暴法讨论了每个概念和技能的具体适用情况和问题的示例。

表5-7　　　　　　教师数据驱动决策过程模型

维度	目标概念与技能
数据定位 （找到要使用的正确数据）	● 在复杂的表格或图形中查找相关数据 ● 处理来自复杂表格或图形的数据以支持推理
数据理解 （弄清楚数据的含义）	● 在不同的数据表示之间流畅移动区分直方图和条形图解释列联表 ● 区分横截面数据和纵向数据
数据解读 （从数据中获取意义）	● 考虑分数分布（不仅仅是平均分数或高于分数的比例） ● 欣赏极端分数对平均值的影响 ● 了解样本量和普遍性之间的关系 ● 了解测量误差和变异性的概念
数据使用 （将数据应用于规划指导）	● 使用子量表和项目数据 ● 理解基于数据的区分指令的概念
提出问题 （找出将产生有用数据的问题）	● 使问题与目的和数据保持一致 ● 形成可产生可操作数据的查询 ● 鉴定多项措施的价值

---

① Department of Education, Office of Planning, Evaluation and Policy Development, *Teachers' Ability to Use Data to Inform Instruction: Challenges and Supports*, Washington, D. C., 2011.

其次，研究团队把专家组开发的优先技能和概念列表以及需要这些技能和概念的示例情景作为生成数据场景的起点。每一个场景都描述了一种假设情况，并要求老师在这种情况下承担一定的角色。每个场景都包含一个或多个数据集，以及关于数据显示了什么或应该如何处理数据的问题。问题主要是为了引出教师对数据的看法。然而，关于数据的一些问题是事实性的，因此可以将回答分为正确或错误，从而对数据素养进行非正式评估。

再次，数据场景在研究团队的教师中进行了试点测试，然后在实习教师中进行了测试，并在每次测试后进行了修改。在实地调查学校中实施了七种不同的情景。为了覆盖所有已确定的数据技能领域，而不延长访谈时间，开发人员创建了两种不同的数据访谈形式。每种表格的内容量都得到了平衡，以达到大致相等的时间，每次约 30 分钟。

最后，共计 12 个州 13 个学区 21 所小学、14 所中学的 52 名教师个人和 70 个小组参与情景访谈。受访的教师不是具有全国代表性的样本，但他们确实提供了详细的初步了解这些特定教师如何看待学校的学生数据，这些学校被认为在数据使用方面领先于全国大多数学校。调查结论为数据驱动教学、改善教育提供了有益数据。

（三）数据素养成熟度模型

在大数据时代，数据素养是组织机构、员工和公众最为重要的生存技能之一。2017 年由德国学者斯特恩科普夫（Sternkopf）提出，并在 2018 年和穆勒（Mueller）共同完善的数据素养成熟度模型（Data Literacy Maturity Model，DLMM）力图解决非政府组织背景下的数据素养测量问题，DLMM 包括数据文化、数据伦理与安全、数据问题和定义、数据查找、数据获取、数据核实、数据清洗、数据分析、数据可视化、数据交流、数据获取与解释 11 种数据能力及其四个能力级别，并辅以自我评估工具（如表5-8所示）。[①]

表5-8　　　　　数据素养成熟度模型

1. 不确定性	2. 启示	3. 确定性	4. 数据流畅度
组织没有意识到对数据素养技能的需求，并且对需要什么没有理解或非常模糊。个人可能对数据和数字化工作有一定的兴趣，但不确定处理数据时存在的不同步骤。	组织正在试验数据相关主题的应用。描述一种状态，其中很多数据已经在理论上得到了理解，但在许多情况下无法应用，必须进一步训练。	组织充满信心地执行数据处理步骤，并将数据驱动的活动构建到他们的日常流程中，只要它有意义。有关如何处理数据的通用程序和标准已正式化和广泛传播，组织的各个层面都了解其好处。	组织已经在各个层面建立了以数据为基础的文化。数据被积极用于改进流程和创建工作流程。组织已经在各个层面建立了以数据为基础的文化。数据被积极用于改进流程和创建工作流程。
		数据文化	
数据被认为是一个模棱两可的术语，会导致不安全感。	数据被认为是一个有趣的概念，其好处是值得赞赏的。关于用例和确切的期望存在不安全感。	数据不被视为不安全的来源，而是被理解为进步的推动力，并支持现有的和计划的活动。更高的管理层和领导者支持数据计划。	数据的心理障碍已被消除（如不安全感、恐惧、辞职），并促进了对数据的舒适感。高级管理人员和项目经理了解并支持专用资源（时间、预算、人力资源）对数据处理和转换的重要性。
		数据伦理与安全	
不了解确保数据机密性、完整性和可用性的准则。	不断提高的意识和不协调的尝试，以促进负责任地使用数据的重要性。没有明确的指导方针。	了解数据使用的影响。负责数据处理的指导方针在内部被定义并纳入活动。	已制定流程以确保数据的机密性、完整性和可用性。仅收集/使用必要的数据。一致的、全公司范围内的安全和合乎道德的数据处理政策不断被重新定义和更新。

[①] Helena Sternkopf and Roland M. Muelle, "Doing Good with Data: Development of a Maturity Model for Data Literacy in Non-governmental Organizations", http://hdl.handle.net/10125/50519.

续表

1. 不确定性	2. 启示	3. 确定性	4. 数据流畅度
数据问题与定义			
缺乏提出问题以在数据中找到有意义答案的能力。没有感觉哪些问题可以通过数据来回答。	可以在有限的情况下对数据提出问题,并通过简单的查询提供答案。	在大多数情况下,对数据的问题都经过精确和面向目标的制定,以找到有意义的答案。	整个项目都是基于多维问题。可以在数据中始终如一地找到对信息需求的答案,因为人们高度了解数据可以回答哪些问题(没有过度解释)。
查找			
对可能的数据源的了解有限。使用基本搜索引擎查找数据。没有识别和选择最相关数据源的经验。	知识仅限于少数数据源。搜索引擎的高级使用、内部数据源的使用和公共机构的数据请求是常见的做法。	对不同数据源的广泛了解,可以从一系列数据源中选择最相关的数据源。了解和使用特定主题的数据门户。	深刻理解各种可能的数据源类型。制定了与信息需求最相关的选择评估标准。能够检测现有数据何时无法解决给定问题或需求,以及获得新数据的研究技术知识(如复杂查询)。
获取			
数据来源于全文,并用作进一步处理的基础。	使用下载和数据格式,如 csv 经常使用内部程序来访问数据(如 CRM)。	可以使用更复杂的数据格式(如 JSON、XML)来访问数据。使用 API 获取数据。	通过复杂的方法(如自动数据抓取器/脚本)访问数据。能够将输入格式转换为可用于进一步处理和分析的形式。
核实			
不存在对数据的批判性评估,数据是按面值计算的。无法描述数据评估标准。	对简单的数据质量措施进行严格检查。	在整个组织的标准程序中实施了多层数据检查。	能够独立进行数据质量评估。精确定义了关于作者身份、获取和分析数据的方法、可比性和质量的数据评估标准。
清洗			
没有意识到可能必须检查、清理或标准化给定数据。数据按原样进一步处理。	最常提供数据的意识并不完美。了解某些数据质量标准(如空字段、重复项)和手动修复错误。	可以使用支持数据清理的程序(如 OpenRefine)检测和删除无效记录。高度了解数据质量标准(如机器可处理、空字段、重复检测)。	通过自动化脚本删除无效记录并翻译所有列以使用一组合理的值的独立能力。能够将不同的数据集组合到一个表中,删除重复的条目或应用任意数量的其他规范化。

续表

1. 不确定性	2. 启示	3. 确定性	4. 数据流畅度
分析			
条形图和饼图、数据表的简单使用和数据的基本汇总。	能够使用基本的描述性统计数据。用于聚合信息、直方图和箱线图的数据透视表。	能够使用高级统计数据（如数据的推理视图、线性回归、决策树）。	全套机器学习工具（如聚类、预测、提升、集成学习）。
可视化			
没有意识到如何呈现数据的多样性。不了解何时选择标准可视化，基于看起来最好的决策（反复试验）。	能够根据要表示的信息（如在Excel中）找到特定的输出。	创建交互式图表/仪表板，不确定性始终与数据一起可视化。	高度了解可以呈现数据的各种形式（书面、数字或图形）。复杂的可视化是经过编程的、链接的、动态的仪表板，可以预测用户的请求。
交流			
来自数据的见解没有被传达或被置于更广泛的背景中。	查找特定输出的能力有限。简单的叙述支持静态可视化/关键数字（如向资助合作伙伴报告、时事通讯）。	在更广泛的背景下，交互式可视化和更复杂的叙述支持自己的项目。（如数据故事化、会议、会谈、每月更新、博客文章）。	能够以适合数据性质、目的和受众的方式进行综合和交流（如数据故事化、数据驱动的活动、研讨会、会议、每月更新、博客文章、可重复的研究）。
获取与解释			
数据输出按面值使用，不会质疑其正确性和信息。	提高批判性评估数据输出和解释结果的意识。关于究竟要注意什么的不安全感。	数据输出和结果得到自信和批判性的解释。评价标准被内化。	数据输出和结果不断受到质疑和挑战，解释范围很明显，信息成功地转化为可操作的知识。

三 基于试题的测评工具

这里的"试题"指的是情境化试题，是以真实的数据生态情境为素材编制的试题，着力考查公众、学生、科研人员等群体感知数据、认识数据、分析数据、管理数据和应用数据的知识和能力，特别是考查在真实情境中综合应用数据发现问题、提出问题和解决问题的能力，这些试题通常是数据化、情境化和综合化的问题。具有代表性的是学生数据素养测评试题。①

该试题是美国纽约大学斯坦哈特文化、教育与人类发展学院（Steinhardt School of Culture, Education, and Human Development）博士诗莉·芒德（Shiri Mund）的学位论文成果，包括数据态度和信念、技能和能力、附加问题三个模板。第 1 部分态度和信念由 3 个陈述问题组成，采用李克特 5 分量表形式；第 2 部分由 17 道情景化试题构成；第 3 部分附加问题包括个人数据实践问题和被调查对象的基本信息。样题如下：

第 1 部分：态度和信念

（a）请给你认为这些陈述真实的程度打分，5 = 非常真实，1 = 完全不真实

（b）公司将我的数据出售给其他公司

（c）我拥有所有的个人数据，只有我可以访问

（d）即使我不分享可识别的信息，比如我的名字，网站也可以跟踪我的在线行为

（e）当我亲自购物时，零售店会收集有关我的数据

（f）数据收集方式可能会影响数据结果

（g）数据可能有偏差

……

第 2 部分：技能和能力

2. 有一种数据集，里面包含一个城市里每个人的信息。要求您汇总数据，以代表该城市的"典型"个人。对于以下哪个变量，计算平均值有意义？选择所有适用的选项。

（a）民族

（b）性别

---

① Shiri Mund, Defining and Measuring Data Literacy for the 21st Century, Ph. D. dissertation, New York University, 2022.

(c) 收入

(d) 邮政编码

8. 一个人接受 COVID 19 诊断测试。在参加测试之前，他们被告知"假阳性"率低于"假阴性"率，这是什么含义？

(a) 当人未感染时，获得感染结果的机会低于当人感染时获得未感染结果的概率

(b) 当一个人被感染时，获得未感染结果的机会低于当一个人未被感染时获得感染结果的概率

(c) 当人被感染时，获得感染结果的机会低于当人被传染时获得未感染结果的概率

(d) 当人未被感染时，获得未感染结果的机会低于当人未感染时获得感染结果的概率

第 3 部分：附加问题

个人数据实践

4. 你接受的最高的学历教育是什么？

(a) 低于高中文凭

(b) 高中

(c) 副学士学位

(d) 学士学位

(e) 硕士学位

(f) 博士学位

情境化试题包含真实情境、核心问题或任务、表现期望 3 个必备要素，缺一不可。① 情境化试题的设计需要综合考虑数据素养问题的

---

① 袁丫丫、付雷：《科学素养测评中情境化试题的命制技术》，《中国考试》2022 年第 11 期。

指向性、任务的操作性以及结果的区分性。

四 应用场景及选用因素

总体而言，数据素养测评研究以框架构建为主，测量工具还处于发展阶段，测评工具以量表、访谈提纲、问卷调查表为主，情景化的试题测评工具较少，计算机自适应数据素养测验研究尚未发现。从应用角度而言，数据素养测评工具需要考虑工具的应用场景及其注意事项：

（一）数据素养测评工具的应用场景

基于量表的数据素养测评工具，是测评对象对数据知识、数据能力和数据思维的认知、态度和行为的自我评定，测试题目答案无对错之分，测量操作难度较低，测评方式简单、操作简单、适用性强，但是主观性较强、干扰因素较多。

基于需求访谈的数据素养测评工具，关注的是测评对象对教育主体的需求，主要用于学校、图书馆等公益性服务机构，体现的是测评对象的数据能力与期望水平之间的差距，测评工具主要适用于数据素养服务项目开发，适用对象具有一定的局限性和群体性，并不能直接体现用户的数据素养水平。

基于试题的数据素养测评工具，主要是以情景化的选择题、填空题等形式出现，可直接用于测量对象的数据知识掌握情况和实际的数据分析和应用能力。可直接用于数据素养教学过程中，开展数据素养形成性评价，随时掌握学生的数据素养水平。这类测评工具以情景化的具体题目呈现，实施过程中干扰因素较少，因此适用于不同的场景。但是，基于试题的测评工具对题目设计与开发要求较高，需要相关的理论和测量标准加以设计，并在实践中不断完善。

（二）数据素养测评工具选用因素

由于数据素养教育目标、教育内容、教育对象以及教学方法的差异性，在数据素养教育过程中，测量和评价教育对象的数据素养的目标、方法和工具也相应不同，事实上，即使面对同一测评对象，不同的测评工具所得出的测量结果也不会相同，或存在误差，或潜在影响因素发生了变化，或工具固有的标准不同。换言之，不存在适用于所有数据情境的数据素养测评工具，用多种测评工具测量同一情境也不具有可行性。因此，需要综合考虑如下三个方面的因素：

首先，考虑测评项目与测评工具中的数据素养概念内涵是否一致，由于目前数据素养的概念尚不统一，不同测评工具对数据素养概念的使用也不尽相同，造成测量维度、指标存在较大的差异性。

其次，应注意数据素养测评工具的适用类型及其范围，是测量了数据素养的所有维度，还只是某些方面，如数据能力；是测量了具体用户群体的数据素养，还是全民的数据素养；是测量个体的数据素养，还是机构的数据素养；是测量数据素养的过程，还是数据素养的结果；是从用户角度测量，还是从教育主体或教育机构角度出发。

最后，研究者还须考虑自身课题的研究目的、测量内容与测评工具是否一致。

第三节　数据素养测评工具开发借鉴

如前所述，数据素养逐步被信息资源管理、教育学、公共政策、医学、工程学等学科领域广泛认同，并在实践中得到了应用与发展，数据素养测评框架、数据素养生成机理、数据素养影响因素、数据素养促进机制等基础性、交叉性问题愈发显得迫切和重要，而解决这些问题的关键之一就是开发更为科学合适的数据素养测评工具。在综合比较分析国内外代表性数据素养测评工具的基础上，本书从问题指向、概念内涵、指标体系、评价方法、文化情境五个方面提出数据素养测评工具开发与应用的建议。

一　聚焦数据素养教育的时代诉求

"为什么测评"是数据素养测评工具开发的根本出发点，也是数据素养教育的最终落脚点，关乎数据素养教育的价值指向、问题指向和时代指向，是数据素养测评首先要解决的问题。

从社会发展环境来看，大数据、云计算、人工智能、元宇宙等信息技术，把人类社会推向"万物皆数"的时代，数据素养是人类社会生存与发展的必备能力之一。信息文明时代的数据素养区别于工业文明、农业文明、原始文明的数的观念和数据观念，因此，公众的数据素养表现特征及其水平也区别于以往时代，这就需要一把尺子能够较为准确地刻画出数据素养的时代特征。与社会发展相匹配的是，各个国家也纷纷出台数据法律法规、数据政策，规范与约束个体的数据行为，引导公众数据道德与伦理朝着健康方向发展，换言之，良好的数据素养是对一个国家公民的基本要求，这就需要从宏观层面建立数据素养的道德规范，也对数据素养测评提出了时代要求。

数据素养概念的提出虽然只有短短几十年，但是它与信息素养、媒介素养、数字素养等概念存在着本质的区别，从某种意义上来说，数据素养是"万物皆数"和"数化万物"的辩证统一观，数据素养的特征与内涵也在不断发生着变化，不同领域的数据素养内涵与要求也不尽相同，这也正说明数据素养测评需要及时回应时代呼唤，回归价值本位。

二 科学构建数据素养的测评框架

数据素养测评工具开发必然是在特定的理论指导下开展，遵循一定的程序与方法，这是测评工具科学性与有效性的重要保证。因此，强化数据素养测评理论研究，明确数据素养的内涵，构建相应的理论框架，是保证测评工具有效开发的充分必要条件。

框架是"一种概念性方案、结构或系统，是对事物、观念或理论体系进行建构的过程与结果"[①]。框架理论为数据素养测评提供了观

[①] 钟志贤：《面向知识时代的教学设计框架》，《电化教育研究》2004年第10期。

察和解决问题的方法论。科学合理的框架应该是完整、简洁、互不关联、适当抽象、普适性的。① 从这个标准来看，数据素养测评框架是一个相互关联的数据素养核心概念的集合体②，具有拓展性、包容性、一致性和持久性，并且能够根据具体的应用场景进行修正，对数据素养工具开发与应用具有一般性的指导意义。因此，数据素养测评工具开发，首先应根据测评对象及其文化情境、专业领域性建立相应的数据素养概念框架，将问题以概念化形式表达出来，并厘清概念之间的逻辑关系。

三 合理设定数据素养的测评指标

有效、精准测量数据素养表现水平的基础和前提是科学明确的测评指标体系，数据素养测评工具的开发和应用均是围绕测评指标的开发，为此学者们构建了各种类型的数据素养测评工具，虽然测评工具形态存在差异，但其测度维度与评价内容大同小异，丰富和完善数据素养测评指标可以从如下几个方面着手③：

其一，依据数据素养教育目标，确定数量合理的测评指标，而非随意设定。数据素养测评指标要以提高数据素养发展为导向，以数据思维、数据知识、数据能力为内容，避免出现与数据素养无关的测评内容。可以归纳为数据思维、数据知识和数据能力三个维度，每个维度均可以细分为若干具体可测量的评价指标。例如，数据行为能力可以依据数据生命周期关键环节细化为数据发现、数据获取、数据解释、数据组织、数据出版、数据引用、数据共享等指标。

---

① Maya Bialik, Michael Bogan, Charles Fadel and Michaela Horvathova, "Character Education for the 21st Century: What Should Students Learn?", February 2015, https://curriculumredesign.org/wp-content/uploads/CCR-CharacterEducation_ FINAL _ 27Feb2015. pdf, February 21, 2022.

② 钟志贤、王姝莉、易凯谕：《论公民媒介素养测评框架建构》，《电化教育研究》2020年第1期。

③ 张幽桐：《中小学生品德测评方法探索——基于社会情感能力测评工具的分析》，《现代基础教育研究》2021年第3期。

其二，构建清晰、具体、可操作的数据素养测评指标。数据素养测评采用现代测量理论与方法，实现数据思维、数据能力等内隐能力的量化测度。在构建数据素养的隐性指标的设定时，可以借鉴计算思维、数字素养能力、统计思维领域的测评指标，明确数据思维、数据能力、数据知识指标的测度目标、内容和标准，以及可复用的指标。

其三，目前数据素养测评工具侧重于数据知识和数据能力的测量，而对数据思维等评价相对较少。未来数据素养测评工具的研制，应加强对数据思维这一维度的测量，以保证数据思维测评的完整性，从而形成一个比较完整的测评系统。丰富的数据素养测评指标，有助于多维度观测数据素养的表现水平，有助于编制数据素养的测量题项。

四 综合运用好数据素养测评方法

目前，定量是数据素养测评的主流方法，通过自填式问卷等工具收集调查对象的各种主客观数据。问卷虽然有较好的测量特性，能简单直接地得到相关结果，但在编制和实测中容易受到各种因素的影响，若缺少严格的实证检验，其研究结果的信效度则难以保证。如前所述，数据素养测评框架主要包括数据思维、数据知识、数据能力等维度，根据数据素养测评框架所研制的问卷，涉及个人信息、数据类型、数据格式等客观测试项较容易作答，但是数据共享意愿、数据交流感知、批判性思维等主观感知指标却难以测量，个体对自我能力的认知与现实的误差难以确定，因此，态度、感知、思维等只用自填式问卷就不是那么妥当了，事实上，任何单一的测评工具都是建立在特定研究视角下的定量分析，都难以全面测评对象，也没有一种完美的工具去全面测量数据素养，只能无限接近对象的数据素养真实水平。数据素养测评工具开发充满了机遇与挑战，需要综合多种方法与工具，全面准确测量对象的数据素养，将数据思维、数据知识、数据能力综合起来考察。具体而言：

一是采用定性研究方法探索数据素养特征,如使用教育现象学、数字生活日志、深度访谈、现场观察等方法,有效采集数据观念、数据态度、数据思维等主观性的数据,避免数据素养量表测量的误差。

二是强化数理统计分析①,通过建立理论假设模型并编制相应的问卷调查表,通过对不同目标群体的调查获取数据,利用 EFA、CFA、结构方程法、复核效度检验等方法优化数据素养测评框架,最大限度减少定性研究法中的主观偏见,提高测评工具的信度和效度。

三是平衡过程性评价与结果性评价,过程性评价关注的是数据素养实践过程,测量的是学习者的认知、情感、态度、观念等,能够有效反映测评对象的表现水平,但是存在测评指标难以标准化的问题。结果性评价的关注点是学习者的数据知识技能的掌握情况、数据思维等客观指标,通常是一段时间后实施,测量标准具有客观一致的优势,可以大规模实施,但是无法反映数据素养的过程性。

四是积极应用信息技术,丰富评价手段方式,提高数据素养测评的可操作性和互动性,例如,行为表现、主观自我报告、真实情境测验、项目展示等。②

五 积极开发中国本土化测评工具

从数据素养测评工具的调查结果来看,数据素养在我国还处于起步阶段,测评对象多数为大学生、研究生、教师、科研人员,而对政策决策者、社会公众、公共服务组织关注较少,研究对象范围较窄。测评指标聚焦数据素养的结果层面,指标的观测值较为主观,难以全面客观测量数据素养的真实水平,而对形成性指标涉及较少。因此,为促进我国数据素养水平的测评和数据素养教育的发展,可采取引进

---

① 钟志贤、王姝莉、易凯谕:《论公民媒介素养测评框架建构》,《电化教育研究》2020 年第 1 期。

② 王晖、刘霞、刘金梦、李金文、高叶淼:《中小学生劳动素养评价的国际经验及启示》,《北京师范大学学报》(社会科学版)2022 年第 4 期。

与开发的策略：

一方面，选择国外一些稳定性较好、实用性与针对性较强的测评工具进行中文版修订和信效度检验，注意量表的维度、编制程序规范性、条目数量、反应度等特征，尤其是注意量表的测评内容是否符合我国的文化传统、民族习惯、政治制度和国家政策等。

另一方面，加快研制符合中国本土情境的数据素养测评工具，应综合考虑测量环境、测量对象、应用场景、工具类型等因素开发符合需求的量表，从多角度深度访谈、调查数据素养专家、教师、学生、社会公众、决策者等对数据素养的认知与理解、数据行为特征，从而更具有文化情境性，以满足不同的测评需求。

综上所述，数据素养测量面临方法、数据来源、数据质量及文化差异等诸多挑战。数据素养测评也同样面临文化、理论基础、工具等方面的问题。纵观数据素养几十年发展，数据素养在测评构念、测评依据、测评方法、测评对象、测评目的等方面取得较大发展，呈现出如下特征：测评构念从一维走向多维，测评对象从个体走向社会层面，测评类型从单一群体走向多元化群体，测评目的从表现水平走向促进发展，测评依据从信息素养框架到数据素养本质特征，测评方法从定量测评走向定性定量相互结合。

第六章　数据素养教育馆员认知

图书馆员是数据素养教育的能动主体和具体执行者，其认知与知识、行为和能力直接关乎数据素养教育发展水平。在数据密集型科研范式下，馆员需要具备将传统工作与数据驱动科研需求联系起来的技能，以满足研究人员的数据管理需求，并帮助用户发现数据。[1] 美国格林奈尔学院（Grinnell College）图书馆数据馆员朱莉娅·鲍德（Julia Bauder）联合美国多所图书馆的数据馆员主编了《学术图书馆的数据素养：用数字传授批判性思维》一书，通过案例介绍、模型构建和多元素养融合展示了图书馆如何帮助学生访问、解释、批判性评估、管理、处理和合乎道德地使用数据。[2] 英国爱丁堡大学数据馆员罗宾·赖斯（Robin Rice）和牛津大学数据馆员约翰·绍索尔（John Southall）主编的《数据馆员指南》从数据图书馆、数据内涵与类型、数据素养、数据馆藏、科研数据管理服务与政策、数据管理计划、科研数据知识库、敏感数据处理、学科数据共享、开放学术与开放科学十个方面为数据馆员的数据素养教育实践提供操作性建议。[3] 我国也积极开展了数据馆员教育，早在2016年中国科学院文献情报中心就

---

[1] Don MacMillan, "Data Sharing and Discovery: What Librarians Need to Know", *The Journal of Academic Librarianship*, Vol. 40, No. 5, 2014, pp. 541–549.

[2] Julia Bauder (ed.), *Data Literacy in Academic Libraries: Teaching Critical Thinking with Numbers*, Chicago: ALA Editions, 2021.

[3] Robin Rice and John Southall, *The Data Librarian's Handbook*, London: Facet Publishing, 2016.

开设了首届中国数据馆员培训班,内容包括数据政策与数据处理、数据分析和数据工程、数据资源、数据出版和数据服务、数据存储等①。由此可见,数据馆员是数据素养教育的关键一环,本章调查学术图书馆员对数据素养教育的认知情况,包括数据素养教育的重要性、内容、方式及所存在问题,从馆员角度实证分析学术图书馆开展数据素养教育的价值、内容与机制。

第一节 调查设计

一 文献回顾

（一）学术图书馆数据素养教育

学术图书馆是数据素养教育的重要主体,国内外学者主要从如下三个方面展开研究：一是学术图书馆数据素养教育实践研究。例如,国内对"双一流"大学的数据素养教育形式、教育内容、教育对象、教育主体等方面进行调查分析②,以及面向数字人文的数据素养教育案例研究③,武汉大学图书馆的通识数据素养教育④,图书馆数据素养学术训练营⑤等。国外有南佛罗里达大学嵌入教师学习社区的数据素养教育案例研究⑥等。数据素养教育得到业界的高度重视,逐步成为学术图书馆的主要业务。二是学术图书馆数据素养教育体系研究。

---

① 中国科学院文献情报中心：《首届中国数据馆员培训班在京顺利举办》, http：//www. las. cas. cn/cac/xsjl/202112/t20211202_ 6285985. html, 2022 年 1 月 2 日。
② 万文娟：《"双一流"高校图书馆数据素养教育现状与发展策略分析》,《图书馆学研究》2021 年第 21 期。
③ 张璐、孟祥保：《面向数字人文的高校数据素养教育案例研究》,《大学图书馆学报》2019 年第 5 期。
④ 刘霞、方小利、郑怡萍：《武汉大学面向本科生的数据素养通识课程的建设与思考》,《图书情报工作》2020 年第 22 期。
⑤ 严丹、蔡迎春、何秀全：《学术训练营：新文科背景下图书馆数据素养培训新模式》,《图书馆杂志》2021 年第 11 期。
⑥ Theresa Burress, Emily Mann and Tina Neville, "Exploring Data Literacy via a Librarian-faculty Learning Community: A Case Study", *The Journal of Academic Librarianship*, Vol. 46, No. 1, 2020, p. 102076, https：//doi. org/102010. 101016/j. acalib. 102019. 102076.

北京大学图书馆设计了包括数据意识与伦理、数据发现与获取、数据处理与可视化、数据保存与管理、数据评价与引用等在内的数据素养数据教育内容体系，包括数据素养教育模式、团队建设、评估与考核机制在内的支撑体系。① 研究生数据素养教育采取四种模式：基于跨学科合作的嵌入式教育、基于科学数据生命周期的全过程教育、基于MOOC的在线课程教育、基于常规服务的全方位渗透式教育。② 数据素养教育是一个跨领域、多主体、多层次的生态系统，由数据主体、数据环境和教育平台内外要素相互作用而构成。③ 三是学术图书馆数据素养教育成效研究。调查表明，亟待提高研究人员对数据管理重要性的认识，并提供数据素养教育，促进他们能够有效地使用数据管理工具与方法。④ 数据素养对于本科生学术训练同样非常重要，调查表明，支持本科生研究的有效数据素养教学，无论是基于课程还是正式教育项目，都有可能成为提高学生数据素养的主要途径。⑤ 数据素养是研究生研究问题选择能力的积极影响因素。⑥ 数据素养教育也能够积极促进初入职场的毕业生发展，为学术图书馆校友服务提供了新契机。⑦ 由此可见，数据素养教育具有广阔的应用领域和广泛的、潜在

---

① 吴爱芝、王盛：《高校图书馆数据素养教育体系设计研究——以北京大学图书馆为例》，《大学图书馆学报》2020 年第 6 期。

② 张群、刘玉敏：《面向研究生的高校图书馆科学数据素养教育研究》，《大学图书馆学报》2017 年第 3 期。

③ 郭倩、李建霞：《基于多元主体的高校数据素养教育生态模式构建研究》，《图书馆理论与实践》2019 年第 5 期。

④ Agusta Palsdottir, "Data Literacy and Management of Research Data-A Prerequisite for the Sharing of Research Data", *Aslib Journal of Information Management*, Vol. 73, No. 2, 2021, pp. 322 – 341.

⑤ Theresa Burress, "Data Literacy Practices of Students Conducting Undergraduate Research", *College & Research Libraries*, Vol. 83, No. 3, 2022, pp. 434 – 451.

⑥ Qiao Li, Ping Wang, Yifan Sun, Yinglong Zhang and Chuanfu Chen, "Data-driven Decision Making in Graduate Students' Research Topic Selection", *Aslib Journal of Information Management*, Vol. 71, No. 5, 2019, pp. 657 – 676.

⑦ Marek Deja, Aneta Januszko-Szakiel, Paloma Korycińska and Paulina Deja, "The Impact of Basic Data Literacy Skills on Work-related Empowerment: The Alumni Perspective", *College & Research Libraries*, Vol. 82, No. 5, 2021, pp. 708 – 729.

的影响力。

(二) 数据馆员

图书馆高质量发展和数字化转型也需要数据馆员的积极参与。[1] 开放科学发展也需要数据馆员支持科研人员应对数据管理实践和数据治理。[2] 学术图书馆设置数据馆员岗位[3],开展服务主要是数据资源建设与管理、数据支持服务、数据素养教育与培训、数据咨询与数据管理平台维护[4],需要较高的通用数据技能和学科数据技能[5]。数据密集型科研范式发展为数据馆员参与数据科学提供了机遇,数据馆员应该加强学习计算机、数据库和信息检索工具的语言和编程。[6] 多种科学数据研究为数据图书馆员提供了参与数据科学的机会。哈佛大学面向数据馆员的数据科学家培训、英国的 RDMRose 项目、荷兰的数据支持服务四项必要基础 (Essentials 4 Data Support) 数据馆员培训课程等典型项目[7]加强数据馆员培训。虽然数据素养开辟了学术图书馆发展的新视野,但是仍需要批判性检视潜在的优势和劣势。[8]

(三) 馆员认知

从馆员或者图书馆管理者角度研究图书馆发展问题一直为学界所重视。新兴业务发展方面,如刘兹恒等调查我国学术图书馆馆长或副

---

[1] 黄如花:《面向高质量发展的数据素养教育》,《图书馆建设》2020 年第 6 期。

[2] 顾立平、张潇月:《开放科学环境下数据馆员的实践探析》,《图书情报知识》2020 年第 2 期。

[3] 孟祥保、钱鹏:《国外高校图书馆数据馆员岗位设置与管理机制》,《图书与情报》2013 年第 4 期。

[4] 蒋丽丽、陈幼华、陈琛:《国外高校图书馆数据馆员服务模式研究》,《图书情报工作》2015 年第 17 期。

[5] 陈媛媛、柯平:《大学图书馆数据馆员职业技能发展研究》,《情报资料工作》2018 年第 2 期。

[6] Alexandre Ribas Semeler, Adilson Luiz Pinto and Helen Beatriz Frota Rozados, "Data Science in Data Librarianship: Core Competencies of a Data Librarian", *Journal of Librarianship and Information Science*, Vol. 51, No. 3, 2017, pp. 771 – 780.

[7] 谌爱容:《国外数据馆员培训实践及其启示》,《大学图书馆学报》2018 年第 1 期。

[8] Tibor Koltay, "Data Literacy for Researchers and Data Librarians", *Journal of Librarianship and Information Science*, Vol. 49, No. 1, 2017, pp. 3 – 14.

馆长对学术出版服务的认知情况，提出应厘清"图书馆数字出版"概念等关键建议。① 管理方法方面，玛丽亚·科洛尼亚里（Maria Koloniari）等调查了馆员学术图书馆知识管理的认知情况，包括知识管理意识、知识管理定义、知识管理感知、知识管理部门、潜在应用领域、方法、对图书馆的益处、参与项目、馆员参与情况、知识管理工具与技术等情况。② 用户教育方面，劳伦·赖特（Lauren Reiter）等调查了美国超过1万名学生的大型大学的学术图书馆员的财经素养教育认知情况，包括财经素养教育类型，教育主体，驱动因素，存在的主要障碍、挑战和机遇。③ 此外还有版权教育④、信息素养教育等。技术应用方面，尹准元（JungWon Yoon）等调查了北美公共图书馆和学术图书馆员如何看待人工智能技术在图书馆的应用，67%的受访馆员认为人工智能技术将改变图书馆功能，68%的受访馆员愿意接受人工智能技术培训，这就为馆员继续教育和馆员在第四次工业革命中的作用提供了有益参考。⑤ 桑迪·赫维厄（Sandy Hervieux）等调查了美国和加拿大学术图书馆员对人工智能的个人认知、在图书馆的应用、用户服务、对图书馆工作的影响等情况。⑥ 由此可见，一线工作人员的观点、态度和认知是开发、应用和创新图书馆业务的重要影响因素

---

① 刘兹恒、苗美娟、刘雅琼：《我国学术图书馆对开展数字出版服务的认知调查》，《图书馆建设》2018年第3期。

② Maria Koloniari and Kostas Fassoulis, "Knowledge Management Perceptions in Academic Libraries", *The Journal of Academic Librarianship*, Vol. 43, No. 2, 2017, pp. 135 – 142.

③ Lauren Reiter and Bronson Ford, "Library Support for Student Financial Literacy: A Survey of Librarians at Large Academic Institutions", *College & Research Libraries*, Vol. 80, No. 5, 2019, pp. 618 – 637.

④ LeEtta Schmidt and Michael English, "Copyright Instruction in LIS Programs: Report of a Survey of Standards in the U. S. A", *The Journal of Academic Librarianship*, Vol. 41, No. 6, 2015, pp. 736 – 743.

⑤ JungWon Yoon, James E. Andrews and Heather L. Ward, "Perceptions on Adopting Artificial Intelligence and Related Technologies in Libraries: Public and Academic Librarians in North America", *Library Hi Tech*, Vol. 40, No. 6, 2022, pp. 1893 – 1915.

⑥ Sandy Hervieux and Amanda Wheatley, "Perceptions of Artificial Intelligence: A Survey of Academic Librarians in Canada and the United States", *The Journal of Academic Librarianship*, Vol. 47, No. 1, 2021, p. 102270, doi: 10. 1016/j. acalib. 2020. 102270.

和发展基础。

由此可见,数据素养教育的重要性日益凸显,现有研究以宏观的教育实践调查、案例描述为主,数据素养教育调查研究主要是面向学生、研究人员。事实上,图书馆管理者和馆员对数据素养教育的认知水平,是数据素养教育开展的一项重要基础,掌握国内学术图书馆馆员的数据素养教育认知情况是全面深入开展数据素养教育的基础和前提。然而,文献调查尚未发现馆员对数据素养教育认知研究,尤其是数据馆员对学术图书馆开展数据素养教育的认知与现状调查。因此,本书主要是调查分析馆员对学术图书馆数据素养教育的认知,以此总结和分析数据素养教育的类型、发展现状、影响因素、发展趋势等。

二 研究问题

(一) 概念界定

"认知"译自英文 cognition,是心理学、社会学最基本和最广泛的概念。是人们认识客观事物、获得知识的系统性过程,包括知觉、判断、价值、学习、记忆、态度等活动。在中国文化中,认知既关涉"是什么"层面的事实内涵,也关乎"意味着什么"层面的价值判断。① 认知是个体的心理和精神现象,也是复杂的社会文化现象。

数据素养教育认知是指人们对数据素养教育活动的价值与观念、内容与形式的认识过程与认识结果。从过程来说,认知是数据素养教育活动的起始环节,由于知识结构和价值取向不同,教育主体对数据素养教育认知也不尽相同。不同时期和不同区域的数据素养教育认知也必然不同。数据素养教育认知也是教育过程,包括教育的构念、设计、开发、实施、评价等环节。因此,数据素养教育认知是指数据素养教育主体在教育活动过程中,逐步形成的有关数据素养教育的内

---

① 杨国荣:《以人观之、以道观之与以类观之——以先秦为中心看中国文化的认知取向》,《中国社会科学》2014 年第 3 期。

涵、价值、内容、影响因素及其运作机制的一般性、规律性认识。馆员对数据素养教育的认知既与个体的观念、行为、意愿、态度等直接关联，也与政治、经济、文化、社会、技术等外部环境因素相关联。因此，需要从个体与图书馆发展、社会文化环境等关系考察和理解数据素养教育认知。

（二）研究构想

本书旨在了解我国学术图书馆员对数据素养教育的认知和数据素养教育开展情况及其影响因素。具体而言，从数据素养教育定义、数据素养教育价值、学术图书馆参与数据素养教育的内容与方式、学术图书馆开展数据素养教育的优势与障碍等环节调查数据素养教育现状，从宏观、中观和微观三个层面探讨影响数据素养教育的因素，研究问题主要包括：

1) 学术图书馆馆员如何定义数据素养？
2) 学术图书馆馆员对数据素养教育的认知水平如何？
3) 不同类型学术图书馆及其馆员群体参与数据素养教育积极性和差异性如何？
4) 学术图书馆开展了哪些类型的数据素养教育活动？
5) 哪些因素促进学术图书馆开展数据素养教育？
6) 学术图书馆开展数据素养教育面临哪些挑战和障碍？

三　问卷编制

（一）问卷设计

根据研究目的，本书从馆员视角调查我国学术图书馆数据素养教育现状、因素与发展趋势。在广泛参考国内外数据素养学术文献的基础上，本书编制了问卷的具体项目。经过反复修订，最终形成自编的调查工具《学术图书数据素养教育馆员认知调查问卷》，问卷结构与内容如表 6-1 所示，共计 24 题，问卷形式采用封闭式。

表 6-1　　　　数据素养教育馆员认知问卷结构与内容

维度	测量内容	题项数量	参考文献
基本信息	学术馆员的性别、年龄、学历、专业背景、岗位、职称、工作年限、所在地区	9	—
数据素养教育整体认知	数据素养定义、数据素养教育内涵、数据素养教育的意义	3	Jian Qin 等（2010）①、沈婷婷（2015）②、秦小燕等（2019）③、Koltay（2015）④、Mandinach 等（2013）⑤、孟祥保等（2014）⑥、胡卉等（2016）⑦、任一姝等（2016）⑧
数据素养教育实践	数据素养教育开展的影响因素	3	
	数据素养教育目标、主体、内容、形式、对象、实施部门、技术平台等	7	张长亮等（2019）⑨、郭倩等（2019）⑩、万文娟（2021）⑪、吴爱芝等（2020）⑫、黄如花（2020）⑬、邓李君等（2016）⑭

① Jian Qin and John D'Ignazio, "Lessons Learned from a Two-year Experience in Science Data Literacy Education", 2010, http://docs.lib.purdue.edu/iatul2010/conf/day2/5, December 3, 2022.

② 沈婷婷:《数据素养及其对科学数据管理的影响》,《图书馆论坛》2015 年第 1 期。

③ 秦小燕、初景利:《科学数据素养内涵结构研究》,《图书情报工作》2019 年第 18 期。

④ Tibor Koltay, "Data Literacy: In Search of a Name and Identity", *Journal of Documentation*, Vol. 71, No. 2, 2015, pp. 401–415.

⑤ Ellen B. Mandinach and Edith S. Gummer, "A Systemic View of Implementing Data Literacy in Educator Preparation", *Educational Researcher*, Vol. 42, No. 1, 2013, pp. 30–37.

⑥ 孟祥保、李爱国:《国外高校图书馆科学数据素养教育研究》,《大学图书馆学报》2014 年第 3 期。

⑦ 胡卉、吴鸣:《嵌入科研工作流与数据生命周期的数据素养能力研究》,《图书与情报》2016 年第 4 期。

⑧ 任一姝、王晓军:《大数据时代:如何提升公民的数据素养能力》,《中国教育信息化》2016 年第 17 期。

⑨ 张长亮、王晨晓、李竞彤:《大数据时代中美高校数据素养教育比较研究》,《情报理论与实践》2019 年第 8 期。

⑩ 郭倩、李建霞:《基于多元主体的高校数据素养教育生态模式构建研究》,《图书馆理论与实践》2019 年第 5 期。

⑪ 万文娟:《"双一流"高校图书馆数据素养教育现状与发展策略分析》,《图书馆学研究》2021 年第 21 期。

⑫ 吴爱芝、王盛:《高校图书馆数据素养教育体系设计研究——以北京大学图书馆为例》,《大学图书馆学报》2020 年第 6 期。

⑬ 黄如花:《面向高质量发展的数据素养教育》,《图书馆建设》2020 年第 6 期。

⑭ 邓李君、杨文建:《大数据环境下高校图书馆数据素养教育研究》,《图书馆建设》2016 年第 1 期。

续表

维度	测量内容	题项数量	参考文献
数据素养教育机制建设	数据素养教育运行机制、保障机制	2	吴爱芝等（2020）、张群等（2016）①

（二）调查实施

本书采用目的抽样和随机抽样相结合的方法，通过电子邮件——联系国内学术图书馆员，邀请填写问卷，共计发送邮件 2000 余封，最终获得有效问卷 213 份。本阶段调查时间为 2022 年 11 月—2023 年 2 月。

（三）信效度检验

1. 信度分析

经检测，问卷信度分析结果如表 6-2 所示：

表 6-2　　　　　　　　Cronbach 信度分析

项数	样本量	Cronbach α 系数
100	213	0.987

从表 6-2 可知，信度系数值为 0.987，大于 0.9，问卷信度很高。

2. 效度分析

经检验，问卷效度分析结果如表 6-3 所示：

表 6-3　　　　　　　　KMO 和 Bartlett 的检验

KMO 值		0.981
Bartlett 球形度检验	近似卡方	50573.789
	df	4950
	p 值	0.000

从表 6-3 可以看出，KMO 值为 0.981，大于 0.8，问卷效度很好。

---

① 张群、刘玉敏：《高校图书馆科学数据素养教育体系模型构建研究》，《大学图书馆学报》2016 年第 1 期。

(四) 数据分析方法

本书采用 SPSS 23.0 软件描述性和差异性分析数据，统计学分析方法包括描述性分析、方差分析、皮尔逊相关分析等。

第二节 调查结果

一 调查对象基本情况

本次调查共收到有效问卷 213 份，调查对象覆盖全国 24 个省、自治区、直辖市（港澳台地区除外），调查对象的一般情况如表 6-4 所示：

表 6-4 调查对象的基本特征及社会人口学差异

分类	属性	人数	百分比（%）
性别	男	66	30.99
	女	147	69.01
年龄	30 岁以下	7	3.29
	30—40 岁	76	35.68
	41—50 岁	96	45.07
	50 岁以上	34	15.96
学历	博士研究生	43	20.19
	硕士研究生	152	71.36
	本科	18	8.45
有无图书情报与档案管理类专业背景	有	128	60.09
	无	85	39.91
所在的岗位	馆长/副馆长	29	13.62
	部门主任	76	35.68
	普通馆员	108	50.70
职称	初级	20	9.39
	中级	76	35.68
	副高级	90	42.25
	正高级	27	12.68

续表

分类	属性	人数	百分比（%）
从事图书馆工作年限	5年以下	29	13.62
	5—10年	36	16.90
	11—15年	51	23.94
	16—20年	36	16.90
	20年以上	61	28.64
所在单位是否为一流建设大学	是	150	70.42
	否	63	29.58
所在图书馆的省级行政区域	安徽	5	2.35
	北京	14	6.57
	重庆	3	1.41
	福建	7	3.29
	甘肃	5	2.35
	广东	10	4.69
	广西	1	0.47
	河北	2	0.94
	黑龙江	3	1.41
	河南	2	0.94
	湖北	7	3.29
	湖南	6	2.82
	江苏	61	28.64
	江西	1	0.47
	吉林	5	2.35
	辽宁	5	2.35
	宁夏	1	0.47
	青海	1	0.47
	山东	5	2.35
	上海	17	7.98
	陕西	17	7.98
	四川	13	6.10
	天津	14	6.57
	浙江	8	3.76
合计		213	100.00

调查对象的人口学属性方面,以女性为主,共计 147 人,占比 69.01%,符合学术图书馆馆员性别分布规律。年龄集中在 30—50 岁 (80.75%),是学术图书馆事业的中坚力量。以研究生学历为主 (91.55%),具有较高的教育经历,其中 60.09% 具有图书情报与档案管理专业背景,具有较高专业化水平。

调查对象的图书馆职业属性方面,图书馆管理层占 49.30%,普通馆员占 50.70%,基本为 1∶1。45.07% 为中初级专业技术职称(馆员、助理馆员等),54.93% 具有高级专业技术职称(研究馆员、副研究馆员)。30.52% 的学术馆员工作年限在 10 年以下,40.84% 的学术馆员工作年限为 11—20 年,28.64% 的学术馆员工作年限在 20 年以上。

调查对象所在学术图书馆,70.42% 的图书馆所在学校为国家一流建设大学,29.58% 为普通高校,符合学术图书馆的基本特征。28.64% 的调查对象的图书馆所在行政区域是江苏,这和研究者有直接关系。

二 不同维度的数据素养教育认知

分别描述数据素养教育内涵认知、数据素养教育实践认知、数据素养教育机制建设三个方面。

(一)数据素养教育整体认知

1. 对数据素养内涵的认知

调查选取了五种数据素养定义,学术馆员对数据素养五种定义的认知程度如表 6-5 所示。

表 6-5　　　　　　　　数据素养内涵的认知

数据素养定义	认知程度	人数	占比(%)	累计占比(%)
定义 1:数据素养是在科研生命周期中获取、分析、解释、评价和利用数据的能力,其目的是将数据转化为知识。($N=213$)	非常认同	141	66.20	66.20
	比较认同	57	26.76	92.96
	一般认同	11	5.16	98.12
	不太认同	3	1.41	99.53
	非常不认同	1	0.47	100.00

续表

数据素养定义	认知程度	人数	占比（%）	累计占比（%）
定义2：数据素养是有效理解、使用数据并做出决策和执行的能力。（$N=213$）	非常认同	138	64.79	64.79
	比较认同	59	27.70	92.49
	一般认同	14	6.57	99.06
	不太认同	1	0.47	99.53
	非常不认同	1	0.47	100.00
定义3：数据素养是具有数据意识、具备数据基本知识与技能，能够利用数据资源发现问题、分析问题和解决问题。（$N=213$）	非常认同	163	76.53	76.53
	比较认同	41	19.25	95.77
	一般认同	7	3.29	99.06
	不太认同	1	0.47	99.53
	非常不认同	1	0.47	100.00
定义4：数据素养强调的是一种正当地发现和获取数据、批判地选择和评估数据、规范地管理和处理数据、合理地利用和共享数据的意识和能力。（$N=213$）	非常认同	150	70.42	70.42
	比较认同	54	25.35	95.77
	一般认同	7	3.29	99.06
	不太认同	1	0.47	99.53
	非常不认同	1	0.47	100.00
定义5：数据素养是公众数字时代运用定性或定量数据理解、寻找、收集、解释、呈现和支持自己观点的能力。（$N=213$）	非常认同	136	63.85	63.85
	比较认同	57	26.76	90.61
	一般认同	16	7.51	98.12
	不太认同	3	1.41	99.53
	非常不认同	1	0.47	100.00
合计		213	100.00	100.00

学术馆员对五种数据素养定义的"非常认同"或"比较认同"均在90%以上，表现了较高的认同度，同时也说明数据素养认知具有情境性、多样性和应用性。

具体来看，定义1是科学数据素养能力，与"数据素养"的通用定义具有一定的差异性，有1.41%的学术馆员表示"不太认同"，0.47%的学术馆员"非常不认同"。定义2是决策管理领域的数据素养，与"数据素养"的通用定义也存在一定的差异性，有

0.47%的学术馆员表示"不太认同",0.47%的学术馆员"非常不认同"。

定义4是数据素养能力说的代表定义,70.42%的学术馆员表示"非常认同",25.35%的学术馆员表示"比较认同"。定义5是数据素养文化说的代表定义,63.85%的学术馆员表示"非常认同",26.76%的学术馆员表示"比较认同"。

2. 数据素养教育认知

从数据素养教育内涵与外延、实现路径、本质三个方面调查学术馆员对数据素养教育的认知情况(如表6-6所示):

表6-6 数据素养教育认知

数据素养教育	认知程度	人数	占比(%)	累计占比(%)
数据素养教育内涵与外延				
数据素养教育是学术图书馆发展的一个新领域。($N=213$)	非常认同	96	45.07	45.07
	比较认同	93	43.66	88.73
	一般认同	21	9.86	98.59
	不太认同	3	1.41	100.00
	非常不认同	0	0.00	100.00
数据素养教育与信息素养教育、数字素养教育等既有内在联系,也存在本质差异。($N=213$)	非常认同	106	49.77	49.77
	比较认同	73	34.27	84.04
	一般认同	25	11.74	95.77
	不太认同	9	4.23	100.00
	非常不认同	0	0.00	100.00
数据素养教育实现路径				
数据素养教育主要是通过馆员自身的出色技能来实现。($N=213$)	非常认同	41	19.25	19.25
	比较认同	59	27.70	46.95
	一般认同	77	36.15	83.10
	不太认同	34	15.96	99.06
	非常不认同	2	0.94	100.00

续表

数据素养教育	认知程度	人数	占比（%）	累计占比（%）
数据素养教育主要是通过数据资源有效管理来实现。 ($N=213$)	非常认同	55	25.82	25.82
	比较认同	67	31.46	57.28
	一般认同	67	31.46	88.73
	不太认同	22	10.33	99.06
	非常不认同	2	0.94	100.00
数据素养教育主要是通过数字化技术创新应用来实现（如机构知识库、数据分析软件）。 ($N=213$)	非常认同	49	23.00	23.00
	比较认同	83	38.97	61.97
	一般认同	52	24.41	86.38
	不太认同	27	12.68	99.06
	非常不认同	2	0.94	100.00
数据素养教育的本质				
数据素养教育本质上是一个管理问题。 ($N=213$)	非常认同	31	14.55	14.55
	比较认同	62	29.11	43.66
	一般认同	61	28.64	72.30
	不太认同	51	23.94	96.24
	非常不认同	8	3.76	100.00
数据素养教育本质上是一个教育问题。 ($N=213$)	非常认同	64	30.05	30.05
	比较认同	94	44.13	74.18
	一般认同	44	20.66	94.84
	不太认同	11	5.16	100.00
	非常不认同	0	0.00	100.00
合计		213	100.00	100.00

其一，数据素养教育内涵与外延的认知方面，学术馆员表现出了较高一致性的认知，88.73%的学术馆员非常认同或比较认同"数据素养教育是学术图书馆发展的一个新领域"，84.04%的学术馆员非常认同或比较认同"数据素养教育与信息素养教育、数字素养教育等既有内在联系，也存在本质差异"。

其二，数据素养教育实现路径的认知方面，学术馆员之间存在较大的差异性，46.95%的学术馆员非常认同或比较认同"数据素养教育主要是通过馆员自身的出色技能来实现",而16.90%的学术馆员表示不太认同或非常不认同。57.28%的学术馆员非常认同或比较认同"数据素养教育主要是通过数据资源有效管理来实现",而11.27%的学术馆员表示不太认同或非常不认同。61.97%的学术馆员非常认同或比较认同"数据素养教育主要是通过数字化技术创新应用来实现（如机构知识库、数据分析软件）",而13.62%的学术馆员表示不太认同或非常不认同。

其三，数据素养教育的本质认识方面，43.66%的学术馆员非常认同或比较认同"数据素养教育本质上是一个管理问题",而27.70%的学术馆员表示不太认同或非常不认同。74.18%的学术馆员非常认同或比较认同"数据素养教育本质上是一个教育问题",而5.16%的学术馆员表示不太认同。

3. 对数据素养教育意义的认知

从国家、学校和图书馆三个层面调查馆员对于学术图书馆开展数据素养教育意义的认识（如表6-7所示）。

表6-7 学术图书馆数据素养教育意义认知

层面	意义	人次	占比（%）
国家	推动科学数据有效管理、重用与共享，促进学术交流	171	80.28
国家	响应国家大数据战略、数据法律法规和数据政策的要求，如《中华人民共和国数据安全法》《提升全民数字素养与技能行动纲要》《科学数据管理办法》	149	69.95
学校	提高科研人员数据管理意识、数据处理与分析能力等	187	87.79
学校	培养学生数据思维、数据伦理、数据分析能力	183	85.92
学校	促进学校一流学科建设、科学研究、学校治理等	116	54.46

续表

层面	意义	人次	占比（%）
图书馆	促进馆员学习新知识与新技能，拓展馆员职业路径（如数据馆员、数据分析师）	154	72.30
	拓展与深化服务新领域，提高学术图书馆影响力与贡献度	142	66.67

调查结果显示，学术馆员们认为"提高科研人员数据管理意识、数据处理与分析能力等"（87.79%）是最为重要的意义，"促进学校一流学科建设、科学研究、学校治理等"（54.46%）认知度较低。在国家层面，最重要的意义是"推动科学数据有效管理、重用与共享，促进学术交流"（80.28%）。在学校层面，最重要的意义是"提高科研人员数据管理意识、数据处理与分析能力等"。在图书馆层面，最重要的意义是"促进馆员学习新知识与新技能，拓展馆员职业路径（如数据馆员、数据分析师）"（72.30%）。

（二）数据素养教育实践开展情况

1. 学术图书馆数据素养开展情况

调查结果显示（如图6-1所示），50%的学术图书馆已经开展数据素养教育，29%的图书馆计划开展，只有21%不打算开展。说明数据素养教育正成为学术图书馆的重要业务工作。

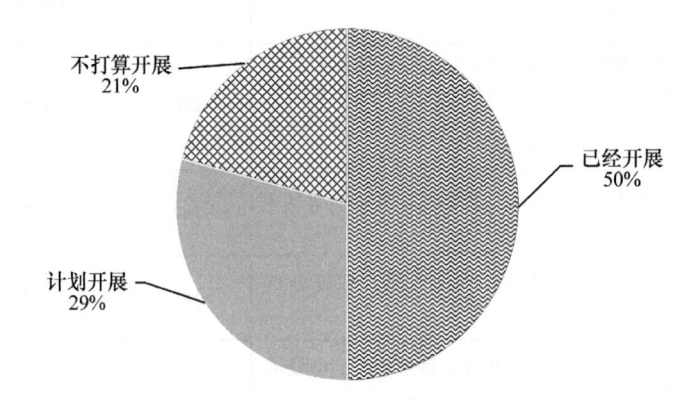

图6-1 学术图书馆数据素养教育开展情况

2. 学术图书馆开展数据素养教育影响因素

调查从积极因素和消极因素两个方面调查了馆员认知情况（如表 6 - 8 所示）：

表 6 - 8　　学术图书馆开展数据素养教育影响因素

影响因素	具体因素	人次	占比（%）
阻止学术图书馆数据素养教育的因素（$N = 44$）	缺少专业的数据馆员	39	88.64
	用户需求不明确或不强	23	52.27
	缺乏必要的数据资源、技术支持	22	50.00
	缺少经费、时间	20	45.45
	与本馆目前的服务定位不符合	12	27.27
	图书馆业界缺少数据素养典型案例可借鉴	12	27.27
	已开展的信息素养教育等可替代数据素养教育	8	18.18
	学校院系已经有数据素养方面的课程	2	4.55
	数据库商提供了数据素养方面的培训	2	4.55
促进学术图书馆数据素养教育的因素（$N = 169$）	拓展与创新学术图书馆服务，提高图书馆地位与影响力	124	73.37
	科研人员、学生等有数据管理、数据服务方面的需求	123	72.78
	图书馆具有开展数据素养教育的基础（如信息素养教育）	115	68.05
	图书馆具有专业的馆员队伍、数据库和数据分析工具等资源基础	100	59.17
	科研基金、科研管理部门等明确要求数据管理	92	54.44
	响应国家的大数据政策、数据法律法规	90	53.25
	学校及其科研管理、教务处部门的大力支持	61	36.09

调查结果显示,"缺少专业的数据馆员"(88.64%)是学术图书馆未开展数据素养教育的最主要因素,其次是"用户需求不明确或不强"(52.27%),再次则是"缺乏必要的数据资源、技术支持"(50.00%),说明服务主体、服务对象和服务资源是最为重要的因素。

调查结果显示,"拓展与创新学术图书馆服务,提高图书馆地位与影响力"(73.37%)是学术图书馆积极开展数据素养教育的最重要因素,此外用户的需求(72.78%)、图书馆良好的信息素养教育经验和基础(68.05%)也是重要的因素。

(三)数据素养教育实践认知

从教育目标、主体、内容、形式、对象、实施部门、支持工具七个方面调查学术馆员的认知情况(如表6-9所示):

表6-9　　学术图书馆数据素养教育实践认知

维度	要素	人次	占比(%)
教育目标	能够帮助用户明确自身的数据需求、认识到数据的重要性	134	79.29
	能够将数据需求转化为具体的数据查询问题	103	60.95
	具有识别和比较各种数据来源、数据类型和格式的能力	100	59.17
	了解数据伦理、数据版权、数据隐私等问题	98	57.99
	能够根据具体的内部和外部标准判断数据的准确性、可用性等	85	50.30
	能够可视化数据,进行交流和传递	76	44.97
	掌握数据获取、转换、加载等技术	70	41.42
	能够开发或应用算法分析数据和数据建模	37	21.89
	发展学生的书面、口头的数据交流方法、技巧	10	5.92

续表

维度	要素	人次	占比（%）
教育主体	学术图书馆	138	81.66
	高等学校的专业学院（如信息管理学院、计算机科学与工程学院、数学与统计学院等）	131	77.51
	专业学会协会（如各级图书馆学会、情报学会、大数据学会等）	95	56.21
	国家教育主管部门、科研资助机构等	90	53.25
	数据库出版商（如中国知网、Elsevier等）	75	44.38
	研究生、本科生等	64	37.87
教育内容	数据发现与获取	162	95.86
	数据处理与分析	152	89.94
	数据组织与保存	138	81.66
	数据共享与再利用	137	81.07
	数据可视化	136	80.47
	数据法律法规、数据政策、数据伦理	129	76.33
	数据出版、数据引用与评价	110	65.09
教育形式	嵌入专业课程、课题的数据素养指导	137	81.07
	专题培训讲座	135	79.88
	开设通识课程（学分课程）	112	66.27
	在线课程	87	51.48
	微视频	69	40.83
	竞赛活动（如开放数据创新应用大赛）	57	33.73
	数据获取、分析、出版等方面的咨询服务	54	31.95
	建立数据资源导航等数据管理服务平台	47	27.81
	与数据库出版商等第三方合作开展培训	34	20.12
	数据相关的学术研讨会	33	19.53
	制作宣传指南、手册	13	7.69

续表

维度	要素	人次	占比（%）
教育对象	学生（本科生、硕士生、博士生）	162	95.86
	专任教师、科研人员	149	88.17
	图书馆员	119	70.41
	学校管理决策人员	85	50.30
	社会公众	34	20.12
实施部门	学科服务部	150	88.76
	数据管理服务部	137	81.07
	情报决策支持部	134	79.29
	信息技术支持部	115	68.05
	资源建设部	100	59.17
	读者服务部	70	41.42
	图书馆办公室	26	15.38
	特藏服务部	25	14.79
支持工具	数据分析工具	163	96.45
	数据标识与引用工具	135	79.88
	数据存储工具	117	69.23
	数据管理计划工具	117	69.23

教育目标方面，半数以上的学术馆员们认为数据素养教育最为重要的目标依次是："能够帮助用户明确自身的数据需求、认识到数据的重要性"（79.29%）、"能够将数据需求转化为具体的数据查询问题"（60.95%）、"具有识别和比较各种数据来源、数据类型和格式的能力"（59.17%）、"了解数据伦理、数据版权、数据隐私等问题"（57.99%）、"能够根据具体的内部和外部标准判断数据的准确性、可用性等"（50.30%）。

教育主体方面，学术馆员认为学术图书馆是数据素养教育最为重要的组织者和实施者（81.66%），而只有37.87%的学术馆员认为研究生、本科生等用户也是数据素养教育主体。

教育内容方面，围绕数据生命周期各环节的各项教育内容都是重要的教育内容，均高达65%以上，其中"数据发现与获取"最为重要（95.86%），其次是"数据处理与分析"（89.94%）。

教育形式方面，学术馆员们认为数据素养教育主要形式依次是"嵌入专业课程、课题的数据素养指导"（81.07%）、"专题培训讲座"（79.88%）、"开设通识课程（学分课程）"（66.27%）。

教育对象方面，学术馆员们认为数据素养教育对象主要是学生（95.86%）、专任教师和科研人员（88.17%）、图书馆员（70.41%），而面向社会公众、学校管理决策人员则认知较低。

实施部门方面，学术图书馆数据素养教育任务部门主要还是学科服务部（88.76%）、数据管理服务部（81.07%）、情报决策支持部（79.29%）、信息技术支持部（68.05%），这与数据管理的属性和学术图书馆部门职能定位有关。

支持工具方面，数据分析工具是数据素养教育实施最为重要的技术支持（96.45%），然而，DMPtool、DMPonline、DataUP等数据管理计划工具，Dspace、Dataverse、GIS、Zenodo等数据存储工具，Endnote、DataCite、Mendeley等数据标识与引用工具也是非常重要。

（四）数据素养教育机制建设

1. 运行机制

数据素养教育运行机制包括组织领导、教育主体、教育对象、教育平台与内容四个方面内容建设，学术馆员对数据素养教育运行机制的认知如表6-10所示。

表6-10 学术图书馆数据素养教育运行机制认知

运行机制	认同度	人数	占比（%）	累计占比（%）
构建权责明晰的数据素养教育组织领导体系	非常认同	101	59.76	59.76
	比较认同	58	34.32	94.08
	一般认同	10	5.92	100.00
	不太认同	0	0.00	100.00
	非常不认同	0	0.00	100.00

续表

运行机制	认同度	人数	占比（%）	累计占比（%）
强化目标激励、强化数据馆员身份认同和荣誉体系	非常认同	95	56.21	56.21
	比较认同	57	33.73	89.94
	一般认同	17	10.06	100.00
	不太认同	0	0.00	100.00
	非常不认同	0	0.00	100.00
加强教育主体队伍建设，形成强大的推动力量	非常认同	98	57.99	57.99
	比较认同	60	35.50	93.49
	一般认同	11	6.51	100.00
	不太认同	0	0.00	100.00
	非常不认同	0	0.00	100.00
注重数据素养教育结构协调性，完善与院系、数据中心等的协同性	非常认同	96	56.80	56.80
	比较认同	55	32.54	89.34
	一般认同	18	10.65	100.00
	不太认同	0	0.00	100.00
	非常不认同	0	0.00	100.00
强化主体客体互动，教师指导和学生参与充分结合	非常认同	87	51.48	51.48
	比较认同	69	40.83	92.31
	一般认同	12	7.10	99.41
	不太认同	1	0.59	100.00
	非常不认同	0	0.00	100.00
深度把握用户需求，引导用户主动参与数据素养教育	非常认同	114	67.46	67.46
	比较认同	50	29.59	97.05
	一般认同	5	2.96	100.00
	不太认同	0	0.00	100.00
	非常不认同	0	0.00	100.00
拓展数据素养教育数字平台与渠道，构建线上与线下一体化的教育体系	非常认同	105	62.13	62.13
	比较认同	57	33.73	95.86
	一般认同	7	4.14	100.00
	不太认同	0	0.00	100.00
	非常不认同	0	0.00	100.00

续表

运行机制	认同度	人数	占比（%）	累计占比（%）
适应时代发展，创新数据素养教学内容与方法	非常认同	104	61.54	61.54
	比较认同	62	36.69	98.23
	一般认同	3	1.78	100.00
	不太认同	0	0.00	100.00
	非常不认同	0	0.00	100.00

组织领导方面，94.08%的学术馆员非常认同或比较认同"构建权责明晰的数据素养教育组织领导体系"，89.94%的学术馆员非常认同或比较认同"强化目标激励、强化数据馆员身份认同和荣誉体系"。

教育主体方面，93.49%的学术馆员非常认同或比较认同"加强教育主体队伍建设，形成强大的推动力量"，89.34%的学术馆员非常认同或比较认同"注重数据素养教育结构协调性，完善与院系、数据中心等的协同性"。

教育对象方面，92.31%的学术馆员非常认同或比较认同"强化主体客体互动，教师指导和学生参与充分结合"，97.05%的学术馆员非常认同或比较认同"深度把握用户需求，引导用户主动参与数据素养教育"。

教育平台与内容方面，95.86%的学术馆员非常认同或比较认同"拓展数据素养教育数字平台与渠道，构建线上与线下一体化的教育体系"，98.23%的学术馆员非常认同或比较认同"适应时代发展，创新数据素养教学内容与方法"。

2. 保障机制

数据素养教育保障机制建设包括制度、组织、人员、技术和经费等方面，学术馆员对数据素养教育保障机制建设的认知如表6-11所示：

表6-11 学术图书馆数据素养教育保障机制认知

运行机制	认同度	人数	占比（%）	累计占比（%）
制定数据素养教育规划、年度计划等	非常认同	102	60.36	60.36
	比较认同	59	34.91	95.27
	一般认同	8	4.73	100.00
	不太认同	0	0.00	100.00
	非常不认同	0	0.00	100.00
科学设计图书馆数据素养教学活动方案	非常认同	108	63.91	63.91
	比较认同	56	33.14	97.05
	一般认同	5	2.96	100.00
	不太认同	0	0.00	100.00
	非常不认同	0	0.00	100.00
制定和完善科学规范的数据素养教育教学评价标准	非常认同	97	57.40	57.40
	比较认同	63	37.28	94.68
	一般认同	9	5.33	100.00
	不太认同	0	0.00	100.00
	非常不认同	0	0.00	100.00
设置数据馆员岗位，建立数据素养教育团队	非常认同	107	63.31	63.31
	比较认同	56	33.14	96.45
	一般认同	6	3.55	100.00
	不太认同	0	0.00	100.00
	非常不认同	0	0.00	100.00
丰富学术图书馆数据资源和数据支持工具	非常认同	105	62.13	62.13
	比较认同	57	33.73	95.86
	一般认同	7	4.14	100.00
	不太认同	0	0.00	100.00
	非常不认同	0	0.00	100.00
保持稳定、持续的教育经费投入	非常认同	106	62.72	62.72
	比较认同	54	31.95	94.67
	一般认同	8	4.73	99.40
	不太认同	1	0.59	100.00
	非常不认同	0	0.00	100.00

结果显示，95.27%的学术馆员非常认同或比较认同"制定数据素养教育规划、年度计划等"。97.05%的学术馆员非常认同或比较认同"科学设计图书馆数据素养教学活动方案"。94.68%的学术馆员非常认同或比较认同"制定和完善科学规范的数据素养教育教学评价标准"。96.45%的学术馆员非常认同或比较认同"设置数据馆员岗位，建立数据素养教育团队"。95.86%的学术馆员非常认同或比较认同"丰富学术图书馆数据资源和数据支持工具"。94.67%的学术馆员非常认同或比较认同"保持稳定、持续的教育经费投入"。

三 不同因素与数据素养教育认知

本书以性别、年龄、学历、有无图书情报与档案管理类专业背景、岗位类型、职称、从事图书馆工作年限、所在学校是否为一流建设大学八个因素为自变量，数据素养认知、数据素养教育认知和数据素养教育意义为因变量，进行单因素方差分析。

（一）数据素养认知差异性

通过单因素方差分析，结果发现：学术馆员对数据素养的认知在不同性别、年龄、学历、专业背景、岗位类型、职称、工作年限、所在学校类型方面不存在显著差异。

（二）数据素养教育认知差异性

1. 性别因素

性别对于"数据素养教育与信息素养教育、数字素养教育等既有内在联系，也存在本质差异"呈现出显著性（$F = 5.011$，$p = 0.026 < 0.05$），如表6-12所示：

表6-12　　　性别与数据素养教育认知单因素方差分析

数据素养教育认知	您的性别：（平均值 ± 标准差）		F	p
	男（$n=66$）	女（$n=147$）		
数据素养教育是学术图书馆发展的一个新领域	1.77 ± 0.70	1.63 ± 0.71	1.783	0.183

续表

数据素养教育认知	您的性别：（平均值±标准差）		F	p
	男（n=66）	女（n=147）		
数据素养教育与信息素养教育、数字素养教育等既有内在联系，也存在本质差异	1.89±0.95	1.62±0.77	5.011	0.026*
数据素养教育主要是通过馆员自身的出色技能来实现	2.59±1.07	2.48±0.98	0.521	0.471
数据素养教育主要是通过数据资源有效管理来实现	2.36±0.97	2.26±1.01	0.507	0.477
数据素养教育主要是通过数字化技术创新应用来实现（如机构知识库、数据分析软件）	2.38±1.03	2.26±0.97	0.669	0.414
数据素养教育本质上是一个管理问题	2.91±1.11	2.65±1.08	2.512	0.114
数据素养教育本质上是一个教育问题	2.03±0.88	2.00±0.84	0.058	0.810

注：*代表$p<0.05$，**代表$p<0.01$。

具体对比差异可知，男性的平均值（1.89）明显高于女性的平均值（1.62）。

2. 职称因素

职称对于"数据素养教育是学术图书馆发展的一个新领域"呈现出显著性（$F=3.095$，$p=0.028$），如表6-13所示：

表6-13　职称与数据素养教育认知单因素方差分析

数据素养教育认知	您现在的职称是：（平均值±标准差）				F	p
	初级（n=20）	中级（n=76）	副高级（n=90）	正高级（n=27）		
数据素养教育是学术图书馆发展的一个新领域	1.75±0.72	1.80±0.75	1.66±0.69	1.33±0.55	3.095	0.028*

续表

数据素养教育认知	您现在的职称是：（平均值±标准差）				F	p
	初级 ($n=20$)	中级 ($n=76$)	副高级 ($n=90$)	正高级 ($n=27$)		
数据素养教育与信息素养教育、数字素养教育等既有内在联系，也存在本质差异	1.70±0.86	1.71±0.83	1.79±0.89	1.41±0.57	1.451	0.229
数据素养教育主要是通过馆员自身的出色技能来实现	2.50±0.89	2.49±1.05	2.54±1.02	2.52±0.98	0.046	0.987
数据素养教育主要是通过数据资源有效管理来实现	2.10±0.85	2.25±0.93	2.34±1.07	2.37±1.04	0.429	0.733
数据素养教育主要是通过数字化技术创新应用来实现（如机构知识库、数据分析软件）	2.10±0.72	2.20±0.91	2.44±1.04	2.22±1.19	1.238	0.297
数据素养教育本质上是一个管理问题	2.65±0.81	2.66±1.11	2.77±1.14	2.89±1.09	0.366	0.778
数据素养教育本质上是一个教育问题	2.20±0.83	2.05±0.83	1.96±0.89	1.93±0.78	0.609	0.610

注：* 代表 $p<0.05$，** 代表 $p<0.01$。

对比差异可知，职称之间存在明显差异：初级 > 正高级；中级 > 正高级；副高级 > 正高级。

3. 学校类型

"您所在单位是否为一流建设大学"对于"数据素养教育本质上是一个管理问题"有着差异性（$F=7.660$，$p=0.006$），如表 6–14 所示：

表6-14　　　学校类型与数据素养教育认知单因素方差分析

数据素养教育认知	您所在单位是否为一流建设大学？ （平均值±标准差）		F	p
	是（$n=150$）	否（$n=63$）		
数据素养教育是学术图书馆发展的一个新领域	1.65±0.71	1.75±0.72	0.870	0.352
数据素养教育与信息素养教育、数字素养教育等既有内在联系，也存在本质差异	1.65±0.76	1.84±0.99	2.417	0.122
数据素养教育主要是通过馆员自身的出色技能来实现	2.45±1.02	2.68±0.96	2.448	0.119
数据素养教育主要是通过数据资源有效管理来实现	2.21±0.99	2.48±0.98	3.126	0.078
数据素养教育主要是通过数字化技术创新应用来实现（如机构知识库、数据分析软件）	2.23±0.98	2.46±1.00	2.482	0.117
数据素养教育本质上是一个管理问题	2.60±1.06	3.05±1.13	7.660	0.006**
数据素养教育本质上是一个教育问题	2.03±0.83	1.97±0.90	0.210	0.647

注：＊代表 $p<0.05$，＊＊代表 $p<0.01$。

具体分析可知，选"是"的平均值（2.60）明显低于选"否"的平均值（3.05）。

（三）数据素养教育意义认知差异性

性别对于"提高科研人员数据管理意识、数据处理与分析能力等"呈现出0.05水平的显著性（$F=5.079$，$p=0.025$），如表6-15

所示：

表6-15　　性别与数据素养教育意义认知单因素方差分析

数据素养教育意义认知	您的性别：（平均值±标准差）		F	p
	男（n=66）	女（n=147）		
响应国家大数据战略、数据法律法规和数据政策的要求，如《中华人民共和国数据安全法》《提升全民数字素养与技能行动纲要》《科学数据管理办法》	0.71±0.46	0.69±0.46	0.071	0.789
推动科学数据有效管理、重用与共享，促进学术交流	0.73±0.45	0.84±0.37	3.471	0.064
促进学校一流学科建设、科学研究、学校治理等	0.52±0.50	0.56±0.50	0.332	0.565
提高科研人员数据管理意识、数据处理与分析能力等	0.80±0.40	0.91±0.28	5.079	0.025*
培养学生数据思维、数据伦理、数据分析能力	0.88±0.33	0.85±0.36	0.302	0.583
拓展与深化服务新领域，提高学术图书馆影响力与贡献度	0.65±0.48	0.67±0.47	0.098	0.755
促进馆员学习新知识与新技能，拓展馆员职业路径（如数据馆员、数据分析师）	0.73±0.45	0.72±0.45	0.009	0.926

注：*代表$p<0.05$，**代表$p<0.01$。

具体对比差异可知，男性的平均值（0.80）明显低于女性的平均值（0.91）。

（四）数据素养教育实施认知与学校类型

"您所在单位是否为一流建设大学？"和"请问贵馆是否开展了数据素养教育（科学数据检索、数据分析软件培训、数据平台建设、数据资源建设等）？"之间的相关关系，具体结果如表6-16所示：

表6-16　　　　数据素养教育实施与学校类型的相关性

相关性	平均值	标准差	是否为一流建设大学？	是否开展了数据素养教育？
是否为一流建设大学？	1.296	0.457	1	
是否开展了数据素养教育？	1.653	0.802	0.256**	1

注：* 代表 $p<0.05$，** 代表 $p<0.01$。

相关系数为 0.256，具有 0.01 水平的显著性，说明 "您所在单位是否为一流建设大学？" 和 "请问贵馆是否开展了数据素养教育（科学数据检索、数据分析软件培训、数据平台建设、数据资源建设等）？" 之间有着显著的正相关关系，表明研究型大学倾向于开展数据素养教育，以支持学术研究活动。

第三节　调查结论

调查旨在了解我国学术馆员对数据素养教育的价值认知和实践开展情况，以期为我国学术图书馆教育实践的深入发展提供建设性参考。

一　调查结论

（一）数据素养及其教育内涵认识高度一致，数据素养教育实现路径和本质存在差异性

无论是科研数据管理、数据生命周期还是能力角度，学术馆员们对数据素养的各种定义都表示了高度的统一性，都表示非常认可各种定义，承认数据素养内涵的多元化。对于数据素养教育内涵也具有高度统一性，但是对于数据素养教育的技术、人员和资源三种实现路径存在较大的分歧，对于数据素养教育本质也存在不同看法。数据素养教育认知的差异主要体现为性别、职称和学校类型。

（二）数据素养教育意义聚焦用户与图书馆，认识深度有待提升

数据素养教育的价值体现在图书馆服务价值、推动学术交流价

值，这一观点认同度较高。事实上也是如此，数据素养教育、科研数据管理的核心价值也是这些，其核心也是提升科研人员的数据能力。但是数据素养教育的伦理价值、对馆员自身价值认识度却不高，有待深入发展。数据素养教育意义的认知差异主要体现为性别。

（三）数据素养教育实践发展迅速，生态建设尚待加强

数据素养教育实践认知方面，数据素养教育目标主要是帮助用户明确自身需求，并转化为具体的数据查询行为，教育目标层次有待提升。数据素养教育主体以学术图书馆为主，对用户作为教育主体的认识度不高。教育内容围绕数据生命周期展开，重点为数据发现与获取。教育形式为嵌入专业课程、科学研究项目、专题培训讲座、学分通识课程，对研讨性、展示性课程建设重视程度不够。教育对象以学生、科研人员为主，对社会公众重视度不够。实施部门以学科服务部、数据管理服务部、情报决策部门为主，支持工具主要为数据分析工具。

（四）数据素养教育机制建设认同度较高，需要协同推进

数据素养教育运行机制由组织领导、主体协同、主客体互动机制、教育平台与内容融合机制构成，学术馆员表现出高度的认可度。在运行机制方面，也高度认同由制度、方案、评价、人员、资源、经费等内容构成。

二　推进建议

（一）重视数据素养教育规划，构建数据素养教育体系

国家层面尤其是国家教育部门，建议从顶层设计和宏观指导角度制定全民数据素养教育规划，明确数据素养教育的总体目标、原则、对象、基本框架、监督和评估办法等，从而为数据素养教育发展提供引导方向。如 2021 年中央网信委发布的《提升全民数字素养与技能行动纲要》、2015 年 ACRL 发布的《高等教育信息素养框架》对全局性的数字素养、信息素养起到了引导和规范作用。但是全国性的数据素养教育规划、框架、纲要等文件尚未出台，有待于各方利益相关主

体共同推动。

各级教育部门、各高校及其学术图书馆等应在遵循国家方针政策和边界内解读、细化和研制地方数据素养教育政策，在地化、操作化和具体化国家数据素养教育规划，从而建立起全国性的数据素养教育体系。学术图书馆也应制定本馆的数据素养教育规划，从全校层面推动数据素养教育的设计与实施，推动与教师多层面多类型的合作、深度融合科研于教学之中，真正让数据素养教育的价值得以实现。例如，美国雪城大学图书馆信息素养教育项目在ACRL《高等教育信息素养框架》和《雪城大学图书馆2018—2022年战略规划》框架内，对信息素养教育的愿景、任务、预期结果、教学方法、评价等内容进行了详细设计。①

(二) 深化数据素养理论研究，与行业数据的深度融合

从调查结果来看，对数据素养教育的认知主要还是集中在科学数据素养、数据分析与可视化等方面，与信息素养、数字素养的关系尚待进一步做出本质的区分。因此，一方面，深化数据素养概念模型研究，构建专业领域的数据素养概念模型，尤其是教育决策管理、应急管理、医疗健康等领域，凝练数据素养内涵共识，深化数据素养外延，拓展数据素养应用边界，提高数据素养理论指导能力。另一方面，加强数据素养教育价值发现、价值证明研究，促进数据素养教育与行业领域数据的深度融合，加强跨界合作研究，构建学科领域、行业领域、政府领域的"数据素养+"合作模式，如数据素养教育PPP模式、数据素养+医疗、数据素养+金融、数据素养+交通、数据素养+新闻等，突出数据素养教育的学科深度性、行业专业性。此外，数据素养教育研究还应注重馆员的数据素养、学科适用性、评价体系、合作机制等，针对具体领域的特性展开具体问题的凝练和研究，促进数据素养教育深度融合与发展。

---

① Syracuse University Libraries, "Information Literacy Program", https://researchguides.library.syr.edu/infolit, November 2, 2023.

第七章　数据素养教育实践样态

学术图书馆是数据素养教育的重要主体。从教育实践来看，学术图书馆具有科学研究服务的基本职能，通过科学数据管理、数据素养教育、数据出版等参与至数据密集型科研范式，嵌入学术交流环节之中。从研究内容来看，学术图书馆一直是数据素养教育的主要研究对象，数据素养教育研究人员也大多来自大学图书馆。本章通过案例研究总结学术图书馆数据素养教育的基本模式选择及其影响因素，构建数据素养教育理论模型，为学术图书馆数据素养教育深入发展提供理论逻辑和实践建议。

第一节　问题提出

数据素养教育一直为图书馆业界和学界所关注。IFLA 在 2021 年《趋势报告》中指出："数据应用的新方法新场景，深刻地改变了人们的经济和社会生活方式，数据素养显得愈发重要，如此方能应对这些变革。"[①] 学术图书馆数据素养教育实践不断发展，国内外学者及时总结实践进展，主要从三个层面展开：

一　宏观层面：图书馆数据素养教育实践调查

孟祥保等将国外大学图书馆科学数据素养教育归纳为"利用 Lib-

[①] IFLA，"IFLA Trend Report 2021 Update"，https：//repository.ifla.org/handle/123456789/1830，December 2，2022.

guides 建立科学数据管理资源导航、数据素养通识教育、学科数据素养教育三种模式"①。胡卉等总结了加拿大 12 所大学图书馆数据素养教育对象、目标、形式、内容和评估，认为加拿大大学图书馆已经建立了较为完善的数据素养教育体系。② 宋甲丽等通过对国内 42 所"双一流"建设大学图书馆的调查发现，多数图书馆已经开展科学数据素养知识培训，且注重多样教育形式、分类教育对象。③

二 中观层面：数据素养教育典型案例研究

世界各国学术图书馆在不断探索符合自身需求的数据素养教育模式，诸如加拿大达尔豪斯大学④、伦敦大学城市学院⑤、南佛罗里达大学图书馆⑥等数据素养教育各具特色，具有积极的参考价值。设置学分制课程是重要的方式，武汉大学图书馆面向本科生开设的学分制通识课程"数据素养与数据利用"⑦，美国乔治敦大学（Georgetown University）的"数据素养与数据可视化"课程⑧是其中的典型。在数

---

① 孟祥保、李爱国：《国外高校图书馆科学数据素养教育研究》，《大学图书馆学报》2014 年第 3 期。

② 胡卉、吴鸣、陈秀娟：《加拿大高校图书馆数据素养教育模式》，《图书情报工作》2016 年第 8 期。

③ 宋甲丽、程结晶：《高校图书馆科学数据素养教育现状调查及建议》，《图书馆学研究》2018 年第 19 期。

④ Chantel Ridsdale, James Rothwell, Michael Smit, Hossam Ali-Hassan, Michael Bliemel, Dean Irvine, Daniel Kelley, Stan Matwin and Bradley Wuetherick, "Strategies and Best Practices for Data Literacy Education: Knowledge Synthesis Report", 2015, http://hdl.handle.net/10222/64578, November 2, 2021.

⑤ Lyn Robinson and David Bawden, "'The Story of Data': A Socio-technical Approach to Education for the Data Librarian Role in the CityLIS Library School at City, University of London", *Library Management*, Vol. 38, No. 6-7, 2017, pp. 312-322.

⑥ Theresa Burress, Emily Mann and Tina Neville, "Exploring Data Literacy via a Librarian-faculty Learning Community: A Case Study", *The Journal of Academic Librarianship*, Vol. 46, No. 1, 2020, p. 102076, https://doi.org/102010.101016/j.acalib.102019.102076.

⑦ 刘霞、方小利、郑怡萍：《武汉大学面向本科生的数据素养通识课程的建设与思考》，《图书情报工作》2020 年第 22 期。

⑧ Tatiana Usova and Robert Laws, "Teaching a One-credit Course on Data Literacy and Data Visualisation", *Journal of Information Literacy*, Vol. 15, No. 1, 2021, pp. 84-95, doi: 10.11645/15.1.2840.

字人文领域,可通过数据素养教育学科化、数据素养课程体系建设、发挥学术图书馆的作用等方式深度开展数据素养教育。① 与美国相比,我国高校数据素养应制定层次化教学目标、加强数据伦理教育、建立数据素养评价体系。②

三 微观层面:数据素养教育价值与影响研究

新入职毕业生的数据素养与工作场所心理授权关系的实证研究表明,使用数据模型的能力会影响自我效能,主要是在数据驱动的沟通方面。③ 对本科生科研开展有效的数据素养指导,无论是基于课程的还是正式的项目,都有可能成为提高毕业生数据素养的主要方式,从而为学生未来从事数据职业提供机遇。④

学术图书馆开展数据素养教育既是嵌入学校使命和国家重大需求的重要路径,也是图书馆服务升级和发展转型的方向。然而,调查表明"双一流"建设高校图书馆数据素养教育主要依托传统的信息素养教育,多数缺乏特色性和独立性。⑤ 因此,需要创新学术图书馆数据素养教育模型,探索实施路径,从而全面推进我国数据素养教育发展。2014年10月,复旦大学图书馆、北京大学图书馆、清华大学图书馆、上海交通大学图书馆、浙江大学图书馆、武汉大学图书馆、北京理工大学图书馆、上海外国语大学图书馆、同济大学图书馆9家图书馆共同成立了中国高校研究数据管理推进工作组,其中一项重要目

---

① 张璐、孟祥保:《面向数字人文的高校数据素养教育案例研究》,《大学图书馆学报》2019年第5期。

② 张长亮、王晨晓、李竟彤:《大数据时代中美高校数据素养教育比较研究》,《情报理论与实践》2019年第8期。

③ Marek Deja, Aneta Januszko-Szakiel, Paloma Korycińska and Paulina Deja, "The Impact of Basic Data Literacy Skills on Work-related Empowerment: The Alumni Perspective", *College & Research Libraries*, Vol. 82, No. 5, 2021, pp. 708 – 729.

④ Theresa Burress, "Data Literacy Practices of Students Conducting Undergraduate Research", *College & Research Libraries*, Vol. 83, No. 3, 2022, pp. 434 – 451.

⑤ 万文娟:《"双一流"高校图书馆数据素养教育现状与发展策略分析》,《图书馆学研究》2021年第21期。

标就是提升馆员和科研人员的数据素养。① 2020 年，北美研究图书馆协会和加拿大研究图书馆协会（Canadian Association of Research Libraries，CARL）成立研究数据服务联合工作组，推动数据素养教育发展。②

上述研究表明，学术图书馆数据素养教育的快速发展，一方面是自我转型和服务升级等内在因素；另一方面是政策、技术、学术交流范式等外在因素。那么，内在因素和外在因素是如何驱动学术图书馆数据素养教育发展的呢？因此，本章的具体研究问题是：

（1）学术图书馆数据素养教育如何嵌入使命，与学校发展相适应？

（2）学术图书馆数据素养教育如何选择实践模式，建立符合自身情况的数据素养教育体系？

本章聚焦学术图书馆数据素养最新的最佳案例，总结和提炼大学图书馆数据素养教育体系的结构、特征及发展走向，为大学图书馆数据素养教育提供借鉴。

第二节 研究设计

一 研究方法

根据研究目标，本章采用多案例研究方法探索学术图书馆数据素养教育实践活动，从使命嵌入和教育模式选择两个维度展开，原因如下：一方面，探索数据素养教育嵌入学术图书馆发展战略的内在机制，并基于不同服务资源整合的数据素养教育模式的选择属于"How"和"Why"的问题，而案例研究方法适合深度分析并解答此类过程和机制问题。另一方面，采用多案例研究能够为揭示学术图书

---

① 上海图书馆学会：《中国高校研究数据管理推进工作组简介》，http：//society. library. sh. cn/node/2611，2022 年 3 月 22 日。

② Ibraheem Ali, Thea Atwood, Renata Curty, Jimmy Ghaphery, Tim McGeary, Jennifer Muilenburg and Judy Ruttenberg, "Research Data Services: Partnerships", January 2022, Washington, DC, and Ottawa, ON: Association of Research Libraries and Canadian Association of Research Libraries, https：//doi. org/10. 29242/report. rdspartnerships2022.

馆使命嵌入的内在机理提供"复制逻辑"①，同时也为探索学术图书馆数据素养教育的模式选择提供"扩展逻辑"支撑，有助于构建更具稳健性和普适性的理论模型。

二 案例选取

根据研究目标，案例选取标准如下：一是符合本书对"数据素养教育"的定义，并明确列为所在学术图书馆的常态化服务项目。二是典型性，数据素养教育活动能够代表某一类型，并且在国内外具有一定的影响力，在期刊论文、会议论文或者研究报告中被作为代表性案例或者援引为证据。三是资料的可获取性，可以通过案例网站、学术论文等获取相关资料。

经反复对比分析和论证，最终选取中国武汉大学图书馆、美国普渡大学（Purdue University）图书馆和南佛罗里达大学（圣彼得斯堡）（University of South Florida St. Petersburg, USFP）图书馆、英国爱丁堡大学（The University of Edinburgh）图书馆、荷兰4TU图书馆[即代尔夫特理工大学（Delft University of Technology）、特文特大学（University of Twente）、埃因霍芬理工大学（Eindhoven University of Technology）、瓦格宁根大学（Wageningen University & Research）的图书馆] 共计5所学术图书馆（联盟）的数据素养教育案例作为本章研究对象，案例基本情况如表7-1所示：

表7-1   学术图书馆数据素养教育案例概况

图书馆名称	所属国家	方式	选择原因
武汉大学图书馆	中国	通识式	中国较早开展科研数据管理和数据素养教育的图书馆，在全校范围内开设数据素养通识课程

---

① 戚聿东、杜博、温馨：《国有企业数字化战略变革：使命嵌入与模式选择——基于3家中央企业数字化典型实践的案例研究》，《管理世界》2021年第11期。

续表

图书馆名称	所属国家	方式	选择原因
普渡大学图书馆	美国	学科式	是全校数据科学教育生态系统的关键成员，面向不同学科开设数据服务和数据素养教育
南佛罗里达大学图书馆	美国	嵌入式	将数据素养教育分为通识、高级和跨机构层次
爱丁堡大学图书馆	英国	在线式	建立在线学习平台开设数据素养课程
4TU 图书馆	荷兰	合作式	在 4 所大学图书馆合作框架内，依托科研数据联盟开设共享、合作数据素养教育

注：根据资料整理。

三 数据收集与分析

数据来源及其采集方式：一是访问各个图书馆网站、项目网站，收集数据素养教育相关的服务项目、课程设置、新闻报道和研究报告等资料。二是检索学术资源数据库，收集与案例对象相关的期刊论文和会议论文。三是收集各个国家与数据素养相关的法律法规、政策文件等。调研截至 2022 年 1 月。

数据分析采用由表及里、由比较分析到归纳总结的步骤：首先，比较分析 5 个案例之间在使命嵌入、教育模式方面的异同。其次，抽象和揭示数据素养教育模式的内在机理。最后，根据数据素养教育要素及其内在关系，建立学术图书馆数据素养教育模型。

第三节 案例分析

一 使命嵌入：数据素养教育社会价值

国家数据法律法规、数据政策对学术图书馆数据素养教育具有导向效应，学术图书馆通过嵌入机制实施数据素养教育，实现自身科研服务、人才培养、文化传承和社会服务基本使命。

（一）导向机制①

五个案例研究对象所在国家均出台了相应的国家大数据战略、科学数据管理办法，国家层面的数据素养、数字素养和信息素养相关政策，以及图书馆行业规范，为数据素养教育营造了良好的政策环境，为数据素养教育提供政策依据，引导大学图书馆重视科学数据管理、开展数据素养教育。

1. 中国

数据政策方面，2015 年 8 月，国务院印发《促进大数据发展行动纲要》，在"政策机制——（六）加强专业人才培养"中提出："创新人才培养模式，建立健全多层次、多类型的大数据人才培养体系。……依托社会化教育资源，开展大数据知识普及和教育培训，提高社会整体认知和应用水平。"② 2021 年 11 月，中央网络安全和信息化委员会印发《提升全民数字素养与技能行动纲要》（以下简称《行动纲要》），提出全民数字素养与技能教育和促进是数字中国、数字强国建设的基础性、战略性、先导性工作，提出七项战略任务：丰富优质数字资源供给、提升高品质数字生活水平、提升高效率数字工作能力、构建终身数字学习体系、激发数字创新活力、提高数字安全保护能力、强化数字社会法治道德规范。并采取六项保障措施：加强组织领导、加大政策支持、开展试点示范、强化考核评估、加强宣传推广、深化国际合作。③ 2021 年 12 月，国务院《"十四五"数字经济发展规划》在保障措施中提出"提升全民数字素养和技能"，实施全民

---

① 马合、黄小平：《欧美科学数据政策概览及启示》，《图书与情报》2021 年第 4 期。
② 国务院：《关于印发促进大数据发展行动纲要的通知》，国发〔2015〕50 号，http://www.gov.cn/govweb/zhengce/content/2015-09/05/content_10137.htm。
③ 中央网络安全和信息化委员会办公室：《提升全民数字素养与技能行动纲要》，2021 年 11 月 5 日，http://www.cac.gov.cn/2021-11/05/c_1637708867754305.htm，2021 年 12 月 3 日。

数字素养教育，面向中小学、职业院校、数字经济等重点领域，面向老年人等重点群体开展专项数字能力培训。[①]

数据法律法规方面，2021年9月1日施行的《中华人民共和国数据安全法》是我国首部数据安全领域的基础性立法，该法以总体国家安全观为立法理念，以数据安全核心问题为导向，规定了利益相关主体的数据安全保护义务，保护个人、组织和国家的合法数据权益。该部法律分为7章55条，涵盖数据安全风险评估、监测预警、应急处置、安全审查等基本法律制度。2021年11月1日施行的《中华人民共和国个人信息保护法》，共8章74条，细化和完善了个人信息保护原则。2022年1月1日施行的《深圳经济特区数据条例》，是我国首部基础性、综合性立法，内容涵盖个人数据、公共数据、数据要素市场、数据安全等方面。2022年3月1日施行的《浙江省公共数据条例》，系我国首部公共数据领域的地方性法规。其他各省市区也相继开展地方数据立法，如《上海市数据条例》《江苏省公共数据管理办法》等。

上述法律法规为我国数据素养教育提供了法律依据，是数据素养教育的重要环境因素，决定了教育的价值与导向。事实上也是数据素养教育的重要内容，反过来促进数据政策的落实、法治素养的提升。需要强调的是，2015年教育部颁布的《普通高等学校图书馆规程》（教高〔2015〕14号）明确规定："第三十一条　图书馆应重视开展信息素质教育，采用现代教育技术，加强信息素质课程体系建设，完善和创新新生培训、专题讲座的形式和内容。"这是数据素养教育的直接性指导文件。

2. 美国

美国是世界上较早开展数据管理的国家，早在20世纪中期，美

[①] 国务院：《关于印发"十四五"数字经济发展规划的通知》，国发〔2021〕29号，http://www.gov.cn/zhengce/zhengceku/2022-01/12/content_5667817.htm。

国联邦政府就开始实施政府信息开放运动，探索与设计信息政策与法律体系。① 如1966年的《信息自由法》（Freedom of Information Act）、2002年的《电子政务法》（E-government Act）。随着数据开放运动、开放存取、开放科学的发展，美国制定和颁布了一系列数据政策、数据法律，保障数字社会、数字政府持续健康发展。

2012年3月，美国奥巴马政府启动"大数据研究与开发计划"（Big Data Research and Development Initiative），包括NSF、NIH、国防部、能源部、地质调查局和OSTP在内的六大联邦机构联合实施，旨在提高从海量数字数据中提取知识和观点的能力，从而加快科学与工程发现的步伐，加强美国的安全，实现教育与学习的转变。② 2016年5月，美国总统行政办公室和国家科技委员会印发《联邦大数据研发战略计划》，提出新兴技术、数据质量、基础设施、共享机制、隐私安全、人才培养和相互合作七大数据战略，旨在建立国家大数据创新生态系统。③ 2019年7月，美国《开放政府数据法案》正式生效实施，该法案要求联邦机构（不包括政府问责办公室、联邦选举委员会和某些其他政府实体）提供的公开政府数据资产，作为机器可读数据发布④。该法案界定了政府数据开放常用术语、建立政府数据开放审查制度、建立首席数据官和委员会制度、设立政府数据开放报告与评估制度等。⑤ 此外，NSF、NIH等科研资助机构，各个大学的数据政

---

① 马合、黄小平：《欧美科学数据政策概览及启示》，《图书与情报》2021年第4期。
② Fen Zhao and Suzi Iacono, "Big Data Research and Development Initiative (Federal, U. S.)", in Laurie A. Schintler and Connie L. McNeely (eds.), *Encyclopedia of Big Data*, Cham: Springer International Publishing, 2022, pp. 89-97.
③ The Networking and Information Technology Research and Development Program and Big Data Senior Steering Group, "The Federal Big Data Research and Development Strategic Plan", https://obamawhitehouse.archives.gov/sites/default/files/microsites/ostp/NSTC/bigdatardstrategicplan-nitrd_final-051916.pdf, November 2, 2021.
④ H. R. 1770 - OPEN Government Data Act, March 29, 2017.
⑤ 东方、邓灵斌：《政府数据开放的法律规制：美国立法与中国路径——基于美国〈开放政府数据法〉（OGDA）的思考》，《情报资料工作》2021年第5期。

策也对数据管理、数据素养提出了相应的要求。需要注意的是，2015年，ACRL 颁布修订的《高等教育信息素养框架》，提出了权威的构建性和情境性、信息创建的过程性、信息的价值属性、探究式研究、对话式学术研究、战略探索式检索。①

3. 英国

自 1984 年英国议会通过首部数据保护法，2018 年第三次修改，形成《2018 年英国数据保护法》（Data Protection Act 2018），该法案为英国提供了全面且符合时代需要的通用数据保护框架，保护个人数据权利。②

在数据政策方面，英国政府积极谋划数据战略，如 2012 年的《开放数据白皮书：释放潜能》、2013 年的《抓住数据机遇：英国数据能力策略》。2020 年 9 月，英国数字、文化、媒体和体育部（Department for Digital, Culture, Media & Sport）发布《国家数据战略》，确立英国数据领域四项核心能力（数据基础、数据技能、数据可用性和负责任的数据）和五项优先任务，即释放数据在经济领域的价值，确立一个促增长、可信赖的数据体制，转变政府对数据的使用以提高效率并改善公共服务，确保数据基础设施的安全性和弹性，倡导数据的跨境流动，旨在数据驱动创新，推动社会就业与发展，改善公共服务，帮助英国经济尽快从疫情中复苏。③

此外，英国科研资助机构也制定了一系列数据管理政策，如英国研究理事会（UK Research Councils, RCUK）的《数据政策通用原则》（2011 年），多家科研基金联合发布的《开放科学数据协议》（2016 年）。

---

① 美国大学与研究图书馆协会：《高等教育信息素养框架》，韩丽风等译，《大学图书馆学报》2015 年第 6 期。
② 武长海：《国际数据法学》，法律出版社 2021 年版，第 53 页。
③ Department for Digital, Culture, Media & Sport, "National Data Strategy", https://www.gov.uk/government/publications/uk-national-data-strategy/national-data-strategy, November 2, 2021.

4. 荷兰

2018年,《荷兰科研诚信行为准则》对数据管理提出要求[①]:

- 提供一个研究基础设施,数据善治成为规则,并得到促进。
- 确保尽可能永久存储数据、软件代码、协议、研究材料和相应的元数据。
- 确保所有已发布或未发布的数据、软件代码和研究材料都得到管理,并在适用于相关学科和方法的期限内安全存储。
- 根据FAIR原则,确保数据尽可能公开和可访问,并保持必要的保密性。
- 确保清楚如何访问数据、软件代码和研究材料。

此外,2018年5月,欧盟《通用数据保护条例》颁布[②],在个人数据权利保护、相关主体数据保护责任、数据资源监管机制等方面做出重大调整,为数据保护合作机制、我国个人数据保护立法、数据跨境流动规则提供了积极借鉴[③]。2020年2月,欧盟委员会发布《欧洲数据战略》(A European Strategy for Data),提出"大数据分析是欧盟最缺乏的关键技能"[④]。2022年5月,继欧洲议会批准之后,欧盟理事会正式批准了《数据治理法》(Data Governance Act)。

上述各国数据战略、数据政策、数据法律是数据社会运行的重要保障,也构成数据素养教育的内容。

(二) 对接机制

学校及图书馆制定了对应的规划、政策、路线图等,对接国家政

---

① KNAW, NFU, NWO, TOZ - federatie, Vereniging Hogescholen and VSNU, *Netherlands Code of Conduct for Research Integrity* (*2018*), https://doi.org/10.17026/dans-2cj-nvwu, November 2, 2021.

② European Commission, *General Data Protection Regulation*, https://gdpr-info.eu/.

③ 田新月:《欧盟跨境数据流动法律规制研究》,博士学位论文,武汉大学,2020年。

④ European Commission, *A European Strategy for Data*, COM (2020) 66 final, February 19, 2020.

策要求，积极拓展教育功能，具体如表7-2所示：

表7-2　　学校及其图书馆政策对接举例

学校及图书馆	对接政策	对接内容
武汉大学	武汉大学2017年"武大通识3.0计划"	培养本科生的数据价值意识和批判思维，提高学生的数据技能①
	武汉大学图书馆"十三五"发展规划	继续深化嵌入课程的信息素养教育②
普渡大学	普渡大学图书馆和信息研究学院2021—2024年战略规划③	巩固和拓展标志性、卓越性信息研究领域，包括地理空间信息、生物信息学、数据管理、系统文献综述、档案研究、批判性素养、信息素养/启发式学习和数字人文
	一体化数据科学计划（Integrative Data Science Initiative）	将数据科学研究应用于紧迫的基础性和社会急需的相关问题，建立本校良好的数据教育生态系统，培养学生适应未来数据社会经济发展的能力④
南佛罗里达大学（圣彼得斯堡）	纳尔逊·波因特纪念图书馆2017—2022年战略规划⑤	促进图书馆内部和外部的沟通和参与，以提高对图书馆资源和服务的认识，并支持思想和信息的交流

---

① 武汉大学：《"武大通识3.0"课程简介》，http：//gec.whu.edu.cn/info/1027/2412.htm，2021年11月2日。
② 武汉大学图书馆：《武汉大学图书馆"十三五"发展规划（2016—2020）》，《图书情报研究》2016年第3期。
③ Purdue University Libraries, "Purdue University Libraries and School of Information Studies Strategic Plan 2021–2024", https：//www.lib.purdue.edu/sites/default/files/admin/LSIS_Strategic_Plan_2021-2024.pdf, November 2, 2021.
④ Purdue University, "Integrative Data Science Initiative", https：//www.purdue.edu/data-science/about/index.php, November 2, 2021.
⑤ University of South Florida St. Petersburg Library, "Nelson Poynter Memorial Library: Strategic Plan, 2017–2022", https：//scholarcommons.usf.edu/npml_strategic_planning/2, November 2, 2021.

续表

学校及图书馆	对接政策	对接内容
爱丁堡大学	爱丁堡大学科研数据服务路线图 2017—2020 年①	统一服务、数据管理计划、处理动态数据、数据管理、数据支持服务
	爱丁堡大学科研数据管理政策②	明确大学及其研究人员管理研究数据的责任，以坚持公认的良好做法，推进 2030 年大学战略和开放研究路线图，并与其他相关大学政策建立联系
4TU	代尔夫特理工大学科研数据政策框架③	支持院系高质量科研数据管理，包括学校和科研人员层面的角色与职责
	特文特大学科研数据管理政策④	支持 FAIR 原则实施 承诺将研究数据归类为公共数据的一般原则，除非有维护研究数据机密性的具体要求 激发对 RDM 实践的认识，并发展为一种文化，促进数据共享 向研究人员提供 RDM 培训和支持 为数据存储和归档研究数据提供坚实的数据基础设施和工具 监督指导数据管理计划（DMP）的制定和执行
	瓦格宁根大学数据政策⑤	课题组需要有数据管理协议、博士候选人需要有数据管理计划、数据应存储在安全且可共享的环境中、作为学术出版物支撑数据必须存档至少 10 年，上述数据需要注册到科研管理系统 Pure 中

---

① University of Edinburgh, "University of Edinburgh Research Data Service Roadmap, 2017 – 2020", https：//www. ed. ac. uk/files/atoms/files/rds_ roadmap_ report – 20201023. pdf, November 2, 2021.

② University of Edinburgh, "Research Data Management Policy", https：//www. ed. ac. uk/information-services/about/policies-and-regulations/research-data-policy, November 2, 2021.

③ Delft University of Technology, "TU Delft Research Data Framework Policy", https：//filelist. tudelft. nl/Library/Themaportalen/RDM/researchdata-framework-policy. pdf, November 2, 2021.

④ University of Twente, "Research Data Management Policy University of Twente", https：//www. utwente. nl/en/service-portal/services/lisa/resources/files/library-public/research-data-policy-ut. pdf, November 2, 2021.

⑤ Wageningen University & Research, "Data Policy at WUR", https：//www. wur. nl/en/value-creation-cooperation/collaborating-with-wur – 1/wdcc/research-data-management-wdcc/data-policy. htm, November 2, 2021.

学术图书馆主要是对接数据管理计划、数据分析、数据分析工具等需求，外部环境的政策、用户的数据管理需求形成数据素养教育的传递机制。但在对接方式上存在着差异化，即服务对接存在三种方式：一是制定专门的学校或者图书馆层面的科研数据管理政策，对接国家数据战略和数据政策。二是实施数据科学教育，在全校范围内实施数据素养教育，如普渡大学在全校范围内实施数据科学教育计划，图书馆是其中的重要成员。三是把数据素养教育、信息素养教育作为图书馆战略规划的重要内容，嵌入图书馆使命之中。

二　模式选择：数据素养教育资源整合

根据数据素养教育要素的整合方式，本书将五个案例概括为五种模式，具体如下：

（一）通识式数据素养教育——武汉大学图书馆

2011年，武汉大学图书馆承担了中国高等教育文献保障系统（China Academic Library & Information System，CALIS）三期项目"中国高校科学数据管理与服务机制和平台的研究"，对国内外科学数据管理现状、数据生命周期管理模型、数据管理需求、数据管理平台构建、数据服务案例等进行了初步探索。① 在数据资源建设平台方面，科研数据管理平台上线运行，为本校师生提供数据保存、数据管理、数据共享服务。② 并在数据库导航中设立"事实/数据"分类。在交流合作方面，2014年，武汉大学图书馆作为主要单位同其他9所大学图书馆发起"中国高校研究数据管理推进工作组"，开发数据管理课程，提升国内数据馆员的数据素养是其主要目标。③

---

① 燕今伟：《专题：高校科学数据管理与服务机制及运行平台研究 序》，《图书情报工作》2013年第6期。
② 武汉大学图书馆：《科研数据管理平台》，https：//www.lib.whu.edu.cn/webfile/category/Scientific_ research_ data_ management_ platform/317.html，2021年11月2日。
③ 上海图书馆学会：《中国高校研究数据管理推进工作组简介》，http：//society.library.sh.cn/node/2611，2021年11月2日。

2019年，武汉大学图书馆开设了"数据素养与数据利用"通识课，32课时，2学分。在问卷调查基础上，课程目标设定为："帮助大学生自发建立数据价值意识，掌握获取数据、分析评价数据、管理和利用数据的途径和方法，培养其在学习和实践活动中对于数据问题的应对能力，亦为科研创新奠定基础。"课程从数据生命周期角度，分为数据获取、数据处理、数据分析和数据发布四部分。教学过程中注重方法与技能、线上线下相结合，注重学科交叉小组学习模式。学生在数据获取、数据分析与展示过程中取得了良好的理论与实践成果。①

（二）学科式数据素养教育——普渡大学图书馆

普渡大学成立于1869年，是世界著名研究型大学，位于美国印第安纳州的西拉法叶市（West Lafayette），以理工、商科、农业科学和社会科学见长。

2018年3月，普渡大学启动了数据科学整合计划（Integrative Data Science Initiative），重点是将数据科学研究应用于迫切的、根本性的相关社会问题，建立一个面向所有学生的数据科学教育生态系统，培养学生适应未来迅速发展的、数据驱动的知识经济社会的能力。②

普渡大学图书馆及其专家是数据科学教育生态系统的关键成员，积极融入学校数据科学教育生态建设之中，主要教育项目有：

一是开展数据素养研究，普渡大学图书馆是美国较早开展科学数据素养教育的学术图书馆，其数据信息素养教育项目具有较强的影响力③，为后续的数据素养教育实施奠定了良好基础。

二是建立数据科学课程资源导航，建立多个数据科学专业方面的

---

① 刘霞、方小利、郑怡萍：《武汉大学面向本科生的数据素养通识课程的建设与思考》，《图书情报工作》2020年第22期。

② Purdue University, "Integrative Data Science Initiative", https://www.purdue.edu/data-science/about/index.php, November 2, 2021.

③ 孟祥保、符玉霜：《美国数据素养课题剖析与启示》，《图书与情报》2018年第5期。

Libguides，包括本科生数据管理、数据共享和出版、数据科学、GIS 数据、数据集存储等。

三是开发数据素养课程，参加学校特色课程提案，如"人文学科中的数据应用""构建数据科学教育生态系统资源库"等。

四是开发学科数据素养培训案例，面向工程学、电子和计算机工程、农业和生物工程、自然资源、土木工程、生态学和农学建立数据素养教育案例。如表7-3所示，2022年开展了数据素养系列培训课程：

表7-3　　普渡大学图书馆2022年春季数据素养系列课程

课程名称	学分	授课教师	内容简介
数据生命周期管理概论	1	蔡超（Chao Cai）	介绍数据生命周期管理概念、数据类型及其功能。特定学科或专业背景下的数据管理。有目的地查找和评估数据。以合乎道德和负责任的方式使用数据。创建和共享数据以进行重用、问责和增强。使用数据做出决策和沟通，包括数据分析和可视化，保护和归档数据。
数据科学与社会：伦理、法律、社会问题	3	肯德尔·罗克（Kendall Roark）	介绍数据科学中的道德、法律社会问题（ELSI）。将向学生介绍跨学科的理论和实践框架，这些框架可以帮助探索数据科学在社会中的影响和作用。这是一门写作密集型课程，学生将单独、协作完成作业。
地理信息系统概论	3	妮可·孔（Nicole Kong）雪莉·李（Shirley Li）托姆·格里斯（Thom Gerrish）	介绍地理信息系统的基本知识，包括地理信息系统的基本概念、数据模型和管理策略，以及一些基本的空间分析技能。使用ESRI ArcGIS Pro实际操作演示。
信息和数据科学专题	1—3个学分	艾米·奇尔德斯（Amy Childress）拉伊拉·党（Layla Dang）萨德勒（J. J. Sadler）	对信息或数据科学中的特定主题进行深入研究，学生将批判性地检查信息和数据科学并将其应用于各个学科，培养实践技能并将其应用到各自的学科研究中。

续表

课程名称	学分	授课教师	内容简介
研究生科研数据管理高级课程：数据共享与数据出版	3	梅根·萨普·尼尔森（Megan Sapp Nelson）妮可·孔（Nicole Kong）	训练学生的能力，使学生能够把数据集及其元数据共享并发布到合适的科研数据知识库。
人文社会科学计算文本分析概论	3	马修·汉纳（Matthew Hannah）邵刚（Gang Shao）	面向人文社会科学研究生的计算文本分析（Computing Text Analysis, CTA）理论、方法与工具，主要是语料库创建、OCR、文本挖掘、主题建模、情感分析和其他方法的实践技能。

注：根据普渡大学图书馆网页新闻整理（https：//www.lib.purdue.edu/academics/courses），访问时间：2021年11月。

（三）嵌入式数据素养教育——南佛罗里达大学图书馆[①]

南佛罗里达大学建于1956年，位于美国佛罗里达州，美国公立研究型大学。其图书馆名为纳尔逊·波因特纪念图书馆（Nelson Poynter Memorial Library），于2018年实施数据素养教育，教育模式主要包含：

1. 建立数据素养教育框架

2018—2019年，根据不同教育对象，教师学习社区确定了相应的关键数据能力，如图7-1所示[②]。此框架旨在指导不同学科教师将数据能力的培养整合至相应的课程之中，从而提高学生的数据分析能力。

[①] Theresa Burress, Emily Mann and Tina Neville, "Exploring Data Literacy via a Librarian-faculty Learning Community: A Case Study", *The Journal of Academic Librarianship*, Vol. 46, No. 1, 2020, p. 102076, https://doi.org/10.1016/j.acalib.2019.102076.

[②] University of South Florida St. Petersburg Library, "Data Literacy Competencies for Higher Education 1.0", https://lib.stpetersburg.usf.edu/c.php?g=933381&p=6783477#s-lg-box-25885633, November 2, 2021.

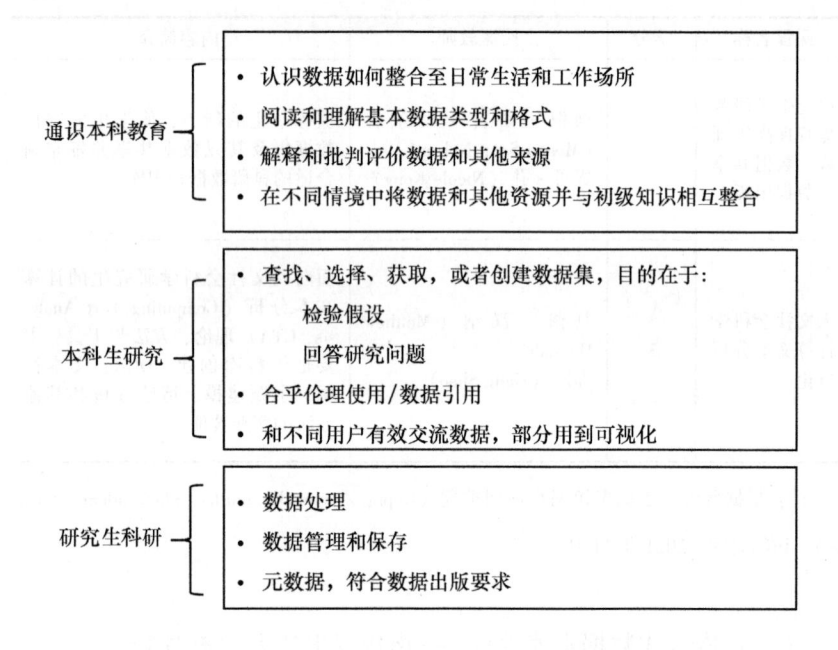

```
                  ┌─ • 认识数据如何整合至日常生活和工作场所
                  │  • 阅读和理解基本数据类型和格式
      通识本科教育 ┤  • 解释和批判评价数据和其他来源
                  │  • 在不同情境中将数据和其他资源并与初级知识相互整合
                  └─

                  ┌─ • 查找、选择、获取，或者创建数据集，目的在于：
                  │       检验假设
      本科生研究 ─┤       回答研究问题
                  │  • 合乎伦理使用/数据引用
                  └─ • 和不同用户有效交流数据，部分用到可视化

                  ┌─ • 数据处理
      研究生科研 ─┤  • 数据管理和保存
                  └─ • 元数据，符合数据出版要求
```

图 7-1 南佛罗里达大学数据素养教育框架

2. 设计数据素养课程层次

一是通识层次，包括"数据素养简介：在线教程"（Introduction to Data Literacy: Online Tutorial）、"上下文中的数据：翻转课堂作业"（Data in Context: Flipped Classroom Assignment）、"数据可视化研讨会"（Data Visualization Workshop）、"特权项目：六项综合任务"（Privilege Project: Six Integrated Assignments）、"通过消费连接全球：一项研究任务"（Global Connections through Consumption: A Research Assignment）以及一些分享活动等。

二是高阶课程，包括"数据模拟活动和作业"（Data Simulation Activity and Assignment）、"数据创建和综合研讨会"。

三是跨机构数据素养教育，与罗林斯学院（Rollins College）进行的跨机构定性研究证实，许多与数据相关的能力对本科生至关重要。

3. 将数据素养整合至通识教育课程中①

由于参加了 FLC，本科生支持馆员决定将数据素养整合到一年级学生图书馆计划中。一年级学生必须在第一学期参加学生成功课程，该课程不包括传统的研究任务，但在教学大纲中包括图书馆研讨时间。本课程似乎是介绍数据素养活动的绝佳机会，该活动将补充所需的新生英语课程中提供的信息素养指导。从 2019 年夏季学期开始，学生将在他们的第一门大学课程中完成一项数据可视化活动。本科生支持馆员和一年级项目主任目前正在共同努力，将数据素养更充分地融入课程中，从而让所有学生对数据素养概念有了更深入的了解。

（四）在线式数据素养教育——爱丁堡大学图书馆

爱丁堡大学创建于 1583 年，位于英国爱丁堡市，是世界著名综合性研究型大学。其图书馆数据素养教育以在线教育为特色，主要方式包括：

1. 在线开放课程

建设了 3 门具有一定影响力的在线课程，如表 7-4 所示：

表 7-4　　　　　　　　　　在线教育课程

课程名称	科研数据管理与共享	科研数据 MANTRA	数据正念（Data Mindfulness：Making the Most of Your Dissertation）
对象	多学科、任何学习者	研究生和早期职业研究人员	研究生
类型/平台	Coursera	在线开放课程	校内在线注册课程
开设学校	爱丁堡大学、北卡罗来纳大学	爱丁堡大学	爱丁堡大学

---

① Theresa Burress, Emily Mann and Tina Neville, "Exploring Data Literacy via a Librarian-faculty Learning Community: A Case Study", *The Journal of Academic Librarianship*, Vol. 46, No. 1, 2020, p. 102076, https：//doi. org/102010. 101016/j. acalib. 102019. 102076.

续表

是否付费	免费	免费	免费
课时	5周、自定进度	自定进度	自定进度
主要内容	了解科研数据、数据管理计划、处理数据、共享数据、归档数据	数据基础，数据问卷格式与转换，敏感数据保护，数据管理计划，数据文档、元数据和引用，FAIR原则与共享、组织数据，数据管理，还包括使用SPSS、NVivo、R或ArcGIS进行数据处理的实践练习	围绕个体研究过程设计的数据技能培训

资料来源：爱丁堡大学网站（https://www.ed.ac.uk/information-services/research-support/research-data-service/research-data-training-skills/online-training），访问时间：2021年11月。

2. 数据能力讲座

爱丁堡大学图书馆提供一系列数据素养方面的讲座，例如，2021—2022年第2学期提供的系列讲座有《实现良好研究数据管理的好处》《为您的研究编写数据管理计划》《处理个人和敏感数据》《使用SPSS进行数据处理》《归档您的研究数据》，每次课程2—3小时，每门课程开设3次[①]，首次课程为面对面培训，第2、3次为录播在线课程。形式灵活，节约了培训成本。

3. 校内强制性数据素养教育

除了图书馆，爱丁堡大学还强制要求师生学习数据保护政策、信息安全方面的在线课程，进行研究的学者还必须完成"研究数据保护"的课程模块。

（五）合作式数据素养教育——荷兰4TU.ResearchData图书馆

2007年2月，荷兰三所著名理工大学，即代尔夫特理工大学、埃

---

① University of Edinburgh, "Workshops and Courses", https://www.ed.ac.uk/information-services/research-support/research-data-service/research-data-training-skills/workshops-courses, February 9, 2022.

因霍芬理工大学与特文特大学联合成立3TU联盟,3TU.ResearchData是其所属图书馆发起的科研数据共享项目。2016年瓦格宁根大学加入,3TU联盟更名为4TU联盟,3TU.ResearchData也演变为4TU.ResearchData。4TU.ResearchData是国际知名的科学、工程和设计科学领域的科研数据知识库,为全球科研人员提供研究数据集管理、共享、长期访问和保存服务,并开展数据管理技能培训和研究项目,以促进数据可查找、可访问、可互操作和可重用。尽管起源于荷兰,4TU.ResearchData仍为全球研究机构提供服务,并欢迎来自荷兰和欧盟以外的进一步合作。

1. 数据素养课程

4TU.ResearchData与科学数据荷兰（Research Data Netherlands）、数据存档与网络服务（Data Archiving and Networked Service）、SURF SAR合作开设数据素养课程"数据支持四项技能"（Essentials 4 Data Support），课程对象以数据馆员、IT人员和数据管理人员等为主,旨在提高他们的数据存储、管理、归档和共享的技能[1],课程用荷兰语和英语两种语言授课。课程分为在线课程和在线+面试,在线课程免费,完整课程费用为895欧元（不含增值税）,学习期满合格,颁发证书。

2. 数据管理研讨会

与特文特大学数字能力中心、荷兰eScience中心、英国数字监护中心等机构合作不定期举办研讨会,主题涉及机器学习、天文数据管理、健康数据、社会科学数据管理、FAIR原则等。

3. 实习项目

4TU.ResearchData实习计划是面向全球的,为在研究数据管理、开放科学和科学传播方面寻求更多经验的学生、早期职业研究人员和专业人士提供实习项目,其目标是改进技术科学研究中研究数据和/

---

[1] Research Data Netherlands, "About Essentials 4 Data Support", https://datasupport.researchdata.nl/en/about-the-course, February 9, 2022.

或软件代码的创建和重用。

（六）一致性与差异化：数据素养教育模式比较

数据素养教育模式是教育目标、对象、内容、方式和平台资源的整合过程，具有内在的逻辑一致性和外在的样态差异性（如表7-5所示）。

表7-5　　　　学术图书馆数据素养教育模式比较

案例对象	教育模式	教育目标	教育对象	教育内容	教育方式	教育平台
武汉大学图书馆	通识式	建立数据价值意识，提升获取、分析数据、管理和利用数据能力	本科生	数据获取、数据处理、数据分析和数据发布	学分通识课	线下教学线上平台
普渡大学图书馆	学科式	数据科学教育	本、硕、博学生	面向不同学科的系列培训课程	专题培训	线下培训
南佛罗里达大学图书馆	嵌入式	提高数据分析能力	本、硕、博学生	数据分析能力	嵌入课程	教学社区
爱丁堡大学图书馆	在线式	数据管理技能	任何学习者	科研数据管理	在线开放课程	在线平台
4TU图书馆	合作式	科研数据管理与开发利用	数据馆员、IT人员和数据管理人员	数据存储、管理、归档和共享的技能	在线课程实习项目	数据共享平台

1. 共同基础

教育目标、教育对象、教育内容、教育方式和教育平台是数据素养教育的基础要素。五种教育模式均以提高数据素养某一方面能力或者数据素养为目标，教育对象都具有层次性，教育内容围绕数据生命周期设计，聚焦某一环节能力为重点，面向不同学科不同层次对象展开"数据+"教育。教学方式线上线下互动。建立数据平台支撑教育活动。数据资源是图书馆发展的基础和优势，也是数据素养教育发展的依托。案例对象均建立了科学数据管理平台，如武汉大学图书馆的科研数据管理平台，普渡大学图书馆的科研数据知识库（Purdue University Research Repository，PURR），4TU 的数据共享平台，以及普渡大学图书馆、USFP 的 Libguides 数据服务导航平台。此外，强调融入教育生态，积极回应国家数据政策和法律要求，面向社会数据人才需求。

2. 差异化选择

五个方面都存在不同程度的差异性，较为显著的是学科式、嵌入式、合作式数据素养教育模式以研究生、科研人员为主要教育对象，而通识式、在线式模式以本科生、社会人员为主要对象。在课程内容设计上，学科式、嵌入式以"数据+"为特点，课程具有体系化、嵌入性特点，强调数据分析能力。

三　模型构建：数据素养教育整合模型

综上，本书提出学术图书馆数据素养教育整合模型（如图 7-2 所示）。

该模型由顶层、机构层和用户层构成，映射了国家与社会、大学与图书馆、普通的数据用户或学生。国家层面的数据政策、数据法律法规，是数据素养教育的法理依据、政策依据。在机构层，学术图书馆根据教育目标、对象、内容、方式、平台，整合教育资源，选择差异化教育模式。用户层主要考虑的是根据不同教育层次和教育需求，选择相应的教育模式：通识式、学科式、嵌入式、在线式、合作式。

该模型的运行机制是：首先，国家的数据政策法律对学术图书馆具有导向效应，学校层面的数据政策形成数据素养教育的使命导向。其次，学术图书馆通过自身战略规划及服务布局承接政策要求，对教育目标、教育对象、教育内容、教育方式和教育平台的教育资源进行

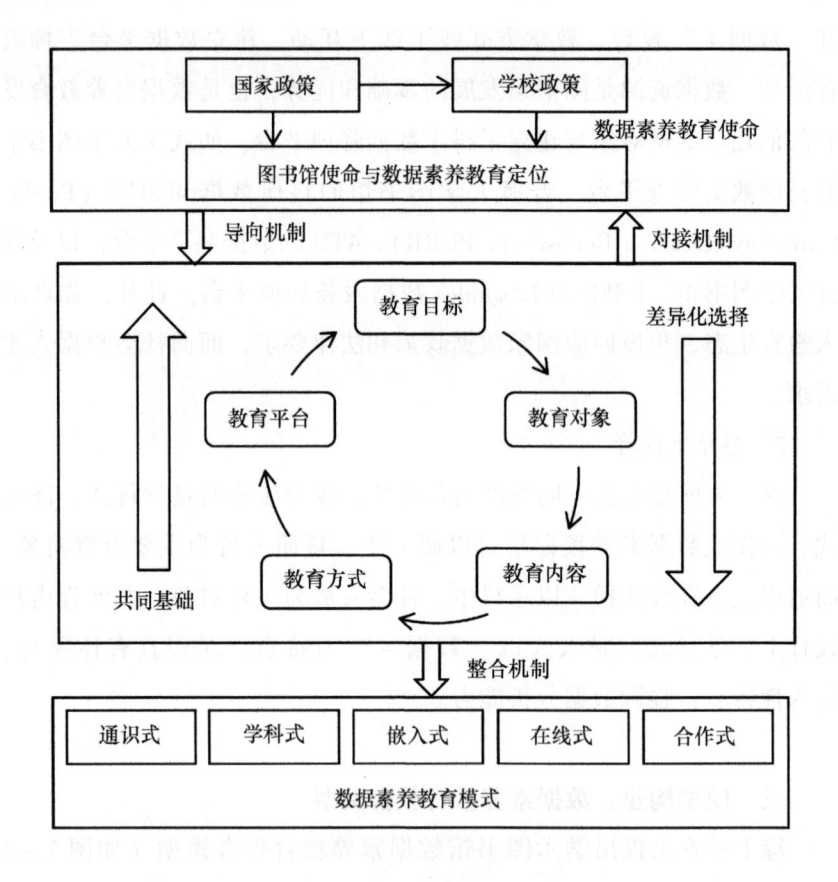

图 7-2　学术图书馆数据素养教育整合模型

整合，凝练为不同的数据素养教育模式，并具有共同的基础和差异化选择，从而形成对接机制。最后，学术图书馆根据外部因素和用户需求选择符合自身发展的模式，即通识式、学科式、嵌入式、在线式和合作式数据素养教育。

第四节　结论建议

一　研究结论

数据素养教育已经成为学术图书馆服务转型与创新的重要领域，

然而目前学术界对数据素养教育模式形成机制的研究较少。本章运用多案例研究方法，从外部数据政策与法律的使命引领、图书馆服务资源整合的研究情境，系统探索了学术图书馆数据素养教育的形成机制，并总结出数据素养教育的五种模式，旨在为中国情境下的数据素养教育提供参考借鉴。研究结论如下：

一是从外部环境视角，认为数据素养教育的外部因素主要是国家层面的数据政策、数据法律，对数据素养需求、数据素养教育具有传导机制。数据素养教育是对外部要求的积极回应与适应，数据政策与数据法律法规内容也是数据素养教育的重要内容，形成数据素养教育的反馈机制。

二是从服务要素整合角度，将数据素养教育模式归纳为通识式、学科式、嵌入式、在线式、合作式五种模式，五种模式具有内在的一致性，也存在各自的适应性和指向性。具体模式选择是所在学术图书馆各种条件的综合考量。与现有研究相比，本书拓展了数据素养教育模式的四分法（嵌入内容的教育模式、分层次的阶段教育模式、跨部门协同发展模式、开放式在线教育模式）[①]。

三是从核心竞争力角度，将数据素养教育与信息素养教育区别开来，研究认为数据素养教育以提升数据处理与数据分析能力为目标，教育方式是建立在具体的数据平台和数据操作基础之上，具有明确的资源指向性与能力聚焦性。

二 实践启示

大数据发展、智能技术应用和数字化转型的需要，要求构建完整的数据素养教育模式以适应新发展新要求，本书以"数据思维—数据技能—数据知识"为核心，聚焦教育目标、内容、方法、平台和评价五要素，统合引领力、整合力、渗透力、服务力、专业力，提出学术

[①] 郭倩、李建霞：《基于多元主体的高校数据素养教育生态模式构建研究》，《图书馆理论与实践》2019年第5期。

图书馆数据素养教育"五力模型"（如图7-3所示）：

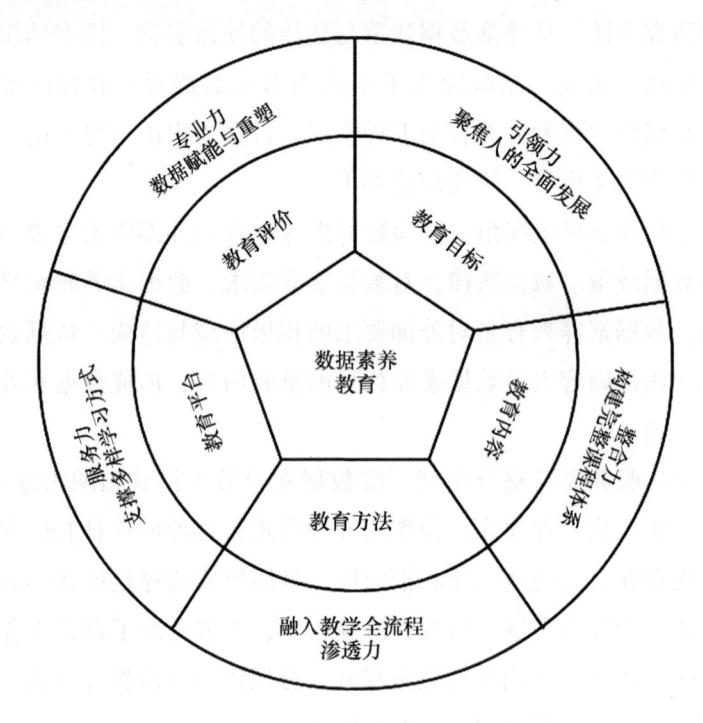

图7-3　学术图书馆数据素养教育五力模型

（图中文字：专业力 数据赋能与重塑；引领力 聚焦人的全面发展；构建课程体系 聚合力；融入教学全流程 渗透力；服务力 支撑多样学习方式；教育评价、教育目标、教学内容、教育方法、教育平台；数据素养教育）

（一）教育目标：聚焦人的全面发展

当前，数字技术与公众生活、教育医疗、实体经济、社会治理、交通运输等行业深度融合，数据赋能领域发展，数据驱动专业创新。数据素养教育应以促进个体的全面发展为根本目标，将数据素养视为数字化时代人的生存基本能力之一。2021年11月《提升全民数字素养与技能行动纲要》发布，图书馆肩负"数字使命"[1]，引领和开展全面数字素养、数据素养和信息素养等素养教育，强化数据思维、普及数据知识、加强数据技能、建设数据文化，促进全面数据素养的提升。一方面，提升公众数据思维与意识。关注"一老一小"关键群

---

[1] 柯平：《将全民数字素养教育作为图书馆新的信息与教育使命》，《图书馆论坛》2022年第3期。

体，通过数据赋能典型案例展览、数据教育进校园进社区等活动，营造良好的数字文化氛围。面向革命老区、民族地区、边疆地区开展数据服务和数字数据素养教育，面向特殊群体的数据帮扶，助力公共数字文化均等化，营造良好的数字和数据文化氛围。另一方面，设定数据素养教育目标，推进数据素养教育发展。教育目标设定上，知识维度要重视数字数据理论知识，使其成为数据知识体系，能力维度要侧重数据能力，使其具备数据转化、应用和创新能力，思维层面要重视培养数据意识、数据观念和数据伦理等。设定全面的数据素养教育目标将有助于树立正确的数据观念，持续推进数据素养能力的培养，将数据知识与技能融入工作、学习和生活之中。

（二）教育内容：构建完整的课程体系

教育内容设置要把握好数据素养教育的基础性、层次性、关联性，例如，北京大学图书馆数据素养教育内容分为数据意识与伦理、数据发现与获取、数据处理与可视化、数据保存与管理、数据评价与引用五个层次[①]。数据素养教育课程建设可从三个层次入手：一是以数据思维为主的通识类课程，如武汉大学图书馆的"数据素养与数据利用"本科生通识课程，着力训练学生数据资源获取意识与技能。美国亚利桑那大学信息学院的"数据素养"课程，培养学生可视化设计、数学推理和计算思维方面的能力。二是数据知识技能型课程，主要培养学生的数据分析和管理能力，可围绕数据生命周期各个环节开设针对性的课程，例如，武汉大学的"信息可视化"课程，主要培养学生的信息表征技术与可视化能力。美国雪城大学信息研究学院的"数据科学的定量推理"课程，主要传授定量数据的推理策略、数据来源与分析结论的联系方法等。三是以数据创新应用为主的课程，与具体的应用场景结合起来，例如，英属哥伦比亚大学信息学院的"公共领域数据资源"课程，传授开放数据、公共部门数据的获取、管理

---

① 吴爱芝、王盛：《高校图书馆数据素养教育体系设计研究——以北京大学图书馆为例》，《大学图书馆学报》2020年第6期。

和服务知识与技能。

（三）教育方法：融入教学全流程

数据素养教育实施以知识整体化、情景化、实践化、阶段化、灵活化为策略，学术图书馆积极融入学习全过程、科研全过程，全方位构建实施双向融通教育机制。一是积极设计数据素养教学方式，结合数据素养本身的学科化、场景化、实践化等特征，采用体验式、嵌入式、探究式等教学方式，融入专业课程学习、创新创业、科研项目，传授数据资源检索与获取、数据组织与长期保存、数据可视化、数据出版与引用等知识技能，培养学生数据伦理意识、数据共享观念，帮助学生提高批判性思维能力，激发学生的数据素养的主动性和创造性。二是融入数据管理实践场景，打造开放式、多领域、多途径的数据实践场景，从外部环境与数据中心、国家数据行政管理部门、科学研究机构、数据公司合作，深化产学研融合，实现以数据素养教育为目标的利益共同体。及时跟踪数据政策变化、数据行业发展，及时升级教学方法，把数据素养教育真正融入数据实践之中。

（四）教育平台：支撑多元化学习方式

数据素养教育平台既是教学平台，也是数据服务的平台。例如，国家全民数字素养与技能提升平台的内容板块，主要内容包括新闻咨询、政策发布、数字生活、数字工作、数字学习、专题等。其中，数字生活涵盖智慧城市、数字乡村、智慧医疗、安全上网、电子商务、技能科普，数字工作涵盖干部教育、高效办公、金融经济、数字营销、新技术应用、数字治理、数据要素，数字学习涵盖编程语言、人工智能、计算机应用、区块链、新媒体、大数据、元宇宙、物联网、网络安全。① 从侧面说明了数据素养教育内容、数据服务内容。

---

① 中央党校（国家行政学院）电子政务研究中心、中央党校（国家行政学院）信息技术部：《全民数字素养教育技能提升平台》，http://www.chinadata.cn:9004/，2022年9月23日。

(五) 教育评价：数据赋能评价专业化和精准化

数据素养教育评价是对数据素养教育活动的显性和隐性价值进行分析和判断的过程。良好的数据素养也是数字时代教育评价者的基本能力，在数据收集—价值判断—结果反馈三个环节实现专业化和精准化，评价数据无损采集、评价数据精准解读、评价结果实时交互。[①] 数据素养教育包括对教育主体、课程、对象、教学形式等多维度评价，以此确定教育成效和目标达成情况，从而及时更新教学方式、调整教学内容，数据素养教育既是教育共识凝练过程，也是素养促进的关键环节。重点是教学质量的评价，结合数据素养教育特征，开展数据素养课程教学多维评价，做到综合评价与专项评价相结合、定量评价与定性评价相结合。难点是教育对象的测评，也就是教育对象素养表现水平及特征的测度，是数据素养教育成效的最终落脚点。不同教育对象其测评方法和工具也不尽相同，不同区域和时段的教育对象数据素养水平也不尽相同，因此，需要根据教育目标选择合适的评价方法。

三　研究局限与未来展望

本章也存在一定的局限性，值得进一步研究与探讨：

其一，在案例样本选取方面，以国外学术图书馆数据素养教育案例为主，从而对中国文化情境下的学术图书馆服务创新的诸多因素探讨不够，也会减弱所建构理论的普遍性和外部推论效果。因此，未来随着中国数据素养教育的广泛和深入发展，尽可能发现和选择数量多、典型性的案例，专门探索中国学术图书馆数据素养教育的典型特征及其本土影响因素。

其二，在研究视角方面，国内外学术图书馆数据素养教育存在大量的案例，本章所选取的都是实践中较为成功的案例，但是缺乏与失

[①] 朱德全、马新星:《新技术推动专业化：大数据时代教育评价变革的逻辑理路》,《清华大学教育研究》2019年第1期。

败案例对比分析，尤其是不同文化情境下、管理体制下的案例比较研究。因此，在未来研究中，可以进一步结合本章所建构的理论模型，立足于跨界失败角度，研究和探讨在失败基础上的服务创新再造案例，并进行前后对比分析，从而能够得出一些独特且有价值的研究结论。

其三，在理论模型建构方面，主要是从服务模式方面探讨数据素养教育的共性和差异化问题，但是对于服务要素的整合机制缺乏深入的探讨，服务要素与外部环境的互动效应缺乏必要的专门讨论，因此，在未来研究中，可从单一服务要素角度出发深入讨论数据素养教育问题，例如，数据政策对学术图书馆数据素养教育、数据服务的影响机制，服务主导逻辑下的学术图书馆数据素养教育等。

第八章 数据素养专业课程建设

课程是具体的育人目标、学习内容及学习活动方式所组成的用以指导学校教育教学活动，引导学生认识世界、认识自己和提高自己的方案[①]。数据素养课程同样是由课程大纲、课程标准、教材等组成的有机体，具有育人的计划性、内容的载体性和特定的结构性。当前，数据素养教育正处于一个关键的历史节点之上，一方面，社会数字化转型发展、大数据热席卷全球，人们迫切需要系统化、深度化和便捷化的数据素养教育；另一方面，数据素养课程发展迅速，信息资源管理、数据科学、统计学、计算机科学、医学等领域纷纷开设数据素养课程，亟须总结课程建设经验。因此，本章的研究内容如下：首先，调查国内外数据素养课程设置情况，总结课程发展的基本经验，厘清数据素养课程发展的基本问题，如课程目标、课程内容、课程实施、教学方式和课程评价等。其次，以笔者所开设数据素养课程为案例，立足本土实践，把国内外数据素养课程建设理论与实践有机结合起来。最后，以课程治理为理论框架，建立数据素养课程治理机制。

第一节　iSchool 院校数据素养课程设置

一　研究背景与文献述评

数据素养对于社会职业发展和个体生存具有不言而喻的作用。一

---

① 廖哲勋、田慧生主编：《课程新论》，教育科学出版社 2003 年版，第 43 页。

方面，随着数字经济的快速发展，社会对数据人才的需求不断增长。图书馆、情报和档案事业对数据人才的需求也与日俱增，如美国图书馆设置"数据服务馆员""社会科学数据馆员""数据馆员"等岗位数量逐年增长。① 另一方面，随着社会数字化转型的不断深入，数据素养是数字文明时代人们的基本生存能力之一。国家相继出台《"十四五"数字经济发展规划》《提升全民数字素养与技能行动纲要》等政策，"实施全民数字素养与技能提升计划"，面向不同行业、不同社会群体提供数字素养、数据素养和信息素养与技能教育。

iSchool 联盟院系纷纷设立数据科学教育项目，开设数据素养类课程，培养数据管理与应用人才，促进全民数字和数据素养提升。数据素养课程建设也为国内外学者所关注，研究主要包括三个层面：

（1）数据素养课程设置方面，司莉等调查了 iSchool 联盟院校 138 个图书情报专业研究生项目的数据素养课程的设置现状与特征。② 刘晓娟等调查了 iSchool 联盟成员的 98 门信息和数据可视化课程。③ 王博雅调查了 39 家 iSchools 高校图书馆的数字素养教育的内容。④ Wu Dan 等调查了全球 iField 院系的 96 个数据科学研究生教育项目的课程信息，将 12 个数据科学课程知识主题重构为数据驱动的方法和技术、领域知识、数据法律与伦理、塑造和发展个人特质四个课程模块。⑤

（2）数据素养课程建设案例研究，杨瑞仙等从培养对象、授课形式、授课合作程度和课程内容四个方面深入分析了伊利诺伊大学厄巴

---

① 苏芳荔：《图书情报领域数据人才需求及职能分析——基于 ALA JobLIST 的分析》，《图书馆理论与实践》2021 年第 1 期。
② 司莉、姚瑞妃：《图书情报专业研究生数据素养课程设置及特征分析——基于 iSchool 联盟院校的调查》，《图书与情报》2018 年第 1 期。
③ 刘晓娟、李歆然、孙镘莉、谢瑞婷：《iSchool 联盟成员的可视化相关课程设置调查研究》，《图书情报工作》2022 年第 2 期。
④ 王博雅：《iSchools 联盟 iCaucus 成员高校图书馆数字素养教育调查研究》，《图书馆工作与研究》2021 年第 4 期。
⑤ Wu Dan, Xu Hao, Sun Yaqi and Lv Siyu, "What Should We Teach? A Human-centered Data Science Graduate Curriculum Model Design for iField Schools", *Journal of the Association for Information Science and Technology*, Vol. 74, No. 6, 2023, pp. 623–640.

纳—香槟分校（University of Illinois at Urbana-Champaign，UIUC）信息科学学院的数据科学群建设状况。① 刘霞等探索和总结了武汉大学图书馆"数据素养与数据利用"通识课程建设过程②，提供数据素养课程建设的可复制经验。美国天普大学（Temple University）基于数据素养的课程旨在激发"以证据为基础"的思维方式，鼓励学生在其研究领域和相关学科中识别和使用与之相关的数据。③

（3）数据素养课程设计与实施研究，探讨我国学科领域的数据素养课程设计，如中小学教师数据素养培训课程④、数据素养课程体系建设⑤、信管专业在新文科背景下的数据科学课程群建设研究⑥。拓展信息素养课程，依据数据生命周期构建数据素养课程群。⑦ 高校图书馆数据素养课程的内容体系建设。⑧

由此可见，课程建设是数据素养教育的核心内容和开展的基础，iSchool 联盟成员的数据素养类课程是推动数据素养教育课程发展的主导力量，目前研究存在的局限性：一是以描述性研究为主，对数据素养课程发展特征、路径和趋势研究深度不够。二是以宏观调查为主，缺乏对数据素养课程内容层面的深度解析，可借鉴性不强。因此，本

---

① 杨瑞仙、万佳琦：《UIUC iSchool 数据科学课程群调查研究》，《图书情报工作》2020 年第 16 期。

② 刘霞、方小利、郑怡萍：《武汉大学面向本科生的数据素养通识课程的建设与思考》，《图书情报工作》2020 年第 22 期。

③ David Schuff, "Data Science for All: A University-wide Course in Data Literacy", in Amit V. Deoka, Ashish Gupta, Lakshmi S. Iyer and Mary C. Jones（eds.）, *Analytics and Data Science: Advances in Research and Pedagogy*, Cham: Springer International Publishing, 2018, pp. 281 - 297.

④ 李新、杨现民：《中小学教师数据素养培训课程设计与实践研究》，《中国电化教育》2020 年第 5 期。

⑤ 张斌、刘三妤、刘智、孙建文：《面向大数据的师范生数据素养课程体系构建研究》，《中国远程教育》2018 年第 4 期。

⑥ 黎海波、谢健民：《信管专业在新文科背景下的数据科学课程群建设研究》，《情报科学》2020 年第 8 期。

⑦ 沈玖玖、徐萍、张琴、龚花萍：《大数据时代高校数据素养课程群构建研究》，《图书情报工作》2019 年第 19 期。

⑧ 魏来、王思明：《我国高校图书馆数据素养课程内容构建研究》，《情报资料工作》2018 年第 6 期。

章拟全面调查 iSchool 联盟成员的数据素养类课程设置情况，并结合典型案例，深入总结数据素养课程设置与特征、课程建设模式、课程内容结构等，为我国数据素养课程开发与实施提供有益参考。

二　理论基础与研究设计

（一）理论基础

数据素养课程既与课程建设理论有着理论关联，也与数据生命周期理论有着天然的联系，因此本章主要建立在这两项理论基础之上。

1. 数据生命周期理论

如前所述，数据生命周期包括数据计划、采集、处理、归档、发现、分析、再利用等环节。数据素养课程聚焦生命周期各个环节提供必要的理论知识和技术训练，以及相应的宏观的政策、法律、伦理、经济等教育。

2. 课程分析理论

广义的大学课程是基于利益相关方的教育政策、标准和目标，根据教育对象的身心发展和知识能力水平，遵循教与学的规律，为完善受教育对象的人格、传授相关知识和培养相关能力而提供的系统性教学内容。大学课程外部影响因素更多，与国家和社会之间的关系更为紧密。[①] 根据课程分析框架，数据素养课程分析维度包括课程理念和目的、政策和方针、高等教育系统和结构、课程设置（院系层面）、课程设置（学院、系、专业、课堂层面）、结果和效果。

（二）研究设计

1. 调查对象与数据采集

截至 2022 年 5 月，iSchool 联盟共计有 124 名成员院校，由于美国等国图书情报学教育主要是从硕士生阶段开始，因此，调查对象界定为研究生课程。根据数据可取性和典型性，样本的选取标准是：

[①] 黄福涛：《大学课程研究及其分析框架构建》，《清华大学教育研究》2022 年第 2 期。

①调查院系的教育项目或者研究方向与图书情报与档案管理专业紧密相关[①]；②院系网站提供了开放的课程目录基本信息或者是更为详细的教学大纲；③院系开设了与数据素养相关的课程，即与数据采集、组织、分析、可视化、伦理、政策、法律等密切相关的课程。逐一访问 iSchool 院系网站并搜集数据素养相关课程，经反复核实和分析，最终得到 37 所 iSchool 院系 221 门数据素养类课程（具体如表 8-1 所示）。

表 8-1　　　　　iSchool 数据素养课程调查对象

序号	院系	所属国家	课程数量
1	中国人民大学信息资源管理学院	中国	4
2	北京大学信息管理系	中国	3
3	南京大学信息管理学院	中国	3
4	武汉大学信息管理学院	中国	3
5	谢菲尔德大学信息学院	英国	5
6	格拉斯哥大学高级技术与信息研究所	英国	1
7	伦敦大学学院信息研究系	英国	1
8	德雷克赛尔大学计算与信息学院	美国	22
9	马里兰大学信息研究学院	美国	19
10	伊利诺伊大学厄巴纳—香槟分校信息科学学院	美国	17
11	康奈尔大学计算与信息学院	美国	16
12	北卡罗来纳大学教堂山分校信息与图书馆学院	美国	12
13	西蒙斯大学图书情报学院	美国	10
14	密歇根大学信息学院	美国	9
15	匹兹堡大学计算与信息学院	美国	9
16	加州大学伯克利分校信息学院	美国	7

---

① 司莉、赵洁、陆伟、陈玄凝、李璐:《国外 iSchools 院校图书情报与档案管理研究生课程调研与特征分析》,《图书情报知识》2018 年第 5 期。

续表

序号	院系	所属国家	课程数量
17	印第安纳大学信息、计算与工程学院	美国	7
18	新泽西州立罗格斯大学传播与信息学院	美国	6
19	雪城大学信息研究学院	美国	6
20	田纳西大学信息科学学院	美国	5
21	亚利桑那大学信息学院	美国	5
22	佛罗里达州立大学传播与信息学院	美国	4
23	肯特州立大学信息学院	美国	4
24	圣何塞州立大学信息学院	美国	4
25	辛辛那提大学信息技术学院	美国	4
26	华盛顿大学信息学院	美国	3
27	加州大学洛杉矶分校教育与信息研究学院	美国	3
28	威斯康星大学密尔瓦基分校信息研究学院	美国	3
29	韦恩州立大学信息科学学院	美国	3
30	肯塔基大学传播与信息学院	美国	2
31	得克萨斯大学奥斯汀分校信息学院	美国	1
32	路易斯安那州立大学图书情报学院	美国	1
33	纽约州立大学布法罗分校信息科学系	美国	1
34	威斯康星大学麦迪逊分校信息学院	美国	1
35	多伦多大学信息系	加拿大	12
36	英属哥伦比亚大学信息学院	加拿大	3
37	麦吉尔大学信息研究系	加拿大	2

数据集构建的步骤是：

首先，院系选取。查阅最新版的 iSchool 联盟院校名单及其官网链接，并逐一访问各个院系网站，确认网站是否为中文或英文。

其次，教育项目选取。调查各院系网站中的"Academic"或"Progams"或"Degrees"或"人才培养"或"研究生招生"等栏目，筛选出与图书馆学、情报学、档案学、数据科学等紧密相关的教育项目，获取具体名称及内容介绍，为进一步分析数据素养课程建设背景、目标和结构建立基础。

再次，数据素养课程选取。调查各院系网站中的"Courses""Courses Description""Course Catalog""人才培养""教学"等栏目内容，采集与数据素养内涵密切关联的课程信息，记录下课程数量、结构、性质等信息，为归纳 iSchool 院系数据素养课程群建立数据集。

最后，课程大纲获取。根据选取的课程，尽可能获取课程大纲，如课程目标、授课教师、授课对象、课时安排、课程内容、推荐教材、考核方式等信息，丰富和完善数据素养课程数据集。

数据采集时间是 2022 年 5—6 月。

2. 研究方法与数据处理

采用定性与定量相结合的方法系统研究 iSchool 院校的数据素养类课程体系，以此进一步总结数据素养课程内容特征。一是内容分析方法，如前所述，通过网络调查收集 iSchool 联盟院校教育项目、数据素养类课程、数据素养课程大纲等，通过内容分析方法对收集的教育项目目标、年限、层次等，对数据素养类课程目标、授课对象、教学方式、考核方式、教材等进行分析，概括数据课程基本特征。二是多案例比较研究，选择数据素养教育典型教育项目、典型课程为研究对象，进一步分析数据素养课程目标、对象、内容等，总结数据素养课程建设模型，为本土数据素养课程建设提供借鉴。

三　数据素养课程设置特征

根据课程分析框架，iSchool 院校的数据素养课程呈现出如下五个方面的特征：

（一）课程类型多样并具有特色

从课程数量来看，37 所院系开设数据素养类课程在 1—22 门之间，其中德雷克赛尔大学计算与信息学院（22 门）、马里兰大学信息研究学院（19门）、伊利诺伊大学厄巴纳—香槟分校信息科学学院（17门）、康奈尔大学计算与信息学院（16门）、多伦多大学信息系（12门）、北卡罗来纳大学教堂山分校信息与图书馆学院（12门）、西蒙斯大学图书情报学院（10门）开设了10门以上课程。格拉斯哥大学高级技术与信息研究所、伦敦大学学院信息研究系、威斯康星大学麦迪逊分校信息学院、得克萨斯大学奥斯汀分校信息学院、路易斯安那州立大学图书情报学院、纽约州立大学布法罗分校信息科学系开设了1门课程。

从课程名称来看，"数据分析""数据可视化""数据科学""大数据分析与管理""数字监护"等出现次数较多，表明数据素养课程与数据科学、数据监护专业或者研究领域紧密关联。同时，这些课程会有不同的等级，如"高级数据分析Ⅰ""高级数据分析Ⅱ"，占据了数据素养课程的主要内容，以数据分析方法与技术教学为主。

从授课对象来看，因为样本主要是研究生教育项目，因此授课对象主要为硕士生课程，也包括少量的博士生课程。硕士生课程内容较为具体，UIUC"数据分析和数据科学高级主题"课程主要内容包括：命令行工具、混搭开放数据、数据结构和算法、实用的健康数据分析、数据分析和数据处理编程、Python标准库、负责任的数据科学与人工智能、研究影响文献计量学。[①] 博士生课程内容以学术前沿和研究方法训练为主，例如UIUC博士生核心课程是"信息科学历史与基础""信息科学研究设计""博士生研讨会"。

从授课专业来看，iSchool融合了图书馆学、图书情报学、计算机科学、传播学等领域。[②] 同时，还积极拓展至数据科学。数据科学和信息科学本质上是孪生学科，其使命、任务和性质与信息科学是一致

[①] "School of Information Sciences Course Catalog"，https：//ischool.illinois.edu/degrees-programs/courses，June 20，2022.

[②] 叶继元：《iSchools与学科整合》，《图书情报工作》2007年第4期。

的。① 因此，数据素养类课程设置主要分为：一是面向传统的图书馆学、图书情报学的课程设置，如"数字监护"（Digital Curation）、"图书馆数字数据与服务"（Digital Data and Services in Libraries）、"数据素养"（Data Literacy）、"数据治理"（Data Governance）等课程；二是面向数据科学的课程设置，如"数据科学方法"（Methods of Data Science）、"数据可视化"（Information and Data Visualization）、"数据工程"（Data Engineering）等；三是融合专业特色的课程设置，如"社交媒体数据分析"（Social Media Data Analysis）、"数据新闻"（Data Journalism）、"医疗保健数据应用、分析、咨询和沟通"（Healthcare Data Application, Analysis, Consulting and Communication）等。

（二）课程理念注重培养学生的不同维度的数据素养能力

课程注重培养学生的数据分析、可视化、数据管理、数据伦理等数据素养能力，例如，田纳西大学"数据分析与可视化导论"课程目标是②：

- 在不同情境下调查数据分析的需求和重要性
- 了解管理大数据的挑战
- 练习数据提取、转换和加载技术
- 进行探索性分析
- 提出相关问题
- 开发算法来分析和建模数据
- 将结果传达给不同的用户
- 可视化数据和信息

针对特定数据素养也有不同侧重的课程，例如，UIUC的"数据科学的伦理与政策问题"的课程解决与数据相关的伦理道德挑战，介

---

① Lin Wang, "Twinning Data Science with Information Science in Schools of Library and Information Science", *Journal of Documentation*, Vol. 74, No. 6, 2018, pp. 1243-1257.

② "INSC 592 Introduction to Data Analytics and Visualization", https://sis.utk.edu/wp-content/uploads/2019/08/INSC592syl.pdf, June 20, 2022.

绍机构和国家层面的数据政策。①

(三) 课程内容兼具前沿性和跨学科性

数据素养课程具有典型的技术前沿性，表现为对机器学习、人工智能、数据挖掘、自然语言处理、统计模型等技术和方法的倾向性，这一点在德雷克赛尔大学计算与信息学院、康奈尔大学计算与信息学院、伊利诺伊大学厄巴纳—香槟分校信息科学学院、马里兰大学信息研究学院的课程特别明显，开设了多门数据科学课程，例如，UIUC的"数据读写"主要培养学生通过各种媒体数据阅读和写作技能，探索大数据时代数据叙事和数据辩论能力。②数据素养还具有典型的跨学科性，一门课程涉及多门学科内容，部分课程就是典型的技术与领域学科的结合，如南京大学的"政务大数据应用"涉及信息科学、统计学和政府管理等学科领域。这样符合研究生课程的教育性和研究性的基本特征。③

(四) 教学方式以探究和研讨为主，考核方式多样化

一方面，注重学术文献阅读，课前需要阅读相关的教材章节和论文；另一方面，课堂测试、实际操作、项目演练、小论文穿插课程进展之中，学生需要全程学习和参与，具有很强的前后连贯性，完成课程作业也需要大量的学术阅读。例如，肯塔基大学的在线课程"数据分析和可视化"考核方式包括：四次作业，占分数45%；最终项目，占分数25%；每周讨论和练习，占分数30%。四次作业是 R 语言与基本统计分析、聚类分析和可视化、文本分析和可视化、网络分析和可视化④，主要为数据分析和可视化的核心内容。而威斯康星大学密

---

① "IS 467 Ethics & Policy for Data Science", https：//ischool. illinois. edu/degrees-programs/courses/is467, June 20, 2022.

② "IS 312 Reading and Writing Data", https：//ischool. illinois. edu/degrees-programs/courses, June 20, 2022.

③ 胡莉芳：《教育性与研究性——一流大学研究生课程建设的内在逻辑》，《清华大学教育研究》2022 年第 1 期。

④ "LIS662 - 401/ICT662 - 401 (Cross-listed) Data Analysis and Visualization", http：//54pig. net/kcxDH, June 20, 2022.

尔沃基分校的"数据科学中的数据分析"课程考核更为多样，包括课前阅读、课堂参与和课后作业。每次课前需要阅读指定的图书章节或者是相关论文。课后作业包括数据分析练习、项目报告、小论文。课堂参与包括课堂测验、个人阅读摘要、课程知识点最新进展报告、课堂练习总结、每周讨论、提交课程清单①。课程小论文不少于1000个单词，项目报告不少于800个单词。学生完成报告和作业既需要实际的动手操作，又需要扎实的学术阅读和写作，训练了学生多方面的能力。

四 数据素养课程设置模式

iSchool院校根据自身学科基础，瞄准学院发展战略，采取了差异化路线建设数据素养课程。具体到学科专业、行业领域的并专门训练某一项数据素养能力的数据素养课程，具有很强的专业性、学科性和技术性。根据课程内容的专业度、课程教育目标的专注度，数据素养类课程可分为如下四种类型（如表8-2所示）：

表8-2　　　　iSchool **数据素养课程设置的四类模式**

院系	领域特色型	数据分析型	通识教育型	资源管理型	课程总数
北京大学信息管理系	0	2	1	0	3
北卡罗来纳大学教堂山分校信息与图书馆学院	1	3	1	7	12
得克萨斯大学奥斯汀分校信息学院	0	0	1	0	1
德雷克赛尔大学计算与信息学院	0	15	4	3	22

---

① "INFOST 687 - Data Analysis for Data Science（u/g）Online"，https：//catalog.uwm.edu/courses/infost/，June 20，2022.

续表

院系	领域特色型	数据分析型	通识教育型	资源管理型	课程总数
多伦多大学信息系	1	7	2	2	12
佛罗里达州立大学传播与信息学院	0	4	0	0	4
格拉斯哥大学高级技术与信息研究所	0	1	0	0	1
华盛顿大学信息学院	0	0	1	2	3
加州大学洛杉矶分校教育与信息研究学院	0	0	1	2	3
加州大学伯克利分校信息学院	0	4	1	2	7
康奈尔大学计算与信息学院	1	12	2	1	16
肯塔基大学传播与信息学院	0	1	1	0	2
肯特州立大学信息学院	0	0	3	1	4
路易斯安那州立大学图书情报学院	0	0	1	0	1
伦敦大学学院信息研究系	0	1	0	0	1
马里兰大学信息研究学院	4	7	3	5	19
麦吉尔大学信息研究系	0	1	0	1	2
密歇根大学信息学院	1	6	1	1	9
南京大学信息管理学院	1	2	0	0	3
纽约州立大学布法罗分校信息科学系	0	0	1	0	1

续表

院系	领域特色型	数据分析型	通识教育型	资源管理型	课程总数
匹兹堡大学计算与信息学院	3	3	0	3	9
圣何塞州立大学信息学院	0	2	1	1	4
田纳西大学信息科学学院	1	2	0	2	5
威斯康星大学麦迪逊分校信息学院	1	0	0	0	1
威斯康星大学密尔瓦基分校信息研究学院	1	1	1	0	3
韦恩州立大学信息科学学院	0	2	0	1	3
武汉大学信息管理学院	0	2	0	1	3
西蒙斯大学图书情报学院	0	4	3	3	10
谢菲尔德大学信息学院	0	3	2	0	5
辛辛那提大学信息技术学院	0	4	0	0	4
新泽西州立罗格斯大学传播与信息学院	2	2	0	2	6
雪城大学信息研究学院	0	4	0	2	6
亚利桑那大学信息学院	0	2	2	1	5
伊利诺伊大学厄巴纳—香槟分校信息科学学院	1	11	3	2	17
印第安纳大学信息、计算与工程学院	0	6	1	0	7

续表

院系	领域特色型	数据分析型	通识教育型	资源管理型	课程总数
英属哥伦比亚大学信息学院	0	1	0	2	3
中国人民大学信息资源管理学院	0	2	1	1	4
总计	17	117	38	49	221

从统计分析结果来看，数据分析型课程数量最多，占调查样本的52.94%。领域特色型课程最少，仅为17门。资源管理型课程49门，位居第二。通识教育型课程数量占调查样本的17.20%。

（一）通识教育型

该类型课程介绍基本的数据管理、数据分析技术与方法、数据政策法律等基本知识，课程为导论性质，一般为学科基础课程或者跨学科通识课程，通常课程名称为"导论""概论""基础"等。共有23所院系开设了通识型数据素养课程，其中德雷克赛尔大学计算与信息学院（4门）、伊利诺伊大学厄巴纳—香槟分校信息科学学院（3门）、马里兰大学信息研究学院（3门）、西蒙斯大学图书情报学院（3门）、肯特州立大学信息学院（3门）居于前两位。具有代表性的课程如表8-3所示：

表8-3　　　　　　　　通识教育型数据素养课程

课程名称	开设学校	学分	主要内容
数据科学理论与实践	中国人民大学信息资源管理学院	2	讲解大数据时代及其背后的科学问题——数据科学的理念、理论、方法、技术、工具、应用及数据产品开发。
数据科学导论	谢菲尔德大学信息学院	15	介绍数据科学概念和理论，了解它们如何被使用和对组织机构的影响，掌握R软件的基本操作技能。

续表

课程名称	开设学校	学分	主要内容
数据科学导论	华盛顿大学信息学院	4	概述数据科学关键概念，重点介绍实验设计、数据收集和存储、基本分析、机器学习、数据可视化等知识，使用行业标准统计分析现实世界的数据集。
研究数据管理	肯特州立大学信息学院	3	介绍研究数据管理的历史与现实问题，以及研究数据的创建、管理、访问和重用方面的实践。
数字监护导论	路易斯安那州立大学图书情报学院	3	介绍数字材料归档，以及档案管理员所面临的技术、道德和法律问题。讨论"好"的数字资料特征以及元数据在创建和维护它们中的作用，以及可信赖的数字知识库的部署、创建和维护它所需的工具和策略。
数据管理基础	伊利诺伊大学厄巴纳—香槟分校信息科学学院	—	概述数据管理领域的理论和实践问题，包括数据评估和选择、数据收集与长期保存、科研生命周期、元数据以及法律和知识产权问题相关的问题。
数据素养	亚利桑那大学信息学院	3	学习者将获得可视化设计、数学推理和计算思维方面的技能，以了解数据素养。
世界成为数据	多伦多大学信息系	—	课程涵盖了将世界现象转化为数据和算法描述的实践问题。探讨不同类型的数据和算法中的表示、建模、正确性、可靠性和偏差。

资料来源：根据课程大纲汇总。

通识型数据素养课程建设包括三条路径：一是数据科学路径，从数据科学角度培养学生数据素养，一般为图书情报与档案管理专业、计算机科学、统计学等专业的通识课程，具有跨学科性。二是图书情报与档案管理专业路径，从数据生命周期、数据监护、数据素养等角度展开，具有学科的专业性。例如，路易斯安那州立大学图书情报学院的"数字监护导论"课程包括数字监护和数据、数字监护生命周期、数据创建与管理、数字化与文件格式、元数据、数字存档、数字监护的伦理和法律问题 7 项内容模块。① 三是社会环境交互路径，关注数据与人、数据与技术、数据与外部环境（政治、经济、文化、法律、伦理等）的关系，具有学科的社会性。如 UIUC 的"数据科学相关伦理与政策问题"课程，通过企业环境、非营利组织、政府、学术研究和医疗保健的真实案例去讨论与数据相关的伦理问题，如数据隐私、数据偏见、数据获取等问题，强调伦理抉择的复杂性以及优先事项之间的权衡往往是必要的。②

（二）领域特色型

该类型课程与具体行业特色、学科特色、课程传统等相结合，开设具体的专业性数据素养课程，培养学生的专门的数据能力。共计有 12 所院系开设了领域特色型数据素养课程，位居前三的是马里兰大学信息研究学院（4 门）、匹兹堡大学计算与信息学院（3 门）、新泽西州立罗格斯大学传播与信息学院（2 门）。代表性的课程如表 8-4 所示：

表 8-4　　　　　　　　领域特色型数据素养课程

课程名称	开设学校	学分	主要内容
空间数据管理	田纳西大学信息科学学院	3	介绍与空间数据管理相关的概念，包括空间数据类型、空间数据发现、数据管理和空间数据集元数据创建。研究数据管理政策、信息服务有关问题。

---

① "LIS 7505 - Introduction to Digital Curation", https：//www.lsu.edu/chse/slis/courses/syllabi/7505_fall_2_2021.pdf, June 20, 2022.

② "IS 467 Ethics & Policy for Data Science", https：//ischool.illinois.edu/degrees-programs/courses/is467, June 20, 2022.

续表

课程名称	开设学校	学分	主要内容
政务大数据应用	南京大学信息管理学院	2	[不详]
健康数据分析	马里兰大学信息研究学院	3	使用各种数据分析方法，挖掘分析结构化和非结构化的大型和复杂的健康数据，为患者和医生等改进决策。
文化大数据监护研究	马里兰大学信息研究学院	—	介绍大型文化数据集合的数字化管理所涉及的原则、方法和技术。学生将在课堂讲座、讨论和参与数字监护创新中心的项目团队中学习这些概念。
信息职业人员的数据分析与可视化	威斯康星大学密尔瓦基分校信息研究学院	3	介绍数据分析和可视化，使用简单的统计分析来创建数据的图形描述，从而提高理解、交流和制定决策。
人文科学的数据科学	伊利诺伊大学厄巴纳—香槟分校信息科学学院	—	学习描述性和推断性统计分析、监督和无监督机器学习，并应用于一系列文化材料，例如，模拟流行音乐风格变化的速度、小说中的性别表现。
数据图书馆	多伦多大学信息系	—	讨论收集、管理和检索数字信息，主题将包括公共、私营和学术部门的数据收集、统计数据的产生和传播、数据仓库和管理、数据知识库和数据联盟、用户需求和参考访谈、数据提取和操作、数据隐私问题。

资料来源：根据课程大纲汇总。

领域特色型数据素养课程具有如下特征：一是面向特定的行业领域应用，如政府数据、文化大数据、医疗健康数据、人文科学数据等。例如，"空间数据管理"课程由美国劳拉·布什（Laura Bush）21世纪图书馆员计划、美国博物馆及图书馆服务中心（IMLS）资助。课程介绍与空间数据管理相关的概念，包括空间数据类型、空间数据发现、数据管理和空间数据集元数据创建，讲授数据管理政策和相关信息服务有关的问题，培养学生如下数据素养能力①：

1. 地理和制图

1.1 掌握地理和制图原理，包括地理和制图比例、投影、网格和地理坐标系

2. 馆藏开发/档案鉴定/馆藏维护

2.1 掌握当地、州/省、联邦和国际制图机构和私人地图出版商、地图系列和类似出版模式、地名录、数据门户、地理信息以及联邦托存图书馆计划方面的知识

2.2 学会选择获取不同类型地图、图像和其他地理空间数据的策略

2.3 学生将具备描述版权注意事项、数据库和地理数据集商洽许可协议的能力

2.4 如何评估馆藏的优势和专长以及用户的馆藏需求

2.5 学会描述地理材料正确处理方法，尤其是稀有和易碎材料

3. 访问和使用

3.1 定位地理空间数据和软件支持的能力

3.2 了解 GIS 教程和培训信息

3.3 开发和提供地理信息咨询服务

4. 组织——空间数据基础设施/内容标准/元数据/编目

4.1 解释元数据标准、模式和问题

4.2 理解和解释地理空间记录中的现有元数据

4.3 定义制图项目的投影、坐标系和其他物理特征，以创建元数据记录

4.4 解释和计算制图比例

---

① "Spatial Data Management"，https：//sis.utk.edu/wp-content/uploads/2019/08/INSC 543syl.pdf，June 20，2022.

二是面向特定职业的数据素养教育,如信息职业人员、新闻从业人员等,具有明确的职业指向,课程目标非常明确和具有可操作性,例如,威斯康星大学的"信息职业人员的数据分析与可视化"目的在于培养学生如下能力[1]:

- 分析复杂的信息和技术需求,并应用信息科学和其他相关学科的原则来识别和实施解决方案。
- 设计、实施、评估和管理信息系统,以满足不同环境中的一组给定需求——包括用户和组织的需求。
- 在各种专业环境中有效沟通。
- 认识到作为信息专业人员的组织和社会责任,并根据法律和道德原则做出明智的判断。

(三)资源管理型

该类型课程以数据管理为对象,以管理学方法为主线,聚焦数据资源管理、数据工程管理。共有23所院系开设了资源管理型课程,位居前三的是北卡罗来纳大学教堂山分校信息与图书馆学院(7门)、马里兰大学信息研究学院(5门)、匹兹堡大学计算与信息学院(3门)、德雷克赛尔大学计算与信息学院(3门)、西蒙斯大学图书情报学院(3门)。具有代表性的课程如表8-5所示:

表8-5　　　　　　　　资源管理型数据素养课程

课程名称	开设学校	学分	主要内容
数据监护与管理	北卡罗来纳大学教堂山分校信息与图书馆学院	3	介绍数字监护,包括数字实体的创建、选择、存储、提供和长期保存的最佳实践。讨论数字/数据管理生命周期,并确定与每个阶段相关的活动及其社会、法律、道德和政策。

---

[1] "Course Syllabus: Infost 370 Data Analysis and Visualization for the Information Professional", https://uwm.edu/informationstudies/resources/syllabi/, June 20, 2022.

续表

课程名称	开设学校	学分	主要内容
数据监护Ⅱ：高级主题	华盛顿大学信息学院	4	关注跨学科研究数据管理的最新进展和具有挑战性的问题，以及面向公众的开放数据资源和服务的新趋势。利用实践研究成果、案例研究以及公共和私营部门的数据规划来研究该领域的主要挑战，以及数据专业人员使用的实际解决方案。
数据管理与实践	加州大学洛杉矶分校教育与信息研究学院	—	专注于实际问题，与教师研究团队合作解决他们的数据管理需求。
数据工程	加州大学伯克利分校信息学院	4	大规模数据管理的原则和实践，重点是数据分析和机器学习中的实例。涵盖数据管理和科学的整个生命周期，从数据准备到探索、可视化和分析，再到机器学习和协作，确保操作化的可靠性和可扩展性。
跨学科数字监护	马里兰大学信息研究学院	—	如何应用数字策展原则、工具和策略来管理不同学科环境中的各种数据收集和数字信息。探索不同环境下数据管理原则和实践之间的差异，从科学组织（商业和学术研究实验室和计算科学环境）到基于人文学科的机构（文化遗产组织）再到基于社会科学的机构（作为数据密集型专业环境）。
数字资产管理	西蒙斯大学图书情报学院	3	讨论图书馆、档案馆和博物馆的数字资产管理。
图书馆数字数据和服务	雪城大学信息研究学院	3	信息表征、检索机制、数字中介、数字图书馆的社会政治环境。
数据治理	伊利诺伊大学厄巴纳—香槟分校信息科学学院	—	解决数据治理问题，包括数据伦理，以及政策响应和最佳实践的设计和实施。
公共领域数据资源	英属哥伦比亚大学信息学院	—	为学生提供访问、管理和提供多种形式的开放和公共领域数据所需的知识和技能。

资料来源：根据课程大纲汇总。

资源管理型数据素养课程具体有三项特征：一是数据的资源性，强调数据的资源属性，如机构数据管理、数据资产管理等；二是数据的治理性，强调数据管理的整体性和时代性，如 UIUC 的数据治理、公共领域数据治理等；三是数据的工程性，从大数据工程角度介绍数据管理技术、方法、方案等。

韦恩州立大学信息科学学院开设的"数据监护与保存"（Digital Curation and Preservation）的内容是：数字策展和数字保存的介绍和基本概念；数字化和保存标准；评选标准，以及版权和职业道德的作用；数据和数字内容的生命周期；保存的形式和策略；支持访问、管理和保存的元数据；维护数字资料的完整性和真实性；可信数字存储库的建立和认证；风险管理；目前的研究和开发。

（四）数据分析型

该类型课程注重数据的采集与组织、挖掘与分析、可视化与展示的技术训练，注重学生的数据分析、交流能力。30 所调研对象开设了数据分析型课程，其中位居前三的院系是德雷克赛尔大学计算与信息学院（15 门）、康奈尔大学计算与信息学院（12 门）、伊利诺伊大学厄巴纳—香槟分校信息科学学院（11 门）。具有代表性的课程如表 8-6 所示：

表 8-6　　　　　　　　数据分析型数据素养课程

课程名称	开设学校	学分	主要内容
数据分析与统计建模	北京大学信息管理系	2	—
数据可视化	武汉大学信息管理学院	2	—
社交媒体数据分析	德雷克赛尔大学计算与信息学院	3	探索数据分析方法，从社会、组织和文化的角度分析、理解和可视化社交媒体上的新兴趋势。学生将分析社交媒体上的各种内容材料和活动，以辨别在线行为与潜在社会现象之间的关系。

续表

课程名称	开设学校	学分	主要内容
数据和分析中的研究设计和应用	加州大学伯克利分校信息学院	3	介绍数据科学领域，特别侧重于学习数据科学技术，以发现和回答学生将在行业中遇到的问题。
数据科学中的机器学习	康奈尔大学计算与信息学院	—	机器学习入门课程，重点介绍数据建模相关方法以及数据科学的机器学习算法。
数据科学的定量推理	雪城大学信息研究学院	3	定量数据多种推理策略，数据来源与分析结论关联方法。
数据叙事	伊利诺伊大学厄巴纳—香槟分校信息科学学院	—	介绍如何将数据理解为叙事来源，以及如何根据数据来叙事。
数据分析：数据驱动决策	多伦多大学信息系	—	通过数据分析的研究和实践来检验概率和统计的核心主题，包括假设检验、置信区间、频数、方差分析、回归、主成分、数据汇总和聚类分析。

资料来源：根据课程大纲汇总。

该类型数据素养课程一方面注重训练数据分析的具体技术与方法、模型，如 R、机器学习、可视化等，聚焦数据分析某一环节技术的运用；另一方面具体应用场景中的数据分析技能教学，如社交媒体数据、数据驱动决策、健康数据挖掘分析等。

需要说明的是，上述四种类型数据素养课程也存在交叉，例如，领域特色型课程可能也是资源管理型课程，如马里兰大学信息学院的"文化大数据监护研究"就是这两种类型的交叉。

第二节 本土数据素养课程探索与实践

一 问题的提出

一方面，社会公众数据素养课程需求在不断增长，尤其是在新冠疫情下，社会公众对提高自身数据素养与数字素养能力的需求日益迫切。① 另一方面，iSchool 联盟院校数据科学教育项目也成为 LIS 研究生教育的核心项目。数据素养类课程设置数量也逐步增长，课程内容"数据化"倾向日益明显。② 数据素养课程建设是数据素养教育的基础和中心，国内外学者高度关切这一命题展开研究与探索，主要包括三个层面：

（一）数据素养课程设置调查

研究对象主要为 iSchool 院校和 MOOC 教育平台的数据素养课程。38 所 iSchool 院校 138 个图书情报专业研究生项目的数据素养课程调查结果显示，数据素养课程开设院系逐步增多，数据意识、数据能力和数据伦理方向的课程各具特色，但也存在数量比例较低、理论性较弱等不足。③ 数据可视化是数据科学与数据素养教育的一个重要方面，国内外著名 MOOC 平台开设了 57 门数据可视化课程，在教学内容、行业特色、师资队伍、考核认证等方面独具特色，对我国数据可视化课程建设具有较强的启发性。④ iSchool 院校的 98 门可视化课程则更具有学院特色：课程体系层次性、教学目标针对性、课程内容融合性、教学方法灵活性、考核方式全面性。⑤ 数据素养类课程设置数量、结构及其特征，可以反映出数据素养教育质量。

---

① Dennis Nguyen, "Mediatisation and Datafication in the Global COVID-19 Pandemic: On the Urgency of Data Literacy", *Media International Australia*, Vol. 178, No. 1, 2021, pp. 210-214.

② Shalini R. Urs and Mohamed Minhaj, "Evolution of Data Science and Its Education in iSchools: An Impressionistic Study Using Curriculum Analysis", *Journal of the Association for Information Science and Technology*, Vol. 74, No. 6, 2023, pp. 606-622.

③ 司莉、姚瑞妃：《图书情报专业研究生数据素养课程设置及特征分析——基于 iSchool 联盟院校的调查》，《图书与情报》2018 年第 1 期。

④ 符玉霜：《国内外数据可视化 MOOC 调查与分析》，《图书馆学研究》2021 年第 9 期。

⑤ 刘晓娟、李歆然、孙馒莉、谢瑞婷：《iSchool 联盟成员的可视化相关课程设置调查研究》，《图书情报工作》2022 年第 2 期。

(二) 数据素养课程体系建设

主要关注数据素养课程的内容层次。数据素养课程内容需要根据教育对象特征和特定需求。师范生数据素养发展目标包括数据环境、数据技术和数据文化三个方面，课程内容则更为注重培养数据环境构建能力、数据获取能力、数据分析能力、数据呈现能力、数据决策能力、数据意识以及数据道德等素养。① 中小学教师培训课程体系分为初级、中级、高级三个级别，聚焦数据意识态度、基础知识、核心技能及思维方法四个层次。② 而高校图书馆的数据素养教育旨在提高图书馆数据资源利用率，提高用户数据发现、评判鉴别和再利用能力，课程内容体系包括数据意识和伦理、数据发现和获取、数据处理和可视化、数据评价和数据引用等。③

(三) 数据素养课程设计与开发

聚焦课程设计与实践探索、总结数据素养课程开发经验。武汉大学图书馆团队设计了数据素养通识课程"数据素养与数据利用"，包括数据获取、数据处理、数据分析和数据发布四个阶段内容，在实施过程中注重教学参考资源建设、教学理论与实践相结合、综合运用教学工具、注重综合能力培养等，体现出"通识"特色。④ 美国宾州大学珠恩·希姆研究了文化相关教学（Culturally Relevant Teaching，CRT）教师在促进批判性数据素养方面的教学实践，考察了资源的激活及其对学生学习的影响。⑤

---

① 张斌、刘三妤、刘智、孙建文：《面向大数据的师范生数据素养课程体系构建研究》，《中国远程教育》2018 年第 4 期。

② 李新、杨现民：《中小学教师数据素养培训课程设计与实践研究》，《中国电化教育》2020 年第 5 期。

③ 吴爱芝、王盛：《高校图书馆数据素养教育体系设计研究——以北京大学图书馆为例》，《大学图书馆学报》2020 年第 6 期。

④ 刘霞、方小利、郑怡萍：《武汉大学面向本科生的数据素养通识课程的建设与思考》，《图书情报工作》2020 年第 22 期。

⑤ Jooeun Shim, Resource Activation for Culturally Relevant Teaching of Critical Data Literacy: A Case Study of a High School Science Teacher, Ph. D. dissertation, University of Pennsylvania, 2023.

综上可知，单独以"数据素养"作为课程名称并不多见，或是融入数据观念，如数据伦理；或是聚焦数据能力，如数据可视化；或是关注数据资源，如数据监护、科学数据管理。此外，国外数据素养课程较多，而国内具有特色的数据素养课程研究则较少。因此，设计与探索本土情境下的数据素养课程就是应有之义和可为之举。本书以笔者所开设的研究生课程"科研数据管理与共享"为案例，探索数据素养导向的课程建设路径。

二 课程设计依据

（一）实践依据

一方面，LIS 课程内容数据化倾向不断深入，如前一节的调查结果显示，iSchool 院系纷纷设立数据素养类课程，采用通识教育型、领域特色型、资源管理型、数据分析型课程建设模型，紧跟时代潮流、结合院系特色设计课程，与数据科学、统计学、计算机科学的交叉融合度不断加深。另一方面，学生对自身数据素养能力的需求也与日俱增，信息资源管理一级学科数据化趋势愈演愈烈①，LIS 课程亟须融入数据理念、方法与工具。

从教育政策环境来看，数字数据素养政策相继颁布。《中华人民共和国国民经济和社会发展第十四个五年规划和 2035 年远景目标纲要》中提出加强全民数字技能教育和培训，普及提升公民数字素养。中央网络安全和信息化委员会印发的《提升全民数字素养与技能行动纲要》提出"提升全民数字素养与技能"，中央网络安全和信息化委员会印发《"十四五"国家信息化规划》，在"构建普惠便捷的数字民生保障体系"中，首次明确提出"开展终身数字教育"，并从基础设施、数字资源、教学变革等方面提出了具体要求。

---

① 周文杰：《图情档学科发展的数据化趋向解析——基于 2019 年度学术热点的系统性文献调查》，《情报资料工作》2020 年第 2 期。

(二) 理论依据

在现实需求及环境分析基础之上,依据"以学习者为中心"的教育理念、布鲁姆教育目标分类、基于数据生命周期的课程环节,设计开发研究生数据素养课程。

一是"以学习者为中心"的教学理念,把学生作为课程设计的出发点和实施的落脚点,充分考虑学生的知识基础、个性化需求,最大限度调动学生的学习积极性和实践参与性,因此课程充分考虑学生的接受能力以及数据素养水平,合理安排各个环节教学内涵以及知识单元之间的衔接性和层次性。此外,还注重学生的数据分析实践能力,安排课堂和课后数据操作实验,将理论知识学习与实践技能操作有机结合起来。

二是分类设定教学目标,从学生认知规律和数据能力角度,在内容逻辑顺序安排上循序渐进、由浅入深,从理论到实践、从技能到思维,着力塑造学生的数据能力与数据思维。

三是基于数据生命周期的课程内容设计。如前所述,数据生命周期聚焦数据计划、采集、处理、归档、发现、分析、再利用等环节。数据素养课程设计应聚焦各个环节所必需的知识和技能,聚焦数据思维、数据知识和数据技能。

三 课程目标与内容

基于国内外数据素养课程设置调研,在现实需求基础上,结合课程设计理论,笔者开设了硕士生专业课程"科研数据管理与共享",课程共32课时、2学分。

(一) 课程目标

按照从历史发展到实践案例、从数据创建到数据共享、从定性到定量、从理论到实践的角度建立本门课程的目标:

一是了解科研数据管理与共享的发展历程、基本理论与典型实践案例。

二是具备数据生命周期各个环节的数据管理的知识与技能。

三是掌握定性和定量科研数据分析技能及相关软件，如 NVivo、SPSS、Excel 等。

四是掌握科研数据管理与共享方面的技术、社会、法律、伦理和教育方面的基本知识。

（二）课程内容

课程讲授科研数据管理与共享基本理论，数据管理技术与方法，数据相关的政策、经济、法律等问题，重点讲解数据生命周期管理模型、科学数据元数据、数据出版模式、科学数据引用、学术图书馆数据管理服务、数据政策、数据法等核心问题。课程内容结构如图 8-1 所示：

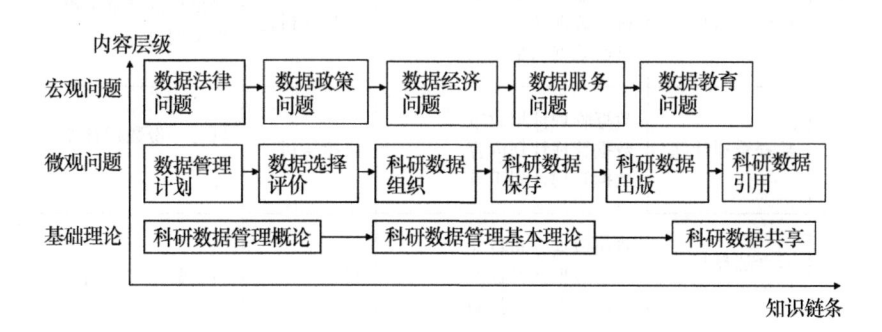

图 8-1 "科研数据管理与共享"课程内容

课程内容分为科研数据管理与共享基本理论、微观管理和宏观管理三个层次：基本理论主要介绍科研数据管理发展历程、理论基础、基本概念、科研数据共享理念与模式等；科研数据微观管理主要是从数据生命周期角度介绍科研数据管理计划、数据评价标准、数据组织、数据保存、数据出版、数据引用等基本概念与操作技术；科研数据宏观管理聚焦科研数据管理与共享的相关法律、政策、经济、文化、服务、教育等问题，注重数据与社会的互动关系。

按照从理论到实践、从微观到宏观的逻辑步骤，课程教学安排如

表8-7所示：

表8-7 "科研数据管理与共享"课程教学计划

周次	授课内容	授课知识点	教学方式	课后作业及讨论内容
1	科研数据管理概述	科研数据管理的背景、意义 科研数据管理的发展历程 科研数据管理的基本内容	讲授+讨论	比较分析国内外科研数据管理研究的特点
2	科研数据管理的基本理论	科研数据的概念、类型与特点 科研数据管理的利益相关者 科研数据管理生命周期模型	讲授+讨论	举例说明科研数据分类； 归纳科研数据生命周期管理模型
3	科研数据共享	科研数据共享理念 科研数据共享模式 科研数据共享绩效	讲授+讨论	科研数据共享工程典型案例讨论
4	数据管理计划	数据管理计划政策 数据管理计划内容 数据管理计划工具	讲授+讨论	撰写一份数据管理计划
5	数据选择与评价	科研数据分布特征 科研数据选择标准 科研数据质量控制	讲授	科研数据价值判断
6	科研数据组织	科研数据元数据描述规范 科研数据机构知识库的数据组织 基于关联数据的科研数据组织	讲授	总结科研数据元数据标准
7	科研数据保存	科研数据知识库建设与存储 数据安全风险识别与评估 数据安全管理与技术措施	讲授	比较分析科学数据管理平台
8	数据出版	数据出版政策 数据出版模式 数据期刊与论文	讲授	列举和分析3—5种数据期刊

续表

周次	授课内容	授课知识点	教学方式	课后作业及讨论内容
9	数据引用	数据引用框架 数据引用标准 科研数据计量	讲授	谈谈对数据引文索引（DCI）的认识
10	数据法律专题	国内外数据立法概况 科研数据的版权问题 科研数据的隐私问题	讲授	《国际通用数据保护条例》解读
11	数据政策专题	数据管理与共享的国家战略 数据利益相关者的数据政策 信息服务机构的数据政策	讲授	我国科学数据政策有哪些？并分析其影响
12	经济数据专题	数据价值化 数据要素市场	讲授	数据价值测度方法
13	数据服务专题	数据服务需求识别模型 图书馆数据管理服务模型 数据管理能力成熟度模型	讲授	论述图书馆在科研数据管理中的作用
14	数据教育专题	数据素养教育 数据管理专业教育 数据馆员及其职业发展	讲授	调研国外数据管理专业教育认证项目并分析

（三）教学参考资源

树立立体化教学参考资源理念，在教学参考资料、数据分析软件、教学数据等方面拓展驱动，以丰富学生的数据观念、数据利用方式。

1. 教学参考用书

教学参考用书推荐学生阅读中外文科研数据管理方面的学术专著，并注重理论性与实践性，教学参考用书主要有：

Exploring Research Data Management（Facet Publishing，2018）

《大数据、小数据、无数据：网络世界的数据学术》（机械工业出版社，2017年）

《研究数据的管理与共享：最佳实践指南（中文翻译版）》（科学出版社，2018 年）

Digital Curation（American Library Association，2016）

Delivering Research Data Management Services：*Fundamentals of Good Practice*（Facet Publishing，2014）

《科学数据管理与共享的理论与实践》（武汉大学出版社，2017 年）

《高校科研数据管理理论与实践》（江苏大学出版社，2017 年）

2. 阅读材料

阅读材料是在每次课前和课后阅读相关的最新的高质量学术论文3—5 篇，例如，第一讲"科学数据管理概论"主要内容是概述科研数据管理进展，阅读材料以文献综述为主，着力训练学生的文献数据获取、分析和写作能力，所推荐的是科研数据综述性论文。

3. 数据分析软件

学习软件要求学生掌握主流的定性分析软件 NVivo、定量分析软件 SPSS。研究数据集主要是数据期刊上发表的数据集、DataCite、数据引文索引、科研数据知识库的数据集，例如《中国科学数据》所发表的数据论文《明清浙派中医医家数据集（1368—1912 年）》[①]，在教学过程作为案例介绍，从选题、数据集采集与处理方法、数据特征、数据质量控制、数据应用领域等进行详细介绍，并引导学生与中国优秀传统文化传承、数字人文等方向发散思考与探索研究。

（四）教学与考核方式

采取多样化的教学与考核方式，训练学生的学术阅读、学术写作、数据意识、数据获取与利用、科研项目规划与实施能力，具体环节如下：

一是课堂参与和课外阅读 3 次：数据生命周期模型、科学数据元数

[①] 凌天、焦阳、李露芳、钱俊文、张永生：《明清浙派中医医家数据集（1368—1912 年）》，《中国科学数据》2022 年第 3 期，doi：10.11922/11-6035.csd.2022.0043.zh。

据标准、数据引用、科学数据政策、汇报学术阅读、写作进展汇报。

二是数据分析操作 4 次课题：采集数据集、数据组织、数据管理计划、数据可视化。

三是研究项目报告 1 次：集中研讨 1 次，学生汇报，授课教师和学生共同讨论交流。

四是项目研究论文 1 篇：独立完成 1 篇 6000 字以上的学术论文。

四　课程实施与效果

课程自 2020 年春季开课，至今已经开课三个学期，选课学生共计 19 人，全部为图书情报与档案管理硕士研究生。总体而言，体现了课程的专业性、研究性和教育性。根据教学反馈调查，学生普遍反应良好，表示对自己的研究生学习很有帮助，提高了数据意识、数据获取和利用能力。其中，2 篇学生论文发表在《图书情报工作》《图书馆论坛》之上，主题为视频数据、数字人文方向。根据笔者教学观察，LIS 研究生的数据工具使用能力较好，例如一些文献计量分析工具，但是也陷入了一个怪圈，热衷于文献计量研究，而缺乏实际的问题意识，缺乏利用数据解决问题的能力。由于课程专业性较强，选课学生主要为 LIS 专业学生，跨学科性不强、融入其他学科专业不够。这也是今后需要改进的地方。

第三节　我国数据素养课程的治理路径

近年来，国内图书情报与档案管理学界逐步设置了数据素养课程，更为强调学科的数据化[①]，重视学生数据分析能力。不断探讨传统专业课程的变革方案，建设数据科学课程群，并贯穿于信息管理与

---

① 周文杰：《图情档学科发展的数据化趋向解析——基于 2019 年度学术热点的系统性文献调查》，《情报资料工作》2020 年第 2 期。

信息系统专业本科四年学习之中①,建立面向数据科学的课程体系②,基于 iSchool 教育理念的图书馆学专业课程模型③。在业界,武汉大学图书馆设立全校通识课程"数据素养与数据利用"。由此本书提出,数据素养课程正经历着从需求锚定到内容设计、从探索实践到成效评价、从经验总结到理论建构的整体性发展之中。

在系统调查 iSchool 院系数据素养课程设置现状基础上,结合自身数据素养课程教学案例,借鉴课程分析框架④,本书提出数据素养课程治理模型(如图 8-2 所示):

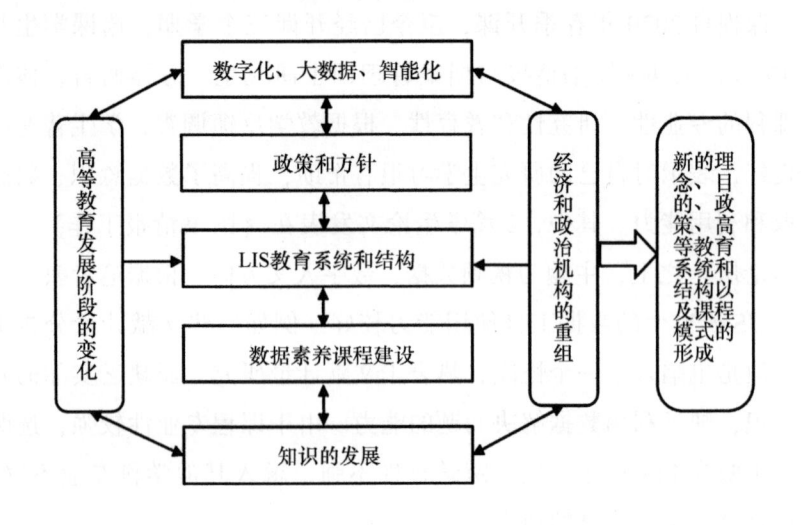

图 8-2 数据素养课程治理模型

数据素养课程治理因素包括宏观、中观和微观三个层面,数字化、大数据、人工智能等技术,以及国家教育政策方针属于宏观层面

---

① 黎海波、谢健民:《信管专业在新文科背景下的数据科学课程群建设研究》,《情报科学》2020 年第 8 期。
② 张宁、袁勤俭:《面向数据科学的信息管理和信息系统专业课程建设与改革》,《现代情报》2017 年第 8 期。
③ 洪亮、刘宣冶、侯雯君:《基于 iSchool 教育理念的图书馆学专业课程模型》,《图书馆论坛》2019 年第 8 期。
④ 黄福涛:《大学课程研究及其分析框架构建》,《清华大学教育研究》2022 年第 2 期。

的因素，iSchool院系和学术图书馆等机构属于中观层面的因素，而知识形态的演进与发展，尤其是数据形态的变化则是微观层面的因素，相互制约与相互促进，共同推动数据素养课程的发展。为此，对我国数据素养课程建设提出如下建议：

一　聚焦数据素养的学习目标

数据素养课程需要明确的学习目标，目标制定需要数据素养教育理念的引导，也需要与数据素养的三元结构有效衔接，逐级制定数据素养课程的模块目标、课时目标，以促进学生数据素养。具体而言，一是学习目标要覆盖数据素养的数据观念、数据知识和数据能力三个方面，并作为整体渗透至课程学习目标设计之中，例如，通识教育型数据素养课程虽然侧重数据观念、数据知识的传授，也是要或多或少涉及数据技术与方法的操作训练。而数据分析型课程虽然重点训练学生的分析与可视化能力，但贯穿始终的是数据观念或数据意识。二是学习目标之间要层次分明、循序渐进，将数据素养细化分解至"课程体系目标—课程学习目标—课时学习目标"的层级框架之中。三是要注重学习目标的可观察性和可表现性，及时反馈学习结果，改进学习目标设计。

二　注重课程内容统合性设计

数据素养作为一个渗透性和整体性概念，应贯穿至整个课程内容设计之中，这就要求教师提高课程设计站位，从关注单一课程转至跨学科发展和课程群建设，从知识点、课时转至内容模块设计和课程衔接。在设计数据素养课程内容时，应遵循如下几个原则：一是要循序渐进，数据素养课程具有很强的基础性和专业性、理论性和实践性，课程体系有着自身的逻辑顺序性。课程学习需要理清课程学习次序。二是强化单元内容的关联性与进阶性。数据素养的培养并非只是简单学习几项数据分析方法或技术，而是要加强各块内容之间的内在关联性，贯穿于整个数据生命周期环节或研究生命周期之中，例如，美国韦恩州立大学的"统计和数据分析导论"课程内容单元包括问题提出与研究设计、探索性数据分析、概率分布、多变量模型、分类数据推断分析、定量数据推断、回归分析、数据分析报告写作与交流，将科学研究的基本流程与数据分析方法有机统一起来。同时，要强化数据生命周期各环节之间的衔接性和连续性，形成从知识到技能、从静态到动态的层层递进的循环模式，并将这种模式构筑在知识单元的系统性之上。例如，"统计和数据分析导论"的课程活动内容包括文献阅读、观看视频、测验、讨论、数据实验、数据项目，是上述单元内容的进阶。三是坚持跨学科性与专业性的统一，数据素养课程是图书情报学与数据科学、统计学、计算机科学等学科的交叉融合，在进行课程内容选择时，需要根据学习目标恰当地选择阅读材料、数据集、分析软件、教学案例等。同时，更要立足图书情报学的自身特色，符合学科发展自身规律。例如，英属哥伦比亚大学的"面向信息职业的科研数据管理"课程既注重科研数据管理知识的传授，也要求图书馆员、档案馆员、科研人员和研究生等到课堂演讲，传授一线科研数据管理实践知识。①

三 采用多元交互的教学方式

学习活动的基本特征是建构的、自主的、实践的，而学习主体是多元的、交互的、合作的。② 要注重数据素养教育主体、对象之间的协同性和交互性，在教学设计和实施过程中可采用的教学策略是：一是数据实践取向。数据实践活动具有综合性，是个体思维、情感、行为与数据的统一，符合数据素养的整体性特征。实践活动具有发展

---

① "Research Data Management for Information Professionals"，https：//ischool.ubc.ca/arst-556k/，July 9，2022.

② 李煜晖、郑国民：《核心素养视域下的中小学课堂教学变革》，《教育研究》2018年第2期。

性，学生从既有知识和经验出发，在数据实践活动中不断重构自身知识体系。实践活动具有情境性，学生受其文化背景、学科背景、特定活动情境和条件的影响，在具体情境中分析数据和运用数据，避免了数据的符号化和抽象化。二是采用项目驱动学习方式。在具体情境中组织学生参与课题研究或者数据探究任务，将课堂教学中的知识点与数据素养的整体性要求有机衔接和进阶训练，使之成为数据实践教学的支点。紧密结合社会经济发展的重要应用需求，发挥图书情报学的学科优秀传统，在项目实践中，选取面向社会经济发展重要需求的任务，"例如突发公共卫生事件的可视化分析，并在任务开展中引导学生充分利用信息组织、情报分析等专业知识技能"[1]。三是建立线下和线上相结合的混合教学方式，在数据文化基础之上组建学习共同体，建立以学生为中心的、虚实结合的泛在学习环境，最大限度地利用学习资源。

四　注重数据素养表现的考核

课程学习考核的作用在于激励、反馈、导向和发展功能，需要坚持多元与统一的考核内容、定量与定性相结合的考核方法、自评与他评互补的考核主体，最终目的是促进学生达成课程目标，更好地学习数据素养知识和发展数据素养能力。具体而言，一是课程考核内容聚焦学生的数据素养，对学生的数据知识、能力和思维进行评价，而每门课程或者每个知识单元重点评价数据素养某一方面，则根据具体情况而应有所不同，如数据可视化知识单元应着力考查学生的信息设计能力。二是考核方法，根据课程内容采取文献阅读、课程讨论、随机测试、项目实验等方式进行，采取定量方法与定性方法相结合，以学生数据素养表现水平为评价对象。三是考核主体，除教师以外，可根据教学内容，采用自评、同伴互评等方式，选择适切的数据素养测评

---

[1] 刘晓娟、李欣然、孙嫚莉、谢瑞婷：《iSchool 联盟成员的可视化相关课程设置调查研究》，《图书情报工作》2022 年第 2 期。

工具。

综上所述，本节较为系统深入地调查和分析了 iSchool 联盟院校的数据素养类课程设置现状及其特征、数据素养课程内容体系、数据素养课程建设模式，并深入分析了其形成因素，从而从课程治理角度对我国信息管理学院的数据素养课程建设提出针对性建议。同时，我们应该看到，以"数据素养"为名称的课程并不多见，但是着力培养学生数据知识、数据分析能力、数据可视化能力等课程却在不断增长。数据科学学位教育也在不断发展之中。换而言之，"数据素养"为导向的本位观，以数据思维、数据知识、数据能力三维整合的教学内容观①是当前 iSchool 院校课程建设的主要思想。随着立德树人、一流学科建设的深入推进，以数据素养为纲的育人观，也就是强调在数字时代数据、技术与人的交互作用，促进人的全面发展，如数据文化、数据观念史、数据伦理、数据法律、学科领域数据素养等课程，将是未来数据素养类课程发展的主要趋势。

---

① 吴刚平：《素养时代课程内容的概念重建》，《全球教育展望》2022 年第 4 期。

第九章　数据素养教育生态系统

1976年，美国哥伦比亚师范学院院长、教育学家劳伦斯·克雷明（Lawrence A. Cremin，1925—1990）在《公共教育》一书中专章讨论了教育生态系统，率先提出教育生态学。① 将教育视为一种生态系统已经成为学界研究教育规律的重要视角。数据素养教育亦然，它是社会生态系统的子系统，是以生态系统形式存在和发展的一个有机整体，不仅处于与其他社会子系统的联系之中，还处于数据素养教育生态系统内部各子系统的彼此联系之中，也处于"平衡—不平衡—新的平衡"的运动、变化、发展之中。② 本章以教育生态学、数据生态学、信息生态学为理论导引，提出数据素养教育生态系统的内涵及其特征、构建数据素养教育生态系统模型并揭示其运行机理，结合具体案例阐释数据素养教育生态系统的特征并提出优化策略。

第一节　数据素养教育生态系统内涵

一　研究背景

随着大数据深入发展与智能技术广泛应用，工业、文化、教育、

---

① ［美］劳伦斯·A. 克雷明：《公共教育》，宇文利译，中国人民大学出版社2016年版，第20—42页。

② 刘秀峰：《论我国良好教育生态构建的提出、内涵与路径》，《四川师范大学学报》（社会科学版）2022年第2期。

医疗等各行业领域数据生态建设步伐不断推进。政策方面，国家及其部委制定数据相关政策，促进大数据生态健康发展。2020年11月，工业和信息化部《关于工业大数据发展的指导意见》（工信部信发〔2020〕67号）提出"着力打造资源富集、应用繁荣、产业进步、治理有序的工业大数据生态体系"①。法律方面，2021年，《中华人民共和国数据安全法》《中华人民共和国个人信息保护法》相继施行。地方数字经济条例、大数据发展促进办法、数据条例等地方数据立法也在进行之中，我国数据生态法律保障体系不断完善。实践方面，重庆市以"5G+智慧医疗"为中心构建医疗大数据生态。②浙江大学"构建以学生为本的全过程培养体系，贯穿招生、复试、授课、考试、答辩、毕业等教育培养各环节，强化全过程在线支撑，为构建数字化育人生态打下坚实基础"③。建立安全可信、规范有序、精准高效的可信数据生态系统成为学者共识。

在数字素养教育领域，2015年，加拿大数字与媒体素养中心（Canada's Center for Digital and Media Literacy，MediaSmarts）发布《数字素养教育框架》，并在2019年提出了K–12阶段的学生所应具备的数字能力，并将数字素养划分为使用、理解和创造三个层次，伦理与同理心（Ethics and Empathy）、隐私与安全（Privacy and Security）、社区参与（Community Enagagement）、数字健康（Digital Health）、用户意识（Consumer Awareness）、搜索与确认（Finding and Verifying）、制作与整合（Making and Remixing）七项能力。④ 2019年，欧盟颁布

---

① 工业和信息化部：《关于工业大数据发展的指导意见》，工信部信发〔2020〕67号，2020年4月28日，http://www.gov.cn/zhengce/zhengceku/2020 – 05/15/content_5511867.htm。

② 李珩：《构建智慧医疗数据生态 为居民健康画像》，《重庆日报》2021年10月16日第3版。

③ 教育部：《浙江大学以"网上浙大2.0"为抓手 加快打造数字时代办学新空间》，http://www.moe.gov.cn/jyb_sjzl/s3165/202206/t20220617_638255.html，2022年7月9日。

④ MediaSmarts, "Use, Understand & Create: A Digital Literacy Framework for Canadian Schools", https://mediasmarts.ca/sites/mediasmarts/files/pdfs/digital-literacy-framework.pdf, June 20, 2022.

《公民数字能力框架2.0》(Digital Competence Framework for Citizens 2.0，DigComp 2.0)，聚焦五个关键领域二十一项能力，具体如表9-1所示：

表9-1　　　　　　欧盟《公民数字能力框架2.0》①

素养域	数字能力维度	说明
1. 信息和数据素养	1.1 浏览、搜索和过滤数据、信息和数字内容	阐明信息需求，在数字环境中搜索数据、信息和内容，访问它们并在它们之间导航。创建和更新个人搜索策略。
	1.2 评估数据、信息和数字内容	分析、比较和批判性地评估数据、信息和数字内容来源的可信度和可靠性。分析、解释和批判性地评估数据、信息和数字内容。
	1.3 管理数据、信息和数字内容	在数字环境中组织、存储和检索数据、信息和内容。在结构化的环境中组织和处理它们。
2. 交流与合作	2.1 数字技术交互	通过各种数字技术进行交互，并了解特定环境下适当的数字通信方式。
	2.2 通过数字技术共享	通过适当的数字技术与他人共享数据、信息和数字内容。充当中介，了解引用和归因实践。
	2.3 通过数字技术参与公民身份	通过使用公共和私人数字服务参与社会。通过适当的数字技术寻求自我赋权和参与公民的机会。
	2.4 通过数字技术进行合作	将数字工具和技术用于协作过程，以及资源和知识的共同建设和共同创造。
	2.5 网络礼仪	在使用数字技术和在数字环境中互动时了解行为规范和专业知识。使传播策略适应特定受众，并了解数字环境中的文化和代际多样性。
	2.6 管理数字身份	创建和管理一个或多个数字身份，能够保护自己的声誉，处理通过多种数字工具、环境和服务产生的数据。

---

① Riina Vuoikari, Stefano Kluzer and Yves Punie, *DigComp 2.2*：*The Digital Competence Framework for Citizens*, EUR 31006 EN, Publications Office of the European Union, doi：10.2760/490274.

续表

素养域	数字能力维度	说明
3. 数字内容创造	3.1 开发数字内容	创造和编辑不同格式的数字内容,通过数字手段表达自己。
	3.2 整合和重新制作数字内容	修改、提炼、改进信息和内容并将其整合到现有的知识体系中,以创建新的、原创的和相关的内容和知识。
	3.3 版权和许可	了解版权和许可如何适用于数据、信息和数字内容。
	3.4 编程	为计算系统计划和开发一系列可理解的指令,以解决给定问题或执行特定任务。
4. 安全	4.1 保护设备	保护设备和数字内容,并了解数字环境中的风险和威胁。了解安全和安保措施,并适当考虑可靠性和隐私。
	4.2 保护个人数据和隐私	保护数字环境中的个人数据和隐私。了解如何使用和共享个人身份信息,同时能够保护自己和他人免受损害。了解数字服务使用"隐私政策"来告知如何使用个人数据。
	4.3 保护健康和福祉	能够在使用数字技术时避免健康风险和对身心健康的威胁。能够保护自己和他人免受数字环境中可能存在的危险(如网络欺凌)。了解用于社会福利和社会包容的数字技术。
	4.4 保护环境	了解数字技术及其使用对环境的影响。
5. 问题解决	5.1 解决技术问题	在操作设备和使用数字环境时识别技术问题并解决它们(从故障排除到解决更复杂的问题)。
	5.2 识别需求和技术响应	评估需求并识别、评估、选择和使用数字工具和可能的技术响应来解决这些问题。根据个人需求(如可访问性)调整和定制数字环境。
	5.3 创造性地使用数字技术	使用数字工具和技术来创造知识并创新流程和产品。个人和集体参与认知处理,以理解和解决数字环境中的概念问题和问题情况。
	5.4 识别数字能力差距	了解自己的数字能力需要改进或更新的地方。能够支持他人的数字能力发展。寻求自我发展的机会,并与数字化发展保持同步。

2021年，我国颁布《提升全民数字素养与技能行动纲要》，从数字资源供给、数字生活水平、数字工作能力、数字学习体系、数字创新活力和数字安全保护能力六个方面建立数字素养框架内容。重点关注产业工人、农民、新兴职业群体、妇女、领导干部和公务员的数字能力，例如①：

专栏4　领导干部和公务员数字素养提升工程

建立领导干部数字素养全员培训体系，分层次、分类别、分阶段推进领导干部全员培训。建立公务员数字技能分级分类培训体系，全覆盖、差异化开展公务员数字技能培训。

对于数据素养教育而言，国内外学者不遗余力地建立数据素养教育体系，在专业教育层面，周小莉面向编辑出版专业建立的数据素养教育体系包括教育目标、对象、路径、内容和评价五个维度。② 归吉官所建立的档案学数据素养教育体系则包括认知层、行动层和升华层，并且融入数据态度、数据意识、数据知识、数据技能、数据伦理、数据文化等知识。③ 杜茹基于马克思主义活动理论建立大学生数据素养教育模型。④ 各自从不同角度对数据信息素养教育活动进行抽象概括和理论解释。在图书馆层面，张群和刘玉敏构建的高校图书馆科学数据素养教育5W体系包括参与主体、介入界定、驱动因素、教育内容、实施方式。⑤ 吴爱芝和王盛设计的北京大学图书馆数据素养教育体系包括围绕数据生命周

---

① 中央网络安全和信息化委员会办公室：《提升全民数字素养与技能行动纲要》，2021年11月5日，http://www.cac.gov.cn/2021-11/05/c_1637708867754305.htm，2021年12月3日。
② 周小莉：《面向编辑出版专业的数据素养教育体系构建研究》，《出版科学》2020年第1期。
③ 归吉官：《基于档案学专业教育的数据素养教育内容体系建设》，《档案学通讯》2018年第2期。
④ 杜茹：《大学生数据素养教育模型构建——基于马克思主义活动理论视角》，《情报科学》2021年第1期。
⑤ 张群、刘玉敏：《高校图书馆科学数据素养教育体系模型构建研究》，《大学图书馆学报》2016年第1期。

期的内容体系及其相应的支撑体系。①

值得注意的是，南佛罗里达大学圣彼得堡校区图书馆在数据素养教育实践基础上构建了较为完整的数据素养教育模型②（如图9-1所示），较为完整地揭示了数据素养教育生态的运行模式。

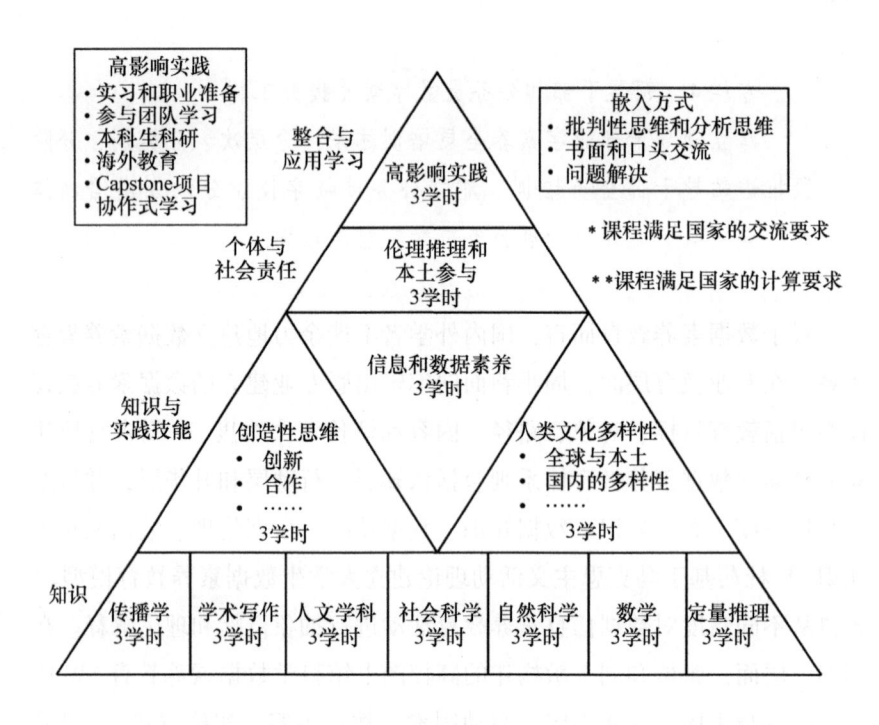

图 9-1 南佛罗里达大学圣彼得堡分校（USFSP）数据素养教育模型

由此不难发现，我国数据素养教育还处于实践总结阶段，所构建的数据素养教育理论模型具有领域特色性和实践指导性，然而未能充分揭示系统要素的层次性、关联性，也较少从理论角度阐述要素和教育环节的深层次机理，无法体现出理论模型的一般性和普遍性，这就限制了数

---

① 吴爱芝、王盛：《高校图书馆数据素养教育体系设计研究——以北京大学图书馆为例》，《大学图书馆学报》2020年第6期。

② Nelson Poynter Memorial Library, "Data Literacy in the USF General Education Curriculum," https：//lib. stpetersburg. usf. edu/c. php? g = 933381&p = 8152632, June 20, 2022.

据素养教育理论模型扩散的深度与广度。因此，数据素养教育需要一个跨学科、多领域的整合理论模型，能够面向不同类型的教育对象、不同层次的教育内容、不同形态的教育活动。

二 概念提出

1935年，英国生态学家坦斯利（Arthur George Tansley，1871—1955）提出生态系统概念，认为生态系统是"一定空间范围内生物群落和非生物环境通过物质循环和能量流动所构成的一个生态学单位"①。该思想认为任何有机体都不能脱离其所处的环境，按照一定的规律与其所处的环境进行能力流动、物质循环和信息传递，形成一个自然生态系统。1966年，英国学者阿什比（Ashby）提出"高等教育生态学"概念，生态学理论与方法开始运用至教育学领域。1976年，美国学者劳伦斯·克雷明正式提出"教育生态学"概念。② 表明教育活动也是一个生态系统，具有生态学的基本特征与规律。

20世纪90年代，生态学理论与方法扩散至信息科学领域，形成信息生态系统理论，用以整体性分析人、信息以及信息环境之间的关系与作用机制。在信息资源管理学科领域，国内学者相继提出信息素养教育生态概念模型③、构建路径④、案例研究⑤。在大数据时代，生态学思想进一步扩散至数据科学、信息科学研究领域，形成一系列与数据关联的生态系统概念。

关于大数据生态系统概念，季忠洋等认为"大数据生态系统是以大数据技术为生态依托，基于数据生命周期全过程所形成的有机复杂系

---

① 中国百科大辞典编委会编：《中国百科大辞典》，华夏出版社1990年版，第927页。
② 邓小泉、杜成宪：《教育生态学研究二十年》，《教育理论与实践》2009年第13期。
③ 于喜展：《信息素养教育生态系统的结构模型与运行条件》，《图书馆杂志》2021年第1期。
④ 李峰、郭兆红：《高校信息素养教育生态系统构建路径研究——基于ACRL〈高等教育信息素养框架〉的视角》，《情报理论与实践》2018年第3期。
⑤ 魏海燕：《基于ACRL〈高等教育信息素养框架〉的大学信息素养教育生态系统构建——以香港城市大学图书馆为例》，《图书情报工作》2019年第6期。

统,以数据价值挖掘及实现为发展核心,由大数据及大数据生产者、传递者、消费者、分解者等生态因子构成"①。丰佰恒等认为"科研大数据生态系统(Scientific Research Big Data Ecosystem, SRBDE)是一个以多类型科研大数据并存为核心,以赋予数据生命特征为特色,动态、复杂的科研数据管理生态学化的系统。"②

关于政府开放数据生态系统,张晓娟等认为"政府数据开放生态系统是政府数据开放过程中,政府数据开放利益相关者与政府数据开放环境之间由于不断进行政府数据的开放和获取利用而形成的相互联系、相互作用的有机整体。"③ 道斯等基于社会技术系统理论建立政府数据开放生态系统模型,并分析了其现有条件、法律政策、战略和利益相关者关系。④

关于数据科学教育生态系统,杨习超等认为"多元化服务创新的教育教学理念、多学科会聚创新的学术组织结构和产学研融合创新的知识生产方式构成了普渡大学一体化数据科学教育生态系统的典型特征。"⑤

在数据素养教育领域,学者们也从不同角度和专业领域提出了数据素养教育体系,例如,以系统论、协同论为理论基础的高校图书馆科学数据素养教育体系"5W"立体模型。⑥ 面向大数据管理与应用

---

① 季忠洋、李北伟、朱婧祎:《大数据生态系统形成机理与模型构建研究》,《图书馆学研究》2018 年第 5 期。

② 丰佰恒、佟泽华、冯晓、石江瀚、孙晓彬:《科研大数据生态系统:构成要素及关联关系》,《情报理论与实践》2021 年第 9 期。

③ 张晓娟、莫富传、王意:《政府数据开放生态系统的理论、要素与模型探究》,《情报理论与实践》2022 年第 12 期。

④ Sharon S. Dawes, Lyudmila Vidiasova and Olga Parkhimovich, "Planning and Designing Open Government Data Programs: An Ecosystem Approach", *Government Information Quarterly*, Vol. 33, No. 1, 2016, pp. 15 - 27.

⑤ 杨习超、张炜:《高校数据科学教育生态系统建构——以美国普渡大学为例》,《比较教育研究》2021 年第 2 期。

⑥ 张群、刘玉敏:《高校图书馆科学数据素养教育体系模型构建研究》,《大学图书馆学报》2016 年第 1 期。

专业①、编辑出版专业②的数据素养教育框架。不难发现，共同的存在问题是缺乏动态化和生命化视角。因此，本书提出"数据素养教育生态系统"的概念，定义如下：在数字化社会和数据素养教育活动中，人、教育资源、数据基础设施、标准规范、政策法规和伦理道德等各要素相互关联、相互作用而形成的生态有机体。

数据素养教育系统是一个具有结构化、层次化和多样性的耗散结构系统，系统内部各个生态因子之间不是简单的线性关系，而是复杂的、非线性的耦合关系。耗散结构是一种动态变化的有序，需要不断与环境交换物质、能量和信息，通过组织行为使系统从无序状态转变为有序状态。由此推论，数据素养教育系统不可能自发处于平衡状态，需要保持与环境的开放性，从生态环境交换物质、能量和信息，"当输入充分并促使环境变量阈值达到时，就会引发系统突变，系统从原来的无序状态转变为新的有序状态，也就是从非平衡态转向平衡态"③。具有显著的系统自组织性和自适应性。

三　系统功能

数据素养教育生态系统是对数据素养教育实践的高度抽象概括，其来源于教育实践，又必须能够返回至实践之中，指导和推动数据素养教育实践的发展。④ 具体而言：

一是描述和揭示数据素养教育规律。清晰界定和呈现数据素养教育对象、教育需求、教育主体、教育内容、教学课程、教学模式、教学环境等要素，深入揭示数据教育要素之间的关联、数据素养教育对

---

① 杨丽、徐绪堪、李一铭：《面向大数据管理与应用专业的数据素养教育研究》，《情报理论与实践》2020 年第 10 期。

② 周小莉：《面向编辑出版专业的数据素养教育体系构建研究》，《出版科学》2020 年第 1 期。

③ 黄兆信、王志强：《高校创业教育生态系统构建路径研究》，《教育研究》2017 年第 4 期。

④ 郭凤志主编：《高校思想政治理论课程建设研究》，北京师范大学出版集团、北京师范大学出版社 2019 年版，第 24 页。

象及其需求特征、数据素养教育利益相关主体的权责、数据素养教育内容的层次性、数据素养教育课程的开发步骤、数据素养教学模式的多样性、数据素养教育环境的复杂性。

二是指导和优化数据素养教育活动。在目标设定、教学方法、内容设计等方面提供严密的逻辑框架、明晰的教学目标以及切实的教育形式。反之,数据素养教育实践也在不断反馈教育模型的科学性和合理性,并根据反馈结果进一步优化教育实践活动。

三是推动数据素养教育转型发展。用"理性尺度"衡量数据素养教育现状,研判和规划数据素养教育未来发展,并提出数据素养教育发展的方向、目标、内容、制度、形式等,为数据素养教育深入发展和转型变革提供思路和建议。

第二节 数据素养教育生态系统模型

一 模型构建

(一)构建原则

构建数据素养教育生态系统模型,旨在从顶层设计数据素养教育。既需要全面系统掌握国内外数据素养教育实践现状及其特征,也需要对数据素养教育理论及发展趋势具有深刻洞见[1],更需要高屋建瓴地预测、引领、规划、实施和评估数据素养教育方案,总体而言,需要遵循如下原则:

一是科学性,数据素养模型是数据素养教育实践活动的高度抽象与概况,深刻洞见数据素养与社会经济发展、科学技术进步、文化繁荣之间的互动关系,遵循教育基本规律,促进人的全面发展。

二是功能性,数据素养教育活动能够引起个人及其环境的变化。从教育作用的对象来说,数据素养教育具有个体功能和社会功能,一

---

[1] 姜颖、陆广琦:《国外高校信息素养教育规划分析与启示》,《图书馆建设》2021年第5期。

方面是促进个体数据素养，提高生存与发展的素质，另一方面能够促进社会发展，与社会历史发展相适应，比如制定和遵守国家教育方针政策，立德树人，明确数据素养教育在科学研究、人才培养和社会服务中的作用。个体功能和社会功能两者是对立统一的。

三是系统性，数据素养教育是一项系统工程，需要统筹好内部要素与外部环境、教育对象与教育主体、教育内容与教育方式、教育过程与教育结果之间的辩证关系。

四是可行性，数据素养教育模型是对实践活动的高度抽象与概括，需要积极借鉴国内外既有的数据素养教育成果经验，遵循数据素养教育实践活动规律，在政策制定、方案设计、教学实施、教育评价等环节能够落地生根和切实可行。能够适应数据生态环境、教育环境、学术交流环境等外部因素，能够起到融入与促进的作用。

（二）模型提出

教育活动是为达到特定的教育目标，实现特定的教育功能而展开的教育组织形式。作为一个系统的整体，教育活动一般是由教育主体、教育目标、教育内容、教育手段、教育环境和教育途径六个要素组成[1]，构成一个完整的体系。

参考元数据素养教育体系[2][3]、数据素养教育体系[4]，本书认为数据素养教育生态系统是围绕教育需求与设计、课程开发、教育资源利用与实施、教育管理与评价等生命周期环节，由数据素养教育主体、客体、介体、环体四类"实体要素"及教育目标、政策、环境、课程、课堂等若干"功能要素"组成，其系统结构如图9-2所示：

---

[1] 柳海民：《教育原理》，东北师范大学出版社2006年版，第102页。

[2] 罗国锋、陆瑶：《面向高校的元素养教育体系研究》，《图书馆工作与研究》2017年第12期。

[3] 陈晓红、何雪梅、高凡：《高校图书馆元素养教育体系模型构建研究》，《图书情报工作》2016年第18期。

[4] 周小莉：《面向编辑出版专业的数据素养教育体系构建研究》，《出版科学》2020年第1期。

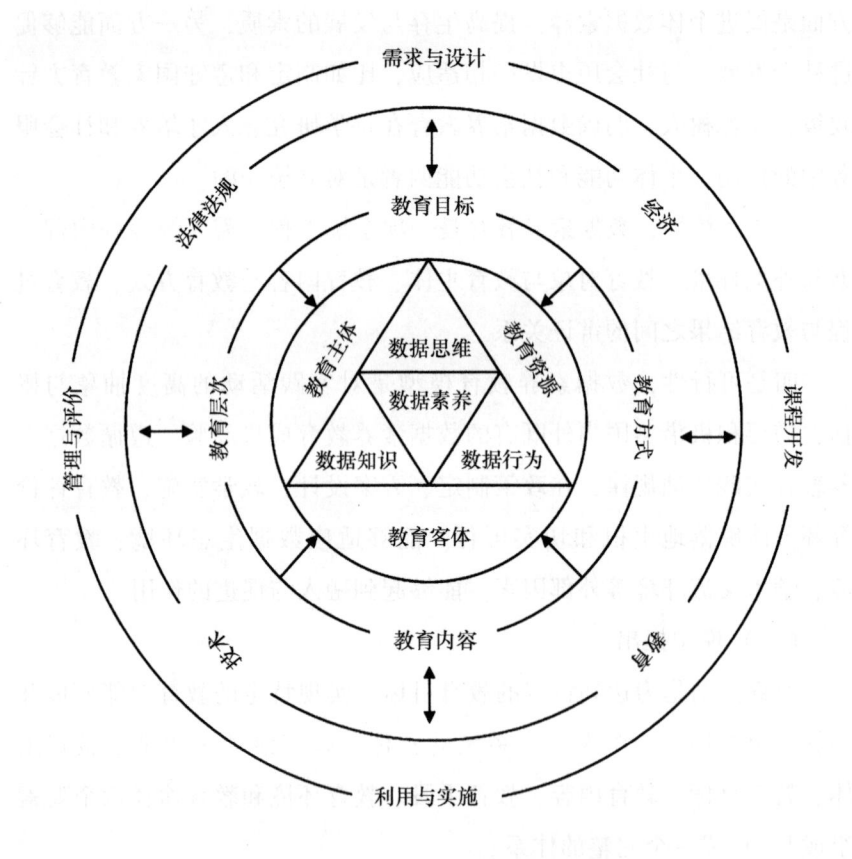

图 9-2 数据素养教育生态系统模型

该模型直接反映出数据素养教育生态系统的基本要素与特征，较好地揭示了数据素养教育的基本层次结构及其关系。

二 核心要素

（一）数据素养教育客体

数据素养教育客体是数据素养教育生态系统中的教育对象，是数据素养教育活动的作用对象和最终指向，分析和划分数据素养教育对象的构成是整体性把握数据素养教育的实践需要，也是建构数据素养教育模型的理论视角。教育对象具有层次性和发展性，从层次性来看，可以按照职业、年龄、城乡结构等进行划分；从发展性来看，可以按照个体发展需要进行划分。综合数据素养能力水平、职业属性以及发展层次，本书将数据素养教育对象划分为学生、科研人员、教师和社会公众。学生包括中小学生、大学生（包括硕士生、博士生），其数据素养需求是满足个体成长需要，数据能力具有极强的可塑性。例如，K-12数据素养教育，大学生数据素养教育。科研人员主要是科学数据素养的需求，教师主要是数据驱动教学需求，社会公众是开放数据素养、终身教育的教育需求。

（二）数据素养教育主体

教育主体是数据素养教育的发起者、实施者和管理者。数据素养教育需要多元主体参与，相互协同与作用、多元共治，主要包括图书馆、档案馆、博物馆、大学院系、政府部门等。

一是图书馆，尤其是学术图书馆，主要承担数据素养教育需求调查，课程设计、开发与实施，数据素养教育政策建议和执行，数据素养教育宣传推广，主动与政府部门、大学院系等其他客体进行交流与协作。学术图书馆、公共图书馆和专业图书馆的教育功能区别在于教育对象的不同。

二是档案馆、博物馆等公共文化服务机构，是数据素养教育的积极合作者，为各领域工作者提供必要的数据素养教育支撑，积极与图书馆合作建立各专业领域的数据素养培训体系，如档案数据化、数字人文、档案数据安全等。

三是大学院系，是数据素养教育的积极合作者，为图书馆提供师生数据素养教育具体需求，如教学方式、数据获取、数据分析等，合作开设嵌入式数据素养课程、参加数据创新应用竞赛、实施数据驱动教学、开发数据创新应用案例、申报数据素养类科研项目等，是数据素养教育最为活跃的合作对象。

四是政府部门，规划和制定全国或区域数据素养教育政策、标准和方针，为数据素养教育建立数据基础设施，宣传、推广、激励数据素养教育，如设立数据素养教育荣誉制度，开展数据应用竞赛活动。凝聚社会和教育界共识，推进国家层面的数据素养教育联盟的建立。

（三）数据素养教育资源

包括数据素养教育的技术资源、数据资源、教学条件等，既包括支撑数据素养教育顺利实施的技术、设备、平台等，如 SPSS、R、NVivo 等数据分析软件等，也包括保障数据素养教学开展的数据资源，如调查数据、统计数据、访谈数据等，以及购买的各类数据索引、商业数据库等。

（四）数据素养教育介体

数据素养教育介体是为实现数据素养教育目标，教育主体对教育客体所选择的教育内容及其采用的传递方式和方法，是数据素养教育的中心枢纽，是数据素养教育主体与客体之间发生作用的连接器，有了数据素养教育介体的参与，两者之间才能发生知识的交流与传递，从而达到教育目标。教育目标、教育内容、教育层次和教育方式构成数据素养教育介体。

1. 教育目标是起点

数据素养教育目标的设定从两个方面入手：一是调查数据素养教育需求，国内外已有相关的调研，如 DAF、数据管理需求调查，通过调查了解教育对象的需求特征、不同群体的需求差别，为后续教育目标设定、教学内容设置建立基础。二是分类教育目标，布卢姆教育目标分类理论，将学习成果划分为认知领域、动作技能领域和情感领域。其中认知领域目标分类，按照认知能力高低和发展顺序分为识记、领会、应用、分析、综合和评价。[①]

2. 教育内容是载体

教育内容是数据素养教育的最直接体现，一般通过数据素养课程建设、教学活动来体现，是认知、行为、情感和文化的统一。包括数

---

① 王汉松：《布卢姆认知领域教育目标分类理论评析》，《南京师大学报》（社会科学版）2000 年第 3 期。

据知识、技能和思维三个维度。数据知识是数据素养教育的基础，包括数据概念与类型、数据种类、数据生命周期等基本知识。数据技能是数据素养教育的核心，以提高教育对象的数据获取能力、数据分析与解读能力、数据处理能力、数据可视化能力、数据应用能力等为主要目标，例如，社会科学研究人员的数据技能是，熟练掌握 NVivo 定性数据分析软件能力以及对应的深度访谈数据采集能力。社会公众的数据技能是对 PM2.0 指数的理解和解读能力。数据思维是数据素养教育的高级目标，贯穿于数据素养教育的各个位阶，是数据素养教育的出发点和最终归宿，也是数据素养教育的内在追求和高级目标。

3. 教育层次是位阶

数据素养教育是一项系统工程，教学目标层层递进，教育内容相互衔接。相应的数据素养教育内容应具有层次性，根据不同教育对象设置不同的教学目标和内容：一是通识层次，面向社会公众、中小学生等群体，以数据意识、数据技能、数据伦理、数据法律等为主要教学内容，提高数字化生存的基本知识和技能，以讲座、慕课、微课为主要教学方式。二是学科层次，针对大学生的专业性和研究性、科研人员的学术性等特点，通过专业课程嵌入式、项目式学习等方式，提升学生的批判性数据思维、专业数据分析能力等，支持学生的专业学习与研究，科研人员的学术研究过程等。三是高级层次，以数据开发与应用为目标，主要面向高级研究人员、数据管理的决策者，以项目式、研究型教学方式为主，主要为数据驱动决策、数据产品开发、数据政策和法律制定提供相应的教育支持，侧重宏观性、政策性和研发性。

4. 教育方式是路径

教育方式方法是数据素养教育实现过程的条件和路径。由于数据素养教育面向不同群体不同学科领域，数据素养教育就具备了情境化与学科化、嵌入式与合作式教育方式。由于教育对象的群体性和需求的差异性，数据素养教育需要将数据素养教育嵌入科学研究、教学学习、工作场景、个体生活过程之中，以满足用户个性化需求。即使面向科学研究，也需要根据不同的学科领域特征，开展精准化教学。同时，数据素养教育还需要与院系、档案馆、科学馆、数据行业学会等其他教育主体合作，开展面向职业发展、公众数字化技能提升的专题讲座、系列培训和网络课程等多种形式教育。

（五）数据素养教育环体

数据素养教育环体是数据素养教育的环境和支撑体系，分为内部环体和外部环体。

1. 内部环体

主要是组织结构、数据管理规章制度、数据资源、数据技术等内部因素，例如，北京大学开放数据平台、复旦大学社会科学数据平台等也是开展数据素养教育的良好数据基础设施。此外，中国综合社会调查（Chinese General Social Survey，CGSS）等大型社会调查数据门户、开放政府数据门户、中国大学 MOOC 等开放教育平台也是重要的数据素养教育平台。此外，SPSS、NVivo、MATLAB、R、OpenRefine 等也是重要的数据素养教育基础设施。

2. 外部环体

主要是国家政治、经济、文化、法律等因素。例如数据管理方面的法律，《中华人民共和国数据安全法》《中华人民共和国个人信息保护法》《中华人民共和国公共图书馆法》《中华人民共和国档案法》（2020 年修订版）等现行法律法规构成数据素养教育的法律法规体系。数据素养方面的国家政策，《提升全民数字素养与技能行动纲要》《中共中央 国务院关于构建更加完善的要素市场化配置体制机制的意见》《促进大数据发展行动纲要》《"十四五"大数据产业发展规划》《上海市数据条例》《普通高等学校图书馆规程（修订）》等构成数据政策体系。

数据素养教育生态系统是一个开放的有机系统，系统各要素通过信息流相互联系、相互作用，保持着物质、能量和信息的交换，不断推动数据素养教育生态处于动态发展之中。各要素之间相互关联，构成数据素养教育生态系统的四个层次：

一是核心层，数据素养教育的核心内容是实施数据知识、数据行为和数据思维三个维度的教育，是数据素养教育的内在逻辑。

二是基本层，由数据素养教育主体、教育客体、教育资源和教育介体组成，是数据素养教育活动开展的基本过程。数据素养教育主体和客体相互影响和相互制约，在一定条件下可以相互转化。数据素养教育介体是教育主体和客体之间的桥梁，教育资源是数据素养教育的基础和条件。教育介体与教育主体、客体之间是辩证统一的关系。

三是环境层，由经济、文化、技术、教育等因素构成，驱动数据素养教育生态系统运行与进化，是数据素养教育的外在驱动力。各因素也是相对独立的生态系统，与数据素养教育生态系统相互影响、相互作用。

四是活动层，数据素养教育活动作为一个生命周期过程，包括数据素养教育需求与设计、课程开发、实施与利用、数据素养教育管理与评价四个前后连贯的环节。

三　运行机制

数据素养教育系统是一个复杂的非线性生态系统，其要素之间以及与环境之间的相互关联与作用构成了复杂的共生体系，也决定了数据素养教育系统的运行是一个非线性动态的过程。数据素养教育生态系统与外部系统、自身内部各子系统、数据素养教育主体之间相互协同、相互影响，决定着数据素养教育系统的演化与发展。主要存在三个层面的运行机制：

（一）宏观层面

从数据素养教育生态外部环境来看，经济、法律、技术、文化、教育等系统是重要的驱动力，并共同作用于数据素养教育生态系统，驱动数据素养教育系统的演化与进化。其中，经济系统是基础，为数据素养教育系统提供基本生产生活资料，法律系统是上层建筑，是调整数据素养教育活动中的行为关系的规范，保障数据素养教育秩序。技术系统是原动力，科学技术的进步影响着社会经济的进步，改变了数据的形态与数据利用方式，从而塑造了人类的数据素养观念，对数据素养能力提出新的要求。教育系统是直接动力，教育的理念、教育方式、教育资源等直接决定着数据素养教育的水平和发展方向。

（二）中观层面

中观层面的运行机制是数据素养教育系统与文化系统、教育系统、行政管理系统的协同与演化机制，它们之间存在着如下多元互动关系：

一是竞争与共生机制，竞争机制是数据素养教育主体之间的竞争，为了吸引教育对象，不同教育主体必须不断升级教育理念，创新教学内容，采用先进教学手段，提高教育水平。共生关系是教育主体、教育对象之间的共生共存、相互依赖。竞争与共生关系推动数据素养教育生态系统从低级走向高级、从简单进化至复杂。

二是循环与平衡机制，是数据素养教育生态系统运行的中枢神经，协调和引导各种机制互动关联。数据素养各类资源在生态系统内部主体、客体和介体直接循环传递，构成数据素养教育的循环机制。平衡机制是数据素养教育生态系统各组成部分相互适应、协调互补，达到一种结构优化、功能良好的相对稳定状态。

三是协同与共享机制，协同机制是数据素养教育主体相互匹配与互补，驱动数据素养教育生态系统内部资源高速流动，倍增生态系统功能。共享机制是生态系统内部教育主体之间、教育对象之间、主体与对象之间的课程、技术、设备等资源的共享，是促进教育主体、对象之间相互协同的重要路径。

（三）微观层面

数据素养教育子系统的自组织特性，是系统结构维系和系统之间协同运动的基础，推动数据素养教育系统"无序→静态有序结构→动态有序结构"的演化。具体而言，数据素养教育系统的自组织特性表现为三个方面：一是自发性，能够自主运动，例如数据素养教育活动的发生或许是学习者根据自身需要的自发行为，也可能是大学图书馆根据自身使命和责任所自主开展的服务活动。二是开放性，能够和其他系统和外部环境进行物质、能量、信息等的交换。大学图书馆数据素养教育和专业学院的课程教学、科研系统的合作就是典型的开放性表现。三是刺激性，数据素养教育系统能够对外部环境的变化做出积极的回应，获取外部的制度、经费、人力等资源，并选择合作对象。比如对国家数字素养教育政策解读并做出积极行动。[①] 自组织机制推动数据素养教育系统从无序走向有序、从低级走向高级、从静态走向动态不断演进。

第三节　数据素养教育生态系统优化

为进一步阐释所建构的数据素养教育生态模型，本节选取高校层面和图书馆层面的数据素养教育生态系统案例做进一步详细论述。

一　普渡大学数据科学教育生态系统

普渡大学成立于1869年，是美国著名的研究型公立大学。为迎接数字时代的挑战与机遇，2018年普渡大学启动了数据科学综合计划（Integrative Data Science Initiative，IDSI），将数据科学研究聚焦于紧迫性和基础性相关问题，建立一个"普罗大众的数据科学"教育生态系统，帮助学生适应数据驱动和知识经济快速发展的未来。[②] IDSI的战略目标聚焦数据科学研究、跨学科研究、数据科学教育、学生

[①] 黄如花：《提升全民数字素养与技能 提高高校图书馆服务国家战略的能力》，《图书馆论坛》2022年第3期。

[②] "About Integrative Data Science Initiative"，https://www.science.purdue.edu/data-science/index.html，June 20，2022.

学习以及社会服务,全面深入推进数据科学生态系统建设。IDSI 体现了科研、教学、资源和社会服务的高度统一[①],具有典型的数据素养教育生态系统构成要素与特征。普渡大学数据科学教育生态系统主要由如下四个方面的内容构成:

(一)数据导向的学位项目与课程建设

普渡大学设置数据科学学位项目,培养数据科学家或其他相关职业的未来人才,主要学位项目如表 9-2 所示:

表 9-2　　　　　　　　普渡大学数据科学学位项目

学位	名称	开设学院	简介
学士	数据科学	计算机科学系、统计系	学习关键的计算方法和统计技术,培养必要的深入分析思维技能,以便可靠、智能和创造性地从数据中进行推理。
学士	数据可视化	计算机图形技术系	复杂数据可视化系统的设计和开发过程,可视化技术以及学习设计与编程,用户研究技能。
硕士	商业分析和信息管理	克兰纳特管理学院	商业数据收集与分析,掌握最先进的信息技术和分析技术,如 Python、R、Excel、SQL、SAS、Minitab、Gurobi 和各种其他大数据技术,利用数据驱动商业决策。
硕士	专业地理数据科学	科学学院地球、大气和行星科学系	集成严谨的学术课程、Hadoop 系统、GPU 和云计算等高性能数据科学计算环境,用于深度分析和 AI、深度学习,具有丰富的研究经历。优先考虑数据科学教育在气候、天气预报、环境科学、自然资源、能源和行星数据探测分析等领域的应用与发展。

资料来源:普渡大学数据科学综合计划网站(https://www.science.purdue.edu/data-science/academics/index.html),检索时间:2022-09-13。

数据科学教育项目突出了普渡大学理工特色、专业优势与数据科

---

① 杨习超、张炜:《高校数据科学教育生态系统建构——以美国普渡大学为例》,《比较教育研究》2021 年第 2 期。

学的密切融合,例如,数据可视化教育项目培养目标是为研究人员、领导者、决策者和公众创建准确而有意义的可视化所必需的计算机和图形工具。[①]

与数据科学相关的教育项目还有计算机工程、计算机科学、网络安全、教育学、电气工程、工业工程、数学和统计学,是数据科学及其相关领域职业发展的基础教育项目。在课程建设方面,每个学院均开设了大量的数据科学课程,初步统计结果如表9-3所示:

表9-3　　　　　　　　普渡大学数据科学课程

学院	领域	数量	代表性课程
农学院	农业经济学、农艺学、动物学、昆虫学、食品科学、林业与自然资源、园艺学、景观建筑、可持续粮食和农业系统	68	空间计量经济学的理论与实践、定量分析的应用:计量经济学Ⅰ和Ⅱ、天气分析和预报、用于统计分析的SAS简介、种群遗传学、统计过程控制、空间生态学和GIS、野生动物调查技术、DynaSCAPE在园艺中的应用、设计中的图形交流、基于系统分析做出决策。
教育学院	课程与教学教育心理	17	学习技术的集成与管理、教育研究中的定性数据收集与分析、教育测量与工具简介、项目反应理论。
工程学院	航空航天工程、农业系统管理、农业生物工程、生物医学工程、化学工程、土木工程、电气和计算机工程、环境与生态工程、工业工程、跨学科工程、机械工程、核工程	52	工程随机变量简介、地理信息系统应用、工程系统技术、仪器仪表和数据采集、统计建模与质量提升、工程地理信息系统、人工智能简介、神经网络、环境和生态系统建模、高级决策理论、多学科工程统计、工程中的神经计算。

① Purdue Polytechnic Institute,"Data Visualization Degree",https://polytechnic.purdue.edu/degrees/data-visualization,June 20, 2022.

续表

学院	领域	数量	代表性课程
健康与人文学院	营养学、心理学	9	行为科学的方差分析。
文学院	人类学	1	用于人文和社会科学研究的GIS。
管理学院	经济学、管理学、组织行为与人类资源	41	数据驱动营销、计量经济学、数据可视化、数据挖掘、预测分析、商业统计、供应链分析。
理学院	生物化学、生物科学、计算机科学、地球大气与行星科学、统计学	36	分析生物化学、生物信息学概论、蛋白质生物信息学、数字素养、自然语言处理、气候时间序列分析、地理数据科学、数据科学导论。
理工学院	计算机图形技术、计算机和信息技术	16	交互式数据可视化、视觉分析应用、生物信息学计算和系统集成。
信息研究学院	信息与图书馆学	4	信息和数据科学专题。

资料来源：普渡大学数据科学综合计划网站（https://www.science.purdue.edu/data-science/academics/courses/index.html），检索时间：2022-09-13。

由表9-3可知，普渡大学数据科学课程：一是课程覆盖理、工、农、医、文、管理、经济等多学科多领域，专业化、精细化特色鲜明；二是以帮助学生适应未来职业需求和社会发展，面向社会需求设置相应的数据科学课程。

（二）开展跨学科研究数据课题

普渡大学数据科学综合计划的学术研究主要由数据科学基础、数据驱动发现和数据科学应用三部分组成，在健康与生命科学、农业、制造业、交通和土木工程领域协同开展，优先考虑资助医疗健康领域的数据科学问题、数据安全与伦理问题、数据科学基本原理、方法与算法问题。同时资助了一系列数据科学课题，如表9-4所示：

表9-4　　　　　　　普渡大学数据科学代表性课题

学科领域	课题名称	负责人	课题简介
医疗健康	因果驱动的医疗保健科学	埃利亚斯·巴伦博伊姆（Elias Bareinboim）	解决医疗保健领域因果关系泛化问题；从实验和观察数据中识别因果关系、通过有效设计加快随机对照试验以及个性化医疗方法。
基础研究	工程数据科学算法	大卫·格莱克（David Gleich）	创建算法和方法来表征具有信息理论和统计显著特征的特定领域数据，然后为新建立的属性创建算法框架以识别未来结构。
医疗健康	人脑指纹：数据科学视角	约阿金·戈尼（Joaquín Goñi）	人类可识别性的下一个挑战是大脑数据，特别是大脑连接性，这是通过数据科学的视角进行评估的。该项目的目标是将普渡大学的大脑研究定位为创新领域的佼佼者，并成为个性化大脑连接组学和指纹识别相关计划的领导者。
基础研究	用于数据分析和优化的量子机器学习	萨布尔·凯斯（Sabre Kais）	该项目聚焦数据科学的基础理论、方法和算法，利用学校在数据科学、机器学习和量子计算方面的世界领先优势，基于优化的工业技术大规模科学数据集，通过机器学习开发量子算法，来解决重要的现实世界挑战。
基础研究	稳健机器学习的形式化方法	詹妮弗·内维尔（Jennifer Neville）	使用系统工程原理和实践来改进机器学习系统的部署，开发机器学习基础方法、分析工具和算法，以实现更现实、高效的机器学习系统。

续表

学科领域	课题名称	负责人	课题简介
基础研究	超快化学传感	布鲁诺·里贝罗（Bruno Ribeiro）	开发混合数据驱动和物理驱动技术，可以显著加快从不可靠的电信号中获得可靠传感器读数的时间。
医疗健康	抗击抗菌素耐药性（AMR）单一健康方法及其监测系统框架构建	奥黛丽·鲁普（Audrey Ruple）	计划开发一个AMR健康数据平台和监控系统，以更好地了解印第安纳州耐药性的驱动因素。这将使我们能够利用新方法来防止AMR进一步增加。
伦理、社会与政策	基于关系衡量标准的州立法者绩效系统	埃里克·沃尔滕堡（Eric Waltenburg）	理解和准确预测立法结果对于公共政策的制定和价值至关重要。该项目建立州立法唱名投票关系数据库，并为所有50个州的个别州立法者得出结果评分。

资料来源：普渡大学数据科学综合计划网站（https://www.science.purdue.edu/data-science/research/index.html），检索时间：2022-09-13。

（三）建立紧密的校企合作关系

与校内师生、校外企业建立紧密的合作关系。通过企业合作伙伴与教师、数据科学学生的合作，从而参与至普渡大学的综合数据科学计划，这些合作将进一步推动数据科学发展。与校内教工建立合作空间，孵化数据科学研究成果，如屡获殊荣的技术孵化中心（Purdue Foundry）。

（四）服务校内外数据需求

普渡大学整合数据科学的人才资源、数据资源、技术资源，为校内外提供各类服务，旨在促进科研成果转化，提高学校声誉。服务社会的具体举措有：一是咨询服务，为校内外用户提供数据科学咨询服务，统计系还为学校提供统计软件和设计咨询。二是数据管理服务，由普渡大学图书馆提供研究数据管理服务,并和科技与合作处、信息技术部合作建立了普渡大学科研数据知识库,为大学提供数据基础设施。最具亮点的是普渡大学发挥农业科学排名前 10 的优势和计算机科学排名前 20 的优势,建立了"数字农业"服务平台,整合了学校数据科学和数字农业领域的科研成就和相关人员信息,并为本科生和研究生提供相关课程信息,以及校外的数字农业学术资源。三是计算服务,由普渡大学罗森研究计算中心(RCAC)、生物信息学核心(Bioinformatics Core)负责实施,生物信息学核心为各种应用的下一代测序(NGS)数据提供数据分析服务,以支持生物学研究,并为实验设计和软件选择提供咨询和培训。

综上所述,普渡大学数据科学生态系统是由课题研究、学位教育、课程建设、校企合作项目、社会服务等组成的全方位立体化体系。

二 北京大学图书馆数据素养教育体系

图书馆层面的数据素养教育生态系统以北京大学图书馆为代表。北京大学图书馆是国内较早开展数据素养教育的学术图书馆之一,无论是教育实践经验的丰富性,还是教育体系的完整性,都具有较好的示范作用,具有数据素养教育生态系统的典型性。

(一)建立层次鲜明的课程体系

在对国内 10 所高校图书馆数据素养教育实践以及对北京大学用户需求调查基础之上,北京大学图书馆初步设计了数据素养教育体系。区别于院系数据素养专业教育,图书馆数据素养教育以促进图书馆数据资源利用为目标,重点关注用户数据素养收集、整理、分析和可视化能力,旨在促进科研数据的发现、鉴别与利用能力。教学内容聚焦数据意识和伦理教育、数据发现与获取教育、数据处理与展示、数据保存与管理、数据评价与引用等[1],系列课程如

---

[1] 吴爱芝、王盛:《高校图书馆数据素养教育体系设计研究——以北京大学图书馆为例》,《大学图书馆学报》2020 年第 6 期。

表 9-5 所示：

表 9-5　　　　　　　　北京大学图书馆数据素养系列课程

课程名称	内容简介	时长
经济类统计数据的查询与获取	介绍图书馆采购的经济统计类数据库，讲解 BvD、OECD、IMF、中经网等数据检索方法。	90 分钟
科研常用开放数据的查找与获取	分门别类介绍开放存取数据资源及其获取途径，主要包括科研机构和数据中心平台的开放数据、世界组织官方调查数据、著名互联网公司的开放数据。	90 分钟
数据获取与合理利用	讲授数据资源的重要性、数据来源、数据可靠性判断、数据引用、数据合理使用等。	90 分钟
Excel 使用技巧之数据透视	数据透视表在数据分类中的应用。	—
Excel 使用技巧之图表设计	信息图表的 Excel 实现方法。	—
使用 Excel 函数进行数据分析	Excel 在数据分析中的函数应用方法。	—
数据统计分析软件 SPSS 入门	SPSS 操作环境、数据组织、统计图的创建和分析、描述性分析等。	—
数据统计分析软件 SPSS 进阶	结合案例介绍 SPSS 的常用统计分析功能与操作，包括均值比较和 T 检验、方差分析、相关分析和回归分析等。	—
数据可视化快速入门：工具、示例和学习资源	介绍主流数据可视化工具的特点、适用数据及应用场景等，分门别类讲解商业智能工具、地图类工具、时间轴工具、社会网络工具、高级分析工具等，实际操作 1—2 种。	—
Python 基础与网络爬虫	网络爬虫 Python 语言的编写与使用，内容包括：Python 语言基础、网络爬虫概念与基本原理、编写网络爬虫程序。	—

资料来源：北京大学图书馆网站（https://www.lib.pku.edu.cn/portal/cn/xxzc/yixiaoshi?qt-content_page_onehour=0#qt-content_page_onehour），调查时间 2022 年 9 月 13 日。

从上述培训讲座内容来看，北京大学图书馆立足数据资源、数据分析两大核心，重点提高用户的数据资源获取能力、数据分析能力，体现出学术图书馆的核心竞争力和价值所在。

（二）建立数据整合发现平台

图书馆数据资源建设上，北京大学图书馆在数据库导航页，设置"统计/研究数据"内容类型，共计约393条数据库信息，方便用户查找相应的数据资源。并建立开放研究数据平台，收集和组织本校科研数据，促进数据开放与共享。建立学科开放数据导航，提供多学科领域的开放数据资源介绍与获取路径。

（三）促进数据素养能力提升

北京大学图书馆通过举办数字人文研讨会、开放数据竞赛大赛等活动，促使数据素养能力在实战中得到应用与提升。例如，2018年6月举办的"数字人文论坛"，主题聚焦"孵化与实践：需求驱动下的数字人文项目"[1]，比较和反思人文社会科学领域的数据分析与应用。自2018年以来全国高校数据驱动创新研究大赛已经连续成功举办四届，北京大学等多单位通力合作，有力地驱动了数据价值的释放和创新，促进了高校师生数据素养的提升。

北京大学图书馆数据素养教育生态的构建是数据管理平台、数据素养教育、数据资源建设的三位一体，具有行业的启发性和探索性。

三 数据素养教育生态系统优化策略

近年来，我国数据素养教育实践取得了一定的效果，如武汉大学图书馆数据素养本科生通识教育，北京大学图书馆的数据素养教育实践探索，以及中国大学MOOC"中小学教师数据素养"课程，但是由于缺少顶层设计、学科融合、有效评价等系统规划，个体数据素养发展水平及数据素养教育活动都受到很大的限制。基于国内外数据素养

---

[1] 北京大学图书馆：《第三届北京大学"数字人文论坛"在图书馆成功举办》，https://www.lib.pku.edu.cn/portal/cn/news/0000001791，2022年6月20日。

教育实践样态、数据素养教育生态模型，以及笔者数据素养教育与研究实践经验，为有效促进数据素养教育成效，需要从如下五个方面建构具有中国特色的数据素养教育体系。①

（一）制定数据素养教育政策体系②

2021年施行的《中华人民共和国数据安全法》《中华人民共和国个人信息保护法》，为数据素养教育提供了法律保障。调查发现，我国并未制定专门的数据素养政策，与之密切关联的主要是数字素养政策、信息素养政策、大数据政策，例如中央网络安全和信息化委员会2021年发布的《提升全民数字素养与技能行动纲要》、2022年实施的《上海市数据条例》、2022年颁布的《浙江省公共数据条例》等，以及其他政策中部分内容涉及数据素养、数字素养，例如，2021年发布的《中华人民共和国国民经济和社会发展第十四个五年规划和2035年远景目标纲要》提出"加强全民数字技能教育和培训，普及提升公民数字素养。"需要制定专门的国家层面的数据素养教育政策，协调多方利益相关主体的责任与义务，形成数据素养教育共同治理格局。加大数据素养教育资金、师资、课程建设、教育平台、课题研究等方面的投入，为数据素养教育提供必要的资源保障。研制和出台数据素养教育标准，推进数据素养教育标准化和信息化，制定面向不同群体不同阶段的数据素养能力标准。

（二）丰富数据素养课程资源建设

数据素养课程资源是数据素养教育的供给，从调研结果来看，国内以"数据素养"为名称的课程并不多见。数据素养课程开发与建设包括目标制定、内容选择、课程实施和课程评价四个承前启后的环节，在各个环节需要充分考虑课程建设的影响因素。一是在课程目标

---

① 胡卫平、首新、陈勇刚：《中小学STEAM教育体系的建构与实践》，《华东师范大学学报》（教育科学版）2017年第4期。

② 石庆功、王春迎：《公共图书馆信息素养教育制度建设：驱动要素、内容框架及路径选择》，《图书馆建设》2021年第4期。

上，做好教学对象的特性和课程需求，针对不同群体制定不同的教学目标，例如科研人员的数据素养教育要侧重科学数据分析能力，本科生数据素养课程要侧重数据素养通识教育，社会公众数据素养课程要侧重数据伦理和法律。二是优化课程内容设计，以数据素养概念模型为基础，以数据素养概念、数据知识、数据能力、数据交流为核心设计数据素养课程知识单元。三是丰富课程教学形式，如课堂教学、翻转课堂、研讨、讲座、兴趣小组、活动课程等。四是利用好网络教学平台，国际知名在线教育平台 edX 的"数据素养基础"（Data Literacy Foundations）、中国大学 MOOC 的"中小学教师数据素养"、Coursera 的"健康护理数据素养"（Healthcare Data Literacy），网络教学平台有利于扩大线上教育对象，提高课程影响力。

（三）加强数据素养学科课程融合

iSchool 联盟院校数据素养课程注重融入数据分析技能，在实际操作中培养学生的数据思维。一方面，基于数据素养概念整合学科知识，在学科情境中促进学生对数据素养的理解能力，发展学生对学科知识的理解，如安全数据素养教育。另一方面，基于学习进阶科学合理安排数据素养课程内容，把通识类、特色类、技术类和管理类数据素养教育模式贯穿于不同的学习阶段，逐层深入和持续发展教育对象的数据素养概念和数据能力。

（四）促进数据素养教师专业发展

数据素养教师既是数据素养教育的实践者，也是数据素养教育有效实施和发展的保障者。但是，目前专门从事数据素养专业教师较少，学术图书馆设置数据馆员岗位更少。因此，亟待多渠道全方位拓展数据素养教师专业发展路径：一是制定数据素养教师发展政策，弥补师资短缺、专业素质不高等问题。二是建立数据素养师资培训项目，为职前教师开发数据素养培养计划、在职教师制定数据素养培训项目。三是挖掘数据素养师资潜力，如学术图书馆馆员、专业教师兼职等。

（五）设计数据素养教育评价方案

从全球数据素养测评研究成果来看，以定量评价为主，而定性评价较少；以终结性评价为主，而针对性和形成性评价较少；以量表评价为主，情景式试题评价较少；国外数据素养教育实践成果较多，而国内相对较少，尤其是全局性的教育评价方案。教育评价的根本目的在于持续性改进数据素养教育，提升数据素养教育高质量发展的能力，拓展评价结果的应用。首先，明确数据素养教育评价的意义，围绕现行的国家教育方针政策以及数据素养教育政策，阐明数据素养教育评价的背景、依据和原则。其次，设计数据素养教育评价指标体系，逐级分解指标并确定等级，说明操作规则、评价工具、注意事项。最后，确定数据素养教育评价的实施过程和步骤，评价结果的使用和反馈等。

综上所述，数据素养教育如火如荼地开展，数据科学教育项目、数据分析师系列培训等不断涌现。与此同时，诸如数据素养教育与信息素养教育的区别、LIS 学科扮演何种角色、图书馆能发挥何种作用等困惑和难题如影相随。我们应该看到，其中既有数据素养教育发展自身的问题，也有外部环境的因素；既有利益相关主体的主导作用，也有公众教育需求的内在推动；既有数据思维的问题，也有数据应用的问题。由此可见，数据素养教育并非孤立地存在和发展，而是在复杂系统中多种因素相互作用。因此，应以整体性、动态性的视角搭建数据素养教育平台，产学研紧密结合，实现政府、高校、企业协同育人的教育生态①，回答好数据素养教育这一时代命题。

---

① 田五星：《提升数据安全治理效能》，《人民日报》2023 年 9 月 5 日第 9 版。

第十章　研究结论与展望

第一节　主要研究结论

本书聚焦数据素养教育理论和数据素养教育实践两大层面，综合运用文献调查、概念分析、理论阐释、范畴界定、对比分析、问卷调查、案例分析、模型构建等方法，较为系统而深入地研究了数据素养概念、数据素养理论基础、数据素养基本范畴、数据素养测评工具、数据素养教育认知、数据素养教育实践模式、数据素养课程建设、数据素养教育生态系统等核心问题。

一　数据素养概念论

数据素养由数据思维、数据能力和数据知识组成。批评性回顾了文献中的数据素养概念，将现有数据素养概念梳理为能力说、过程说和文化说三大导向，通过对数据素养的历史发展及国际比较研究，本书提出了一个更为广泛和更具包容性的数据素养概念，数据素养是人们在真实情境中数据思维、数据知识和数据能力的综合体。并进一步分析了数据素养的内涵特征，与信息素养、数字素养、元素养等的关联，整合了现有概念的属性、能力和背景，准确而全面地厘清数据素养这一概念。

构筑了数据素养三元模型。系统调查和比较分析了国内外 20 种数据素养概念模型,从模型的背景、适用情境、建构方式、指标层级、基本内容、对应的数据生命周期及应用效果七个方面分析数据素养概念模型的结构。根据数据素养的历史发展和核心问题,本书所建立的数据素养通用模型,包括数据思维、数据技能和数据知识三元结构,整个框架是从能力发展过程关联到结构性要素分析,再到情境性应用,从而形成对数据素养内涵的准确性和严密性表达。为研究人员和教育工作者提供了全面的、以情境为导向的数据素养概念模型。

二　数据素养本体论

数据素养研究具有跨学科多领域特征,理论内核主要来源于图书馆学理论。哲学、图书馆学、教育学、社会学、心理学等学科研究成果构成了数据素养研究的坚实理论基础,不同学科的理论框架、研究方法和考察层次为数据素养研究提供了多元化分析视角,理论基础主要来源于图书馆学的核心理论,尤其是信息素养、数字素养、元素养、DIKW模型、数据生命周期、第四科研范式等理论,这些是数据素养研究得以深入发展的思想源泉。数据素养教育实践作为一项典型的教育活动,其方法主要来源于教育学的经典理论,如建构主义学习理论、关联主义学习理论、教育现象学理论、社会认知理论等。数据素养教育的价值追求来源于哲学理论,尤其是马克思主义人的全面发展学说。需要说明的是,数据素养是知识、能力和思维的综合,需要综合运用多学科理论与方法,超越传统学科研究范式。

三　数据素养范畴论

数据素养教育理论体系由基本范畴体系和核心命题构成。数据素养基本范畴是抽象概括和高度反映数据素养教育领域各种现象最本质、最稳定和最具有一般性的范畴,紧密关联、相互贯通,构成相互作用、有机统一的整体。遵循"逻辑起点—逻辑中项—逻辑终点"的纵向逻辑推演步骤,构筑"起点范畴(数据素养)—中心范畴(数据素养教育）—中介范畴（数据素养需求、数据素养行为、数据素养课程、数据素养教学、数据素养测评）—结果范畴（数据素养教育生态）—终点范畴（数据素养教育治理）"的数据素养基本范畴体系。并由此推导出数据素养教育研究命题：数据素养概念论、数据素养价值论、数据素养教育主体论、数据素养课程论、数据素养测评论、数据素养教育生态论、数据素养教育治理论。

四 数据素养测评论

数据素养测评是工具理性和价值理性的统一。数据素养测评是依据数据素养相关理论，使用科学、客观和标准的测量工具和方法对个体和社会数据素养行为、能力和表现水平进行测量、分析和评价的过程，并确定出定量或定性的价值。数据素养测评是数据素养教育的重要内容和环节之一，由于对数据素养概念内涵的理解不同，其评价工具也存在差异性，因此，在数据素养教育过程中，应根据数据素养教育对象和具体教育内容选择合适的测评工具。为此，我国数据素养测评工具的开发路径是：聚焦数据素养教育的时代诉求、科学构建数据素养测评框架、合理设置数据素养测评指标、综合运用多样化数据素养测评方式、积极开发中国本土化测评工具。

五 数据素养主体论

数据素养教育馆员认知度较高，但是深度有待提高。学术馆员对数据素养内涵、数据素养教育内涵、数据素养教育实践、数据素养教育机制的认知具有较高的统一性，包括数据素养的典型性、数据素养的教育意义、数据素养教育实践内容、数据素养教育的运行机制和保障机制内容。但是在数据素养教育实现路径、数据素养教育实践内容深度、数据素养教育机制协同性方面有待深入，例如，数据素养教育目标层次有待提高、教育主体应发挥学生的作用、教育形式应重视非正式课程形式。

六 数据素养实践论

学术图书馆数据素养教育五种实践样态，具有内在的导向机制和承接机制。学术图书馆是数据素养教育的重要主体，本书以多案例研究方法探索学术图书馆数据素养教育的使命嵌入和教育模式，并建立了相应的理论模型。研究发现，数据素养教育的外部因素主要是国家层面的数据政策、数据法律，对数据素养需求、数据素养教育具有传导机制，数据素养教育是对外部要求的积极回应与适应，数据政策与数据法律法规内容也是数据素养教育的重要内容，形成数据素养教育的反馈机制。进而从服务要素整合角度，将数据素养教育模式划分为通识式、学科式、嵌入式、在线式、合作式五种模式，五种模式具有内在的一致性，也存在各自的适应性和指向性。具体模式选择是所在学术图书馆各种条件的综合考察。

七 数据素养课程论

在全面调查和系统分析 iSchool 联盟院校的数据素养类课程设置基础上，发现可分为资源管理型、通识教育型、数据分析型、领域特色型四大类型，专业课程建设呈现型构化。以"数据素养"为名称的课程并不多见，但是着力培养学生数据知识、数据分析能力、数据可视化能力等课程却在不断增长。以"数据素养"为导向的本位观，以数据思维、数据知识、数据能力三维整合的教学内容观，是当前 iSchool 院校课程建设的主要思想。在本土数据素养课程试验基础上，研究认为应建立包括学习目标、内容设计、教学方式、考核方式等内容在内的数据素养课程治理体系。

八 数据素养生态论

数据素养教育活动是多维立体化的教育生态系统。聚焦数据素养教育的整体性和系统性，界定了数据素养教育生态系统的内涵与功能。数据素养教育生态系统是围绕教育需求与设计、课程开发、教育资源利用与实施、教育管理与评价等生命周期环节，由数据素养教育主体、客体、介体、环体四类"实体要素"及教育目标、政策、环境、课程、课堂等若干"功能要素"组成。数据素养教育生态要素相互关联、相互作用。数据素养教育生态系统可从政策体系、课程资源建设、学科嵌入、教师专业发展、设计评价方案等几个方面进行优化。

第二节 主要研究贡献

本书在概念分析、理论建构、测评思路、实践范式等方面取得了较大成果，较好地回答了数据素养"是什么""为什么""做什么""怎么做"四个基本问题。

一 建构数据素养教育理论体系

从本体论、方法论和价值论角度建构了数据素养教育理论体系。在基本概念方面，系统性地把现有数据素养概念定义为能力说、过程说和文化说三大导向，提出数据素养概念模型，并与信息素养、数字素养、元素养进行了区别与联系。在理论方面，系统回溯了数据素养教育的理论资源，为数据素养教育研究提供了必要的研究思路。在理论框架方面，以范畴理论为逻辑形式，尝试建构数据素养教育基本范畴体系，较好地统合了数据素养研究的核心命题，为数据素养教育理论深入发展提供了思路借鉴。

二 探索数据素养价值认识方法

数据素养价值体现在工具开发和主体认知两个层面，从数据素养测评工具、数据素养教育馆员认知两个角度展开，尝试回答数据素养价值认知这一过程。一方面，系统调查了国内外数据素养测评主流工具,并详细进行了介绍和比较分析,为论证数据素养测评的科学性与合理性、开发本土数据素养测评工具等重要问题提供了丰富的资源和参考工具。另一方面,设计和开发了《学术图书馆数据素养馆员认知调查问卷》,并进行了实证调查,总结了学术图书馆数据素养教育的价值、实施模式、影响因素等问题。

三 凝练数据素养教育实践范式

围绕专业学院和学术图书馆两个角度,从 iSchool 数据素养课程建设和学术图书馆数据素养教育实践两条主线展开系统研究。一方面,聚焦学术图书馆数据素养教育典型案例,成功解决了数据素养教育形成机制问题。并创新性提出通识式、学科式、嵌入式、在线式、合作式学术图书馆数据素养教育五种模式。从核心竞争力角度,将数据素养教育与信息素养教育区别开来,认为数据素养教育以提升数据处理与数据分析能力为目标,教育方式是建立在具体的数据平台和数据操作基础之上,具有明确的资源指向性与能力聚焦性,为学术图书馆开展数据素养教育提供了理论依据和可操作模式。另一方面,全面呈现了 iSchool 数据素养课程图景,创新性地将数据素养课程凝练为通识教育型、领域特色型、资源管理型和数据分析型。并探索性开设了数据素养类课程,总结了可复制经验,为我国数据素养课程建设提供了宝贵经验。

四 提出数据素养教育整体策略

紧紧扣住课程、学术图书馆、国家数据战略三个层面,从教育生态学、治理学、教育学角度系统性地提出了数据素养教育推进策略。在学术图书馆数据素养教育方面,构建包括引领力、整合力、渗透力、服务力、专业力在内的学术图书馆数据素养教育"五力模型",从教育目标、内容、方法、平台和评价方面提出针对性建议。在数据素养课程建设方面,构建数据素养课程治理模型,综合宏观、中观、微观层面因素，提出我国数据素养课程建设针对性建议。在数据素养教育生态优化方面，构建了数据素养教育生态模型，详细阐述了其核心要素及其运行机制。

第三节　研究局限与展望

总体来看，随着国家和社会经济的进步，人们数据素养需求也越来越高，本书尚存在诸多不完善之处，有待后续深入研究。

一　数据素养理论方面

数据素养是一个社会历史概念，是人类在不同时代对数据的认识、价值、思想体系等。本书未能从人类文明形态对其深入考察。在后续研究中，可将人类数据素养实践置于特定社会文明中考察，"建构"和"解构"数据素养观念的起源和流变，以达"纵通"之目标；将人类数据素养与政治、经济、社会、文化、技术等因素相关联，勾勒和诠释数据及其数据素养的观念起源、发展、衍变及其互动关系，以达"横通"之目的。从整体上呈现数据素养观念的历史观、实践观和生态观，解释数据素养概念的生成、数据素养的价值、数据素养发展的影响因素。

二　数据素养测评方面

数据素养测评是数据素养教育开展的重要基础之一，是数据素养教育研究科学化、成熟化的重要标志。本书未能从实证层面实施数据素养测评研究。在后续研究中，可面向不同群体（大学生、科研人员、社会公众、医生、新闻工作者等）开发专用的数据素养测评量表，尤其是基于试题的量表，客观、实证测量我国公众的数据素养表现水平及其特征，促进我国数据素养教育深入发展。

三 数据素养实践方面

数据素养教育是一个扎根于丰富生动社会实践的概念，是数据素养理论构建的现实基础，本书仅研究了学术图书馆的数据素养教育实践，尚未对公共图书馆、专业图书馆的数据素养教育实践进行研究。在后续研究中，可通过典型案例、问卷调查、田野调查等方式，深入探索数据素养教育实践，并和学术图书馆的数据素养教育实践进行比较研究，进一步推动我国图书馆数据素养教育实践发展。

附　录

一　数据素养文献检索结果

数据库名称	检索式	初步检索结果	内容筛选结果
Web of Science 核心合集	主题：（"data literacy"） 精炼依据：文献类型：（ARTICLE OR REVIEW） 时间跨度：1900—2021. 索引：SCI-EXPANDED, SSCI, A&HCI，剔除在线发表	178	155
中国知网期刊论文库	主题：数据素养；来源类别：SCI来源期刊、Ei来源期刊、核心期刊、CSSCI、CSCD	422	410
ProQuest Dissertations & Theses Global	diskw（"data literacy"），其他限制－语言：英语	32	32
中国知网学位论文库	主题：数据素养	210	210

检索时间：2022年1月18日。

二　学术图书馆数据素养教育馆员认知调查问卷

尊敬的先生/女士！

您好！

我们正在进行关于数据素养教育馆员认知调查研究，您的意见对于我们的课题研究和图书馆发展非常具有价值，恳请您参与此次调查！

本问卷不记名，所有数据只用于学术研究，请您放心填写。题目选项无对错之分，请您在认真阅读题目后，根据自己的实际情况填写。问卷填写大概会花费您5分钟的宝贵时间。

第一部分　基本信息

1. 您的性别：[单选题]

○男

○女

2. 您的年龄：[单选题]

○30 岁以下

○30—40 岁

○41—50 岁

○50 岁以上

3. 您接受的最高学历教育：[单选题]

○博士研究生

○硕士研究生

○本科

○大专及以下

4. 有无图书情报与档案管理类专业背景：[单选题]

○有

○无

5. 您现在所在的岗位：[单选题]

○馆长/副馆长

○部门主任

○普通馆员

6. 您现在的职称是：[单选题]

○初级

○中级

○副高级

○正高级

7. 您从事图书馆工作的年限是：[单选题]

○5 年以下

○5—10 年

○11—15 年

○16—20 年

○20 年以上

8. 您所在单位是否为一流建设大学？[单选题]

○是

○否

9. 您所在图书馆的省级行政区域是：[单选题]

○安徽	○贵州	○湖北	○内蒙古	○四川
○北京	○海南	○湖南	○宁夏	○台湾
○重庆	○河北	○江苏	○青海	○天津
○福建	○黑龙江	○江西	○山东	○新疆
○甘肃	○河南	○吉林	○上海	○西藏
○广东	○香港	○辽宁	○山西	○云南
○广西	○黑龙江	○澳门	○陕西	○浙江

第二部分　数据素养教育整体认知

10. 您认为数据素养是：[矩阵量表题]

数据素养认知	非常认同	比较认同	一般认同	不太认同	非常不认同
数据素养是在科研生命周期中获取、分析、解释、评价和利用数据的能力，其目的是将数据转化为知识。	○	○	○	○	○

续表

数据素养认知	非常认同	比较认同	一般认同	不太认同	非常不认同
数据素养是有效理解、使用数据并做出决策和执行的能力。	○	○	○	○	○
数据素养是具有数据意识、具备数据基本知识与技能，能够利用数据资源发现问题、分析问题和解决问题。	○	○	○	○	○
数据素养强调的是一种正当地发现和获取数据、批判地选择和评估数据、规范地管理和处理数据、合理地利用和共享数据的意识和能力。	○	○	○	○	○
数据素养是公众数字时代运用定性或定量数据理解、寻找、收集、解释、呈现和支持自己观点的能力。	○	○	○	○	○

11. 您认为数据素养教育是：[矩阵量表题]

数据素养教育认知	非常认同	比较认同	一般认同	不太认同	非常不认同
数据素养教育是学术图书馆发展的一个新领域	○	○	○	○	○
数据素养教育与信息素养教育、数字素养教育等既有内在联系，也存在本质差异	○	○	○	○	○
数据素养教育主要是通过馆员自身的出色技能来实现	○	○	○	○	○
数据素养教育主要是通过数据资源有效管理来实现	○	○	○	○	○
数据素养教育主要是通过数字化技术创新应用来实现（如机构知识库、数据分析软件）	○	○	○	○	○

续表

数据素养教育认知	非常认同	比较认同	一般认同	不太认同	非常不认同
数据素养教育本质上是一个管理问题	○	○	○	○	○
数据素养教育本质上是一个教育问题	○	○	○	○	○

12. 数据素养教育的意义是：[多选题]

□响应国家大数据战略、数据法律法规和数据政策的要求，如《中华人民共和国数据安全法》《提升全民数字素养与技能行动纲要》《科学数据管理办法》

□推动科学数据有效管理、重用与共享，促进学术交流

□促进学校一流学科建设、科学研究、学校治理等

□提高科研人员数据管理意识、数据处理与分析能力等

□培养学生数据思维、数据伦理、数据分析能力

□拓展与深化服务新领域，提高学术图书馆影响力与贡献度

□促进馆员学习新知识与新技能，拓展馆员职业路径（如数据馆员、数据分析师）

第三部分　数据素养教育实践认知

13. 请问贵馆是否开展了数据素养教育（科学数据检索、数据分析软件培训、数据平台建设、数据资源建设等）？[单选题]

○已经开展（请跳至第15题）

○计划开展（请跳至第15题）

○不打算开展（请跳至第14题）

14. 是什么因素阻止了贵馆开展数据素养教育？（请按照重要性选择）[多选题]

□与本馆目前的服务定位不符合

☐用户需求不明确或不强

☐缺少专业的数据馆员

☐缺少经费、时间

☐缺乏必要的数据资源、技术支持

☐已开展的信息素养教育等可替代数据素养教育

☐图书馆业界缺少数据素养典型案例可借鉴

☐学校院系已经有数据素养方面的课程

☐数据库商提供了数据素养方面的培训

* 请您填写完本题后结束作答。

15. 您认为学术图书馆开展数据素养教育的驱动因素有哪些？（请按照重要性选择）[多选题]

☐响应国家的大数据政策、数据法律法规

☐科研基金、科研管理部门等明确要求数据管理

☐学校及其科研管理、教务处部门的大力支持

☐拓展与创新学术图书馆服务，提高图书馆地位与影响力

☐图书馆具有开展数据素养教育的基础（如信息素养教育）

☐图书馆具有专业的馆员队伍、数据库和数据分析工具等资源基础

☐科研人员、学生等有数据管理、数据服务方面的需求

16. 您认为学术图书馆数据素养教育的目标是：（请按照重要性选择）[多选题]

☐能够帮助用户明确自身的数据需求、认识到数据的重要性

☐了解数据伦理、数据版权、数据隐私等问题

☐能够将数据需求转化为具体的数据查询问题

☐具有识别和比较各种数据来源、数据类型和格式的能力

☐能够根据具体的内部和外部标准判断数据的准确性、可用性等

☐掌握数据获取、转换、加载等技术

☐能够开发或应用算法分析数据和数据建模

☐发展学生的书面、口头的数据交流方法、技巧

☐能够可视化数据，进行交流和传递

17. 从整体来看，数据素养教育主体包括：（请按照重要性选择）[多选题]

☐国家教育主管部门、科研资助机构等

☐专业学会协会（如各级图书馆学会、情报学会、大数据学会等）

☐高等学校的专业学院（如信息管理学院、计算机科学与工程学院、数学与统计学院等）

☐学术图书馆

☐数据库出版商（如中国知网、Elsevier等）

☐研究生、本科生等

18. 图书馆数据素养教育内容应该包括哪些？（请按照重要性选择）[多选题]

☐数据法律法规、数据政策、数据伦理

☐数据发现与获取

☐数据处理与分析

☐数据可视化

☐数据组织与保存

☐数据出版、数据引用与评价

☐数据共享与再利用

19. 数据素养教育的形式主要有哪些？（请按照重要性选择）[多选题]

☐专题培训讲座

☐开设通识课程（学分课程）

☐嵌入专业课程、课题的数据素养指导

☐微视频

☐在线课程

☐竞赛活动（如开放数据创新应用大赛）

☐数据相关的学术研讨会

☐建立数据资源导航等数据管理服务平台

☐数据获取、分析、出版等方面的咨询服务等

☐制作宣传指南、手册

☐与数据库出版商等第三方合作开展培训

20. 数据素养教育对象主要是：[多选题]

☐学生（本科生、硕士生、博士生）

☐专任教师、科研人员

☐社会公众

☐学校管理决策人员

☐图书馆员

21. 参与学术图书馆数据素养教育的图书馆部门包括：[多选题]

☐资源建设部

☐读者服务部

☐学科服务部

☐情报决策支持部

☐特藏服务部

☐信息技术支持部

☐数据管理服务部

☐图书馆办公室

22. 数据素养教育支持工具应包括：[多选题]

☐DMPtool、DMPonline、DataUP 等数据管理计划工具

☐dSPACE、Dataverse、GIS、Zenodo 等数据存储工具

☐Excel、MATLAB、R、SPSS、NVivo、SAS 等数据分析工具

☐EndNote、DataCite、Mendeley 等数据标识与引用工具

第四部分　数据素养教育机制建设认知

23. 学术图书馆数据素养教育运行机制建设包括：[矩阵量表题]

运行机制认知	非常认同	比较认同	一般认同	不太认同	非常不认同
构建权责明晰的数据素养教育组织领导体系	○	○	○	○	○
强化目标激励、强化数据馆员身份认同和荣誉体系	○	○	○	○	○
加强教育主体队伍建设，形成强大的推动力量	○	○	○	○	○
注重数据素养教育结构协调性，完善与院系、数据中心等的协同性	○	○	○	○	○
强化主体客体互动，教师指导和学生参与充分结合	○	○	○	○	○
深度把握用户需求，引导用户主动参与数据素养教育	○	○	○	○	○
拓展数据素养教育数字平台与渠道，构建线上与线下一体化的教育体系	○	○	○	○	○
适应时代发展，创新数据素养教学内容与方法	○	○	○	○	○

24. 学术图书馆数据素养教育保障机制建设包括：[矩阵量表题]

保障机制认知	非常认同	比较认同	一般认同	不太认同	非常不认同
制定数据素养教育规划、年度计划等	○	○	○	○	○
科学设计图书馆数据素养教学活动方案	○	○	○	○	○
制定和完善科学规范的数据素养教育教学评价标准	○	○	○	○	○
设置数据馆员岗位，建立数据素养教育团队	○	○	○	○	○
丰富学术图书馆数据资源和数据支持工具	○	○	○	○	○
保持稳定、持续的教育经费投入	○	○	○	○	○

＊请您填写完本题后结束作答。

三 iSchool 数据素养课程

序号	大学院系	国家	课程名称	课程类型
1	北京大学信息管理系	中国	Web 数据挖掘及其应用	数据分析型
2			数据分析与统计建模	数据分析型
3			数据科学专题研究	通识教育型
4	南京大学信息管理学院	中国	数据分析	数据分析型
5			数据分析专题研究	数据分析型
6			政务大数据应用研究	领域特色型
7	武汉大学信息管理学院	中国	数据可视化	数据分析型
8			数据组织与数据挖掘	数据分析型
9			信息政策与数据治理	资源管理型
10	中国人民大学信息资源管理学院	中国	大数据治理专题研究	资源管理型
11			数据、模型与决策	数据分析型
12			数据科学理论与实践	通识教育型
13			数据挖掘	数据分析型
14	格拉斯哥大学高级技术与信息研究所	英国	数据分析、可视化与传播	数据分析型
15	伦敦大学学院信息研究系	英国	数据可视化与 GIS	数据分析型
16	谢菲尔德大学信息学院	英国	大数据分析	数据分析型
17			数据分析	数据分析型
18			数据科学导论	通识教育型
19			数据可视化	数据分析型
20			数据与社会	通识教育型

续表

序号	大学院系	国家	课程名称	课程类型
21	北卡罗来纳大学教堂山分校信息与图书馆学院	美国	大数据、算法和社会（3 学分）	通识教育型
22			大数据和 NoSQL 简介	数据分析型
23			高级数字监护	资源管理型
24			基于政策的数据管理	资源管理型
25			数据分析	数据分析型
26			数据监护与管理	资源管理型
27			数字监护导论	资源管理型
28			数字监护实习（4 学分）	资源管理型
29			数字监护系列研讨会（1.5 学分）	资源管理型
30			应用数据监护与管理	资源管理型
31			应用数据科学实习（3 学分）	数据分析型
32			应用数据伦理	领域特色型
33	得克萨斯大学奥斯汀分校信息学院	美国	信息科学专题（部分内容包括数据素养内容）	通识教育型
34	德雷克赛尔大学计算与信息学院	美国	数据监护	资源管理型
35			高级数据分析	数据分析型
36			基于社区数据和服务的数据分析	数据分析型
37			社交媒体数据分析	数据分析型
38			数据采集和预处理	数据分析型
39			数据分析和解释	数据分析型
40			数据分析简介	数据分析型
41			数据和数字管理	资源管理型
42			数据和信息的基础	通识教育型
43			数据科学编程	数据分析型
44			数据科学的定量基础	数据分析型
45			数据科学顶峰 Ⅱ	数据分析型
46			数据科学顶峰 Ⅰ	数据分析型
47			数据科学基础	通识教育型
48			数据科学项目	通识教育型
49			数据科学应用机器学习	数据分析型
50			数据科学专题	通识教育型
51			数据设计	数据分析型
52			数据挖掘	数据分析型
53			数据挖掘应用	数据分析型
54			探索性数据分析	数据分析型
55			应用数据管理	资源管理型

续表

序号	大学院系	国家	课程名称	课程类型
56	佛罗里达州立大学传播与信息学院	美国	数据挖掘和分析	数据分析型
57			信息和数据可视化	数据分析型
58			信息技术研究和数据分析	数据分析型
59			信息研究的统计和数据分析	数据分析型
60	华盛顿大学信息学院	美国	数据监护Ⅰ：基础	资源管理型
61			数据监护Ⅱ：高级主题	资源管理型
62			数据科学导论	通识教育型
63	加州大学洛杉矶分校教育与信息研究学院	美国	社会中的数据与伦理	通识教育型
64			数据管理与实践	资源管理型
65			数据监护与政策	资源管理型
66	加州大学伯克利分校信息学院	美国	数据的背后人类与价值	通识教育型
67			数据工程	资源管理型
68			数据工程基础	资源管理型
69			数据和分析中的研究设计和应用	数据分析型
70			数据结构与分析导论	数据分析型
71			数据科学中的统计分析	数据分析型
72			数据可视化	数据分析型
73	康奈尔大学计算与信息学院	美国	Web可视化数据分析	数据分析型
74			贝叶斯数据分析：原理与实践	数据分析型
75			大数据管理与分析	资源管理型
76			分类数据	数据分析型
77			社会交换中的数据科学	领域特色型
78			时空数据分析	数据分析型
79			数据科学概论	通识教育型
80			数据科学实习	数据分析型
81			数据科学数值方法	数据分析型
82			数据科学中的R语言	数据分析型
83			数据科学中的机器学习	数据分析型
84			数据科学中的综合伦理	通识教育型
85			数据挖掘与机器学习	数据分析型
86			信息科学中的数据分析	数据分析型
87			应用统计MPS数据分析项目	数据分析型
88			自然场景下的数据科学	数据分析型

续表

序号	大学院系	国家	课程名称	课程类型
89	肯塔基大学传播与信息学院	美国	数据分析与可视化	数据分析型
90			数据科学导论	通识教育型
91	肯特州立大学信息学院	美国	数字策展	资源管理型
92			数字技术Ⅰ：数据基础	通识教育型
93			研究数据管理	通识教育型
94			应用数据和信息基础	通识教育型
95	路易斯安那州立大学图书情报学院	美国	数字监护导论	通识教育型
96	马里兰大学信息研究学院	美国	大数据的隐私、安全和伦理	通识教育型
97			大数据基础设施	资源管理型
98			调查和数据科学基础	通识教育型
99			高级数据科学	数据分析型
100			健康数据分析	领域特色型
101			跨学科数字监护	资源管理型
102			社会科学的数据科学	领域特色型
103			数据集成和分析准备	数据分析型
104			数据集成和准备	数据分析型
105			数据科学导论	通识教育型
106			数据科学技术	资源管理型
107			数据可视化	数据分析型
108			数据可视化简介	数据分析型
109			数据新闻	领域特色型
110			数据源和操作	数据分析型
111			数字监护工具和方法	资源管理型
112			数字监护简介	资源管理型
113			文化大数据收集中的数字监护研究	领域特色型
114			信息专业人员的数据分析	数据分析型

续表

序号	大学院系	国家	课程名称	课程类型
115	密歇根大学信息学院	美国	面向数据的编程	数据分析型
116			数据操作	数据分析型
117			数据处理和分析	数据分析型
118			数据探索	数据分析型
119			数据挖掘：方法和应用	数据分析型
120			数字监护的基础	资源管理型
121			统计和数据分析导论	数据分析型
122			医疗保健数据应用、分析、咨询和沟通	领域特色型
123			应用数据科学概论	通识教育型
124	纽约州立大学布法罗分校信息科学系	美国	数据科学专题介绍	通识教育型
125	匹兹堡大学计算与信息学院	美国	开放政府数据和信息：概念、标准和影响	领域特色型
126			数据分析	数据分析型
127			数据工程	数据分析型
128			数据和信息生命周期	资源管理型
129			数据驱动传播	领域特色型
130			数据挖掘	数据分析型
131			数字数据监护	资源管理型
132			图书馆和信息专业人员的数据科学	领域特色型
133			系统中的数据和信息	资源管理型
134	圣何塞州立大学信息学院	美国	大数据分析和管理	数据分析型
135			大数据技术	数据分析型
136			数字数据、信息和电子文件管理	资源管理型
137			信息和数据科学	通识教育型

续表

序号	大学院系	国家	课程名称	课程类型
138	田纳西大学信息科学学院	美国	空间数据管理	领域特色型
139			数据分析	数据分析型
140			数据分析和可视化简介	数据分析型
141			数据管理	资源管理型
142			数字监护	资源管理型
143	威斯康星大学麦迪逊分校信息学院	美国	决策中的数据可视化与传播	领域特色型
144	威斯康星大学密尔瓦基分校信息研究学院	美国	数据科学的数据分析	数据分析型
145			数据科学概论	通识教育型
146			信息专业人员的数据分析和可视化	领域特色型
147	韦恩州立大学信息科学学院	美国	数据分析	数据分析型
148			数字监护与保存	资源管理型
149			统计与数据分析导论	数据分析型
150	西蒙斯大学图书情报学院	美国	数据挖掘规划与管理	数据分析型
151			数据保存和数据取证技术	数据分析型
152			数据分析和可视化的概念和工具	数据分析型
153			数据革命	通识教育型
154			数据和算法：道德和政策	通识教育型
155			数据科学导论	通识教育型
156			数据可视化	数据分析型
157			数字管理	资源管理型
158			数字监护和收藏	资源管理型
159			数字资产管理	资源管理型
160	辛辛那提大学信息技术学院	美国	数据技术编程	数据分析型
161			数据技术分析	数据分析型
162			数据技术管理	数据分析型
163			数据技术要点	数据分析型

续表

序号	大学院系	国家	课程名称	课程类型
164	新泽西州立罗格斯大学传播与信息学院	美国	媒体和数据	领域特色型
165			上下文中的数据	数据分析型
166			数据监护和管理的基础	资源管理型
167			数字监护	资源管理型
168			信息职业人员的数据分析	领域特色型
169			用数据解决问题	数据分析型
170	雪城大学信息研究学院	美国	大数据分析	数据分析型
171			高级大数据管理	资源管理型
172			数据分析脚本	数据分析型
173			数据科学的定量推理	数据分析型
174			图书馆数字数据和服务	资源管理型
175			应用数据科学实习	数据分析型
176	亚利桑那大学信息学院	美国	数据分析与可视化	数据分析型
177			数据科学与公共利益	通识教育型
178			数据素养	通识教育型
179			数据挖掘与发现	数据分析型
180			数字监护与数字保存	资源管理型
181	伊利诺伊大学厄巴纳—香槟分校信息科学学院	美国	读写数据	数据分析型
182			高级数据可视化	数据分析型
183			伦理与政策数据科学	通识教育型
184			人文科学的数据科学	领域特色型
185			数据、统计模型和信息	数据分析型
186			数据分析和数据科学高级主题	数据分析型
187			数据分析和数据科学主题	数据分析型
188			数据管理、管理和可重复性	资源管理型
189			数据管理基础	通识教育型
190			数据叙事	数据分析型
191			数据科学发现	数据分析型
192			数据科学方法	数据分析型
193			数据科学概论	通识教育型
194			数据可视化	数据分析型
195			数据清洗的理论与实践	数据分析型
196			数据挖掘	数据分析型
197			数据治理	资源管理型

续表

序号	大学院系	国家	课程名称	课程类型
198	印第安纳大学信息、计算与工程学院	美国	高级数据分析 I	数据分析型
199			高级数据分析 II	数据分析型
200			数据表示	数据分析型
201			数据建模和推理	数据分析型
202			数据科学实践	通识教育型
203			数据流畅度	数据分析型
204			数据挖掘	数据分析型
205	多伦多大学信息系	加拿大	大数据世界中的数据治理	资源管理型
206			开放政府和研究数据	领域特色型
207			社交网络数据分析	数据分析型
208			世界成为数据	通识教育型
209			数据分析：简介、方法和实用方法	数据分析型
210			数据分析：数据的知情决策	数据分析型
211			数据科学实验设计	数据分析型
212			数据科学统计学概论	数据分析型
213			数据科学中的 R 语言	数据分析型
214			数据科学中的人类价值观	通识教育型
215			数据图书馆	资源管理型
216			数据叙事	数据分析型
217	麦吉尔大学信息研究系	加拿大	数据挖掘	数据分析型
218			数字监护	资源管理型
219	英属哥伦比亚大学信息学院	加拿大	公共领域数据资源	资源管理型
220			面向信息职业的科研数据管理	资源管理型
221			数据解读	数据分析型

参考文献

一 经典文献

《马克思恩格斯选集》第 2 卷，人民出版社 1995 年版。

《马克思恩格斯全集》第 42 卷，人民出版社 1979 年版。

习近平：《坚持党的领导传承红色基因扎根中国大地　走出一条建设中国特色世界一流大学新路》，《人民日报》2022 年 4 月 26 日第 1 版。

二 中文文献

（一）中文专著

廖哲勋、田慧生：《课程新论》，教育科学出版社 2003 年版。

柳海民：《教育原理》，东北师范大学出版社 2006 年版。

徐志远：《现代思想政治教育学范畴研究》，人民出版社 2009 年版。

（二）译著

[美] 劳伦斯·A. 克雷明：《公共教育》，宇文利译，中国人民大学出版社 2016 年版。

[英] 维克托·迈尔－舍恩伯格、肯尼思·库克耶：《大数据时代：生活、工作与思维的大变革》，盛杨燕、周涛译，浙江人民出版社 2013 年版。

（三）中文期刊

安涛、李艺：《教育技术理论的范畴体系与核心问题》，《现代远程教育研究》2014 年第 2 期。

毕达天、曹冉、杜小民：《人文社科科学数据共享意愿影响因素研究——基于同辈压力视角》，《情报资料工作》2020 年第 4 期。

毕达天、曹冉：《科研人员数据素养影响因素分析——基于 SEM 及 fsQCA 方法》，《情报学报》2021 年第 1 期。

陈晓红、何雪梅、高凡：《高校图书馆元素养教育体系模型构建研究》，《图书情报工作》2016 年第 18 期。

陈羽洁、张义兵、李艺：《素养是什么？——基于皮亚杰发生认识论知识观的演绎》，《电化教育研究》2021 年第 1 期。

陈媛媛、王苑颖：《加拿大数据素养教育实践及启示——以达尔豪斯大学为例》，《情报理论与实践》2019 年第 6 期。

邓李君、杨文建：《个体数据素养评价体系及相关指标内涵研究进展》，《图书情报工作》2017 年第 3 期。

邓胜利、付少雄：《素养教育的新拓展：从信息素养到多元素养》，《图书馆杂志》2018 年第 5 期。

丁宁、马浩琴：《国外高校科学数据生命周期管理模型比较研究及借鉴》，《图书情报工作》2013 年第 6 期。

丁四新：《"数"的哲学观念再论与早期中国的宇宙论数理》，《哲学研究》2020 年第 6 期。

杜茹：《大学生数据素养教育模型构建——基于马克思主义活动理论视角》，《情报科学》2021 年第 1 期。

杜杏叶、李贺、李卓卓：《面向知识创新的科研团队数据能力模型构建研究》，《图书情报工作》2018 年第 4 期。

段尧清、姜慧、汤弘昊：《政府开放数据全生命周期：概念、模型与结构——系统论视角》，《情报理论与实践》2019 年第 5 期。

樊振佳、秦若玉：《高校数据管护人员素养框架：探索与构建》，《情报理论与实践》2018 年第 2 期。

方洁、颜冬：《全球视野下的"数据新闻"：理念与实践》，《国际新闻界》2013年第6期。

符玉霜:《国内外数据可视化MOOC调查与分析》,《图书馆学研究》2021年第9期。

顾立平、张潇月:《开放科学环境下数据馆员的实践探析》,《图书情报知识》2020年第2期。

归吉官:《基于档案学专业教育的数据素养教育内容体系建设》,《档案学通讯》2018年第2期。

郭华东:《科学大数据——国家大数据战略的基石》,《中国科学院院刊》2018年第8期。

郭倩、李建霞:《基于多元主体的高校数据素养教育生态模式构建研究》,《图书馆理论与实践》2019年第5期。

郝媛玲、沈婷婷:《数据素养及其培养机制的构建与策略思考》,《情报理论与实践》2016年第1期。

贺天平、宋文婷:《"数-数据-大数据"的历史沿革》,《自然辩证法研究》2016年第6期。

胡卉、吴鸣:《嵌入科研工作流与数据生命周期的数据素养能力研究》,《图书与情报》2016年第4期。

胡永生、刘颖:《基于用户调查的高校科学数据管理需求分析》,《图书情报工作》2013年第6期。

黄芳:《社会学新制度主义视角下"素养"概念史考察》,《比较教育研究》2021年第2期。

黄福涛:《大学课程研究及其分析框架构建》,《清华大学教育研究》2022年第2期。

黄如花、李白杨:《数据素养教育:大数据时代信息素养教育的拓展》,《图书情报知识》2016年第1期。

惠恭健、兰小芳、钱逸舟:《计算思维该如何评?——基于国内外14种评价工具的比较分析》,《远程教育杂志》2020年第4期。

贾璞、宋乃庆:《大数据时代中学生数据素养:内涵、价值与构成维度》，《电化教育研究》2020年第12期。

蒋丽丽、陈幼华、陈琛：《国外高校图书馆数据馆员服务模式研究》，《图书情报工作》2015年第17期。

荆宁宁、程俊瑜：《数据、信息、知识与智慧》，《情报科学》2005年第12期。

柯平：《将全民数字素养教育作为图书馆新的信息与教育使命》，《图书馆论坛》2022年第3期。

李峰、郭兆红：《高校信息素养教育生态系统构建路径研究——基于ACRL〈高等教育信息素养框架〉的视角》，《情报理论与实践》2018年第3期。

李金昌：《论统计素养》，《浙江统计》2006年第1期。

李青、任一姝：《国外教师数据素养教育研究与实践现状述评》，《电化教育研究》2016年第5期。

李新、杨现民、晋欣泉：《美国教师数据素养发展现状及其对我国的启示》，《现代教育技术》2019年第4期。

李艳、刘淑君：《国外教师数据素养测评研究及启示》，《开放教育研究》2020年第1期。

李艺、钟柏昌：《谈"核心素养"》，《教育研究》2015年第9期。

林秀清、杨现民、李怡斐：《中小学教师数据素养评价指标体系构建》，《中国远程教育》2020年第2期。

刘桂宾：《在情境中理解信息素养——〈高等教育信息素养框架〉探析》，《大学图书馆学报》2019年第4期。

刘霞、方小利、郑怡萍：《武汉大学面向本科生的数据素养通识课程的建设与思考》，《图书情报工作》2020年第22期。

刘晓娟、李歆然、孙馒莉、谢瑞婷：《iSchool联盟成员的可视化相关课程设置调查研究》，《图书情报工作》2022年第2期。

刘雅馨、杨现民、李新、田雪松：《大数据时代教师数据素养模型构建》，《电化教育研究》2018年第2期。

卢峰：《媒介素养之塔：新媒体技术影响下的媒介素养构成》，《国际新闻界》2015 年第 4 期。

卢祖丹：《我国高校图书馆数据素养服务供给实证评价研究》，《图书馆杂志》2020 年第 10 期。

陆莉、沙勇忠、徐雪峰：《基于生命周期的公共安全数据管理模型研究》，《图书与情报》2019 年第 4 期。

罗国锋、陆瑶：《面向高校的元素养教育体系研究》，《图书馆工作与研究》2017 年第 12 期。

马合、黄小平：《欧美科学数据政策概览及启示》，《图书与情报》2021 年第 4 期。

美国大学与研究图书馆协会：《高等教育信息素养框架》，韩丽风等译，《大学图书馆学报》2015 年第 6 期。

孟祥保、常娥、叶兰：《数据素养研究：源起、现状与展望》，《中国图书馆学报》2016 年第 2 期。

孟祥保、符玉霜：《美国数据素养课题剖析与启示》，《图书与情报》2018 年第 5 期。

彭立伟、高洁：《国际信息素养范式演变》，《图书情报工作》2020 年第 9 期。

秦小燕、初景利：《基于 ITE-KSA 结构的科学数据素养能力指标体系研究》，《图书与情报》2019 年第 1 期。

秦小燕、初景利：《科学数据素养内涵结构研究》，《图书情报工作》2019 年第 18 期。

沈玖玖、徐萍、张琴、龚花萍：《大数据时代高校数据素养课程群构建研究》，《图书情报工作》2019 年第 19 期。

沈婷婷：《数据素养及其对科学数据管理的影响》，《图书馆论坛》2015 年第 1 期。

司莉、姚瑞妃：《图书情报专业研究生数据素养课程设置及特征分析——基于 iSchool 联盟院校的调查》，《图书与情报》2018 年第

1期。

万文娟:《"双一流"高校图书馆数据素养教育现状与发展策略分析》,《图书馆学研究》2021年第21期。

汪基德、周凤瑾、毛春华:《教育技术学基本范畴体系初探》,《教育研究》2009年第12期。

王晖、刘霞、刘金梦、李金文、高叶淼:《中小学生劳动素养评价的国际经验及启示》,《北京师范大学学报》(社会科学版)2022年第4期。

王泉泉、魏铭、刘霞:《核心素养框架下科学素养的内涵与结构》,《北京师范大学学报》(社会科学版)2019年第2期。

魏海燕:《基于ACRL〈高等教育信息素养框架〉的大学信息素养教育生态系统构建——以香港城市大学图书馆为例》,《图书情报工作》2019年第6期。

魏来、王思明:《我国高校图书馆数据素养课程内容构建研究》,《情报资料工作》2018年第6期。

吴爱芝、王盛:《高校图书馆数据素养教育体系设计研究——以北京大学图书馆为例》,《大学图书馆学报》2020年第6期。

吴丹、李秀园、徐爽、董晶、樊舒、桂丹云:《近十年信息素养理论的使用与发展研究》,《图书馆杂志》2020年第1期。

吴砥、朱莎、王美倩:《学生数字素养培育体系的一体化建构:挑战、原则与路径》,《中国电化教育》2022年第7期。

闫广芬、刘丽:《教师数字素养及其培育路径研究——基于欧盟七个教师数字素养框架的比较分析》,《比较教育研究》2022年第3期。

燕今伟:《专题:高校科学数据管理与服务机制及运行平台研究 序》,《图书情报工作》2013年第6期。

杨鹤林:《元素养:美国高等教育信息素养新标准前瞻》,《大学图书馆学报》2014年第3期。

杨瑞仙、万佳琦:《UIUC iSchool数据科学课程群调查研究》,《图书情报工作》2020 年第 16 期。

杨文建：《英美数字素养教育研究》，《图书馆建设》2018 年第 3 期。

杨习超、张炜：《高校数据科学教育生态系统建构——以美国普渡大学为例》，《比较教育研究》2021 年第 2 期。

杨向东：《关于核心素养若干概念和命题的辨析》，《华东师范大学学报》（教育科学版）2020 年第 10 期。

于良芝、王俊丽：《从普适技能到嵌入实践——国外信息素养理论与实践回顾》，《中国图书馆学报》2020 年第 2 期。

于喜展：《信息素养教育生态系统的结构模型与运行条件》，《图书馆杂志》2021 年第 1 期。

余维杰、周娅莉、吴锦池：《我国研究生在科研活动中的数据素养现状研究——以双生命周期理论为视角》，《图书情报工作》2020 年第 7 期。

张斌、刘三妍、刘智、孙建文：《面向大数据的师范生数据素养课程体系构建研究》，《中国远程教育》2018 年第 4 期。

张丹：《美国大学图书馆的元素养教育的进展及其启示》，《大学图书馆学报》2016 年第 2 期。

张华：《论核心素养的内涵》，《全球教育展望》2016 年第 4 期。

张进良、李保臻：《大数据背景下教师数据素养的内涵、价值与发展路径》，《电化教育研究》2015 年第 7 期。

张群、刘玉敏：《高校图书馆科学数据素养教育体系模型构建研究》，《大学图书馆学报》2016 年第 1 期。

张晓阳、李楣：《基于胜任特征的研究生数据素养能力测评量表研究》，《图书情报工作》2017 年第 8 期。

张璇、孟祥保：《面向数字人文的高校数据素养教育案例研究》，《大学图书馆学报》2019 年第 5 期。

周开发、曾玉珍：《信息素养范式转变：从标准到框架》，《图书馆建设》2016 年第 5 期。

周小莉:《面向编辑出版专业的数据素养教育体系构建研究》,《出版科学》2020年第1期。

[美]西蒙斯:《关联主义:数字时代的一种学习理论》,李萍译,《全球教育展望》2005年第8期。

三 英文文献

(一) 专著

Julia Bauder, *Data Literacy in Academic Libraries: Teaching Critical Thinking with Numbers*, Chicago: ALA Editions, 2021.

(二) 期刊

Agusta Palsdottir, "Data Literacy and Management of Research Data – A Prerequisite for the Sharing of Research Data", *Aslib Journal of Information Management*, Vol. 73, No. 2, 2021.

Alexandre Ribas Semeler, Adilson Luiz Pinto and Helen Beatriz Frota Rozados, "Data Science in Data Librarianship: Core Competencies of a Data Librarian", *Journal of Librarianship and Information Science*, Vol. 51, No. 3, 2017.

Andrew Martin Cox and Winnie Wan Ting Tam, "A Critical Analysis of Lifecycle Models of the Research Process and Research Data Management", *Aslib Journal of Information Management*, Vol. 70, No. 2, 2018.

Antonio Badia, "Data, Information, Knowledge: An Information Science Analysis", *Journal of the Association for Information Science and Technology*, Vol. 65, No. 6, 2014.

Aristea Fotopoulou, "Conceptualising Critical Data Literacies for Civil Society Organisations: Agency, Care, and Social Responsibility", *Information, Communication & Society*, Vol. 24, No. 11, 2021.

Ayoung Yoon and Youngseek Kim, "Social Scientists' Data Reuse Behaviors: Exploring the Roles of Attitudinal Beliefs, Attitudes, Norms, and

Data Repositories", *Library & Information Science Research*, Vol. 39, No. 3, 2017.

Bethany S. McGowan, "Measuring Student Motivation for Participation in GIS Data Activities", *Portal: Libraries and the Academy*, Vol. 20, No. 3, 2020.

Betty Garrison and Nina Exner, "Data Seeking Behavior of Economics Undergraduate Students: An Exploratory Study", *Reference & User Services Quarterly*, Vol. 58, No. 2, 2018.

Chaim Zins, "Conceptual Approaches for Defining Data, Information, and Knowledge", *Journal of the American Society for Information Science and Technology*, Vol. 58, No. 4, 2007.

Clarence Maybee and Lisa Zilinski, "Data Informed Learning: A Next Phase Data Literacy Framework for Higher Education", *Proceedings of the Association for Information Science and Technology*, Vol. 52, No. 1, 2015.

Clarence Maybee, Jake Carlson, Maribeth Slebodnik and Bert Chapman, "'It's in the Syllabus': Identifying Information Literacy and Data Information Literacy Opportunities Using a Grounded Theory Approach", *The Journal of Academic Librarianship*, Vol. 41, No. 4, 2015.

Don MacMillan, "Data Sharing and Discovery: What Librarians Need to Know", *The Journal of Academic Librarianship*, Vol. 40, No. 5, 2014.

Edith S. Gummer and Ellen B. Mandinach, "Building a Conceptual Framework for Data Literacy", *Teachers College Record*, Vol. 117, No. 4, 2015.

Elinor Carmi, Simeon J. Yates, Eleanor Lockley and Alicja Pawluczuk, "Data Citizenship: Rethinking Data Literacy in the Age of Disinformation, Misinformation, and Malinformation", *Internet Policy Review*, Vol. 9, No. 2, 2020, https://doi.org/10.14763/2020.2.1481.

Ellen B. Mandinach and Edith S. Gummer, "A Systemic View of Implementing Data Literacy in Educator Preparation", *Educational Researcher*, Vol. 42, No. 1, 2013.

Ellen B. Mandinach and Kim Schildkamp, "The Complexity of Data-based Decision Making: An Introduction to the Special Issue", *Studies in Educational Evaluation*, Vol. 69, 2021, https://doi.org/100910.101016/j.stueduc.102020.100906.

Engida Gebre, "Conceptions and Perspectives of Data Literacy in Secondary Education", *British Journal of Educational Technology*, Vol. 53, No. 5, 2022.

Gaby Umbach, "Statistical and Data Literacy in Policy-making", *Statistical Journal of the IAOS*, Vol. 38, No. 2, 2022.

Ifeanyi Glory Ndukwe and Ben Kei Daniel, "Teaching Analytics, Value and Tools for Teacher Data Literacy: A Systematic and Tripartite Approach", *International Journal of Educational Technology in Higher Education*, Vol. 17, No. 1, 2020, https://doi.org/10.1186/s41239-020-00201-6.

Jacob Carlson, Michael Fosmire, C. C. Miller and Megan Sapp Nelson, "Determining Data Information Literacy Needs: A Study of Students and Research Faculty", *Portal: Libraries and the Academy*, Vol. 11, No. 2, 2011.

Javier Calzada Prado and Miguel-Ángel Marzal, "Incorporating Data Literacy into Information Literacy Programs: Core Competencies and Contents", *Libri: International Journal of Libraries and Information Studies*, Vol. 63, No. 2, 2013.

Jori S. Beck and Diana Nunnaley, "A Continuum of Data Literacy for Teaching", *Studies in Educational Evaluation*, Vol. 69, 2021, https://doi.org/100810.101016/j.stueduc.102020.100871.

Kafi D. Kumasi, Deborah H. Charbonneau and Dian Walster, "Theory Talk in the Library Science Scholarly Literature: An Exploratory Analysis", *Library & Information Science Research*, Vol. 35, No. 3, 2013.

Katy Börnera, Andreas Buecklea and Michael Gindaa, "Data Visualization Literacy: Definitions, Conceptual Frameworks, Exercises, and Assessments", *PNAS*, Vol. 116, No. 6, 2019.

Lin Wang, "Twinning Data Science with Information Science in Schools of Library and Information Science", *Journal of Documentation*, Vol. 74, No. 6, 2018.

Lisa M. Federer, Ya-Ling Lu and Douglas J. Joubert, "Data Literacy Training Needs of Biomedical Researchers", *Journal of the Medical Library Association*, Vol. 104, No. 1, 2016.

Marek Deja, Aneta Januszko-Szakiel, Paloma Korycińska and Paulina Deja, "The Impact of Basic Data Literacy Skills on Work-related Empowerment: The Alumni Perspective", *College & Research Libraries*, Vol. 82, No. 5, 2021.

Maria Koloniari and Kostas Fassoulis, "Knowledge Management Perceptions in Academic Libraries", *The Journal of Academic Librarianship*, Vol. 43, No. 2, 2017.

Marieke van Geel, Trynke Keuning, Adrie Visscher and Jean-Paul Fox, "Changes in Educators' Data Literacy during a Data-based Decision Making Intervention", *Teaching and Teacher Education*, Vol. 64, 2017.

Milo Schield, "Information Literacy, Statistical Literacy, Data Literacy", *IASSIST Quarterly*, Vol. 28, No. 2–3, 2004.

Nan Yang and Tong Li, "How Stakeholders' Data Literacy Contributes to Student Success in Higher Education: A Goal-oriented Analysis", *International Journal of Educational Technology in Higher Education*, Vol. 17, No. 1, 2020.

Peter Stordy, "Taxonomy of Literacies", *Journal of Documentation*, Vol. 71, No. 3, 2015.

Philip Vahey, Ken Rafanan, Charles Patton, Karen Swan, Mark van't Hooft, Annette Kratcoski and Tina Stanford, "A Cross-disciplinary Approach to Teaching Data Literacy and Proportionality", *Educational Studies in Mathematics*, Vol. 81, No. 2, 2012.

Rae-Anne Diehm and Mandy Lupton, "Approaches to Learning Information Literacy: A Phenomenographic Study", *The Journal of Academic Librarianship*, Vol. 38, No. 4, 2012.

Rita Prestigiacomo, Jane Hunter, Simon Knight, Roberto Martinez Maldonado and Lori Lockyer, "Data in Practice: A Participatory Approach to Understanding Pre-service Teachers' Perspectives", *Australasian Journal of Educational Technology*, Vol. 36, No. 6, 2020.

Robert Gould, "Data Literacy is Statistical Literacy", *Statistics Education Research Journal*, Vol. 16, No. 1, 2017.

Shalini R. Urs and Mohamed Minhaj, "Evolution of Data Science and Its Education in iSchools: An Impressionistic Study Using Curriculum Analysis", *Journal of the Association for Information Science and Technology*, Vol. 74, No. 6, 2023.

Tamara L. Shreiner, "Data Literacy for Social Studies: Examining the Role of Data Visualizations in K–12 Textbooks", *Theory & Research in Social Education*, Vol. 46, No. 2, 2018.

Theresa Burress, "Data Literacy Practices of Students Conducting Undergraduate Research", *College & Research Libraries*, Vol. 83, No. 3, 2022.

Theresa Burress, Emily Mann and Tina Neville, "Exploring Data Literacy via a Librarian-faculty Learning Community: A Case Study", *The Journal of Academic Librarianship*, Vol. 46, No. 1, 2020.

Thomas P. Mackey and Trudi E. Jacobson, "Reframing Information Literacy as a Metaliteracy", *College & Research Libraries*, Vol. 72, No. 1, 2011.

Tibor Koltay, "Data Literacy for Researchers and Data Librarians", *Journal of Librarianship and Information Science*, Vol. 49, No. 1, 2017.

Todd D. Reeves and Sheryl L. Honig, "A Classroom Data Literacy Intervention for Pre-service Teachers", *Teaching and Teacher Education*, Vol. 50, 2015.

Wilma B. Kippers, Cindy L. Poortman, Kim Schildkamp and Adrie J. Visscher, "Data Literacy: What Do Educators Learn and Struggle with during a Data Use Intervention?", *Studies in Educational Evaluation*, Vol. 56, 2018.

后　　记

行文至此，不止于此，墨短砚浅，百感交集。一部学术著作的完成，是坚持不懈的跋山涉水和上下求索的过程。

笔者长期致力于数据素养研究领域，前期主要关注和介绍国外数据素养最新发展动态，在大量资料收集和分析基础上，先后完成了《国外高校图书馆数据馆员岗位设置与管理机制》（《图书与情报》2013年第4期）、《国外数据管理专业教育实践与研究现状》（《中国图书馆学报》2013年第6期）、《国外高校图书馆科学数据素养教育研究》（2014年第3期）、《数据素养研究：源起、现状与展望》（《中国图书馆学报》2016年第2期）等多篇学术论文，涉及科学数据素养教育、数据馆员、数据管理专业教育等主题，并引起学界和业界的高度兴趣。现在回过头来看，初期研究主要还是图书馆实践视角，以介绍国外实践进展为主，缺少中国本土实践和系统的理论体系。

在前期研究基础之上，2017年我申报了国家社会科学基金青年项目"大数据时代图书馆数据素养教育理论建构与实践创新研究"并有幸获得立项，课题力图构建中国特色数据素养教育理论体系和实践范式。我和课题组成员相继发表了《美国数据素养课题剖析与启示》（《图书与情报》2018年第5期）、《面向数字人文的高校数据素养教育案例研究》（《大学图书馆学报》2019年第5期）、《世界一流大学学生在读什么经典？——一项来自百万开放课程大纲大数据的研究》（《大学图书馆学报》2020年第1期）等十多篇学术论文，原计划以论文集形式结项,但发现论文集无法呈现研究成果的整体性和深度性,于是申请变更为学术专著,重新拟定写作提纲和梳理资料,历经一年多的努力完成这部专著。2023 年 5 月,该课题被全国哲学社会科学规划办公室鉴定为良好等级并予以结项。课题完成以后,参照评审专家建议修订了全书。在此期间,和中国社会科学出版社取得联系并通过选题评审,重新编排了全书体例。最终,这部专著得以呈现在读者面前。

大数据、区块链、云计算、物联网、生成式人工智能等新兴技术的快速发展和广泛应用,深刻改变了人类社会的生产生活方式,数字社会和数字化生存已然来临,数据素养、算法素养、人工智能素养等成为数字社会的新议题。国家层面也相继颁布《提升全民数字素养与技能行动纲要》《数字中国建设整体布局规划》等政策,将数字能力上升至国家战略高度。从这个意义上来说,本书尚需拓展学术视野和提高研究立意。与此同时,笔者也深刻认识到,数据素养教育的推进仅仅依靠图书馆是远远不够的,需要全社会力量的积极参与,因此,本书实践研究部分也就存在一定的局限性。结果和遗憾并存,但是这也是今后努力研究的方向。

最后,在本书付梓之际,感谢江媛媛等课题组成员,他们在问卷调查和数据收集过程中做出的大量艰苦劳动,以及在最艰难的那段日子里所给予的鼓励和帮助,我一直铭记于心并将不负所望。感谢全国哲学社会科学规划办公室、江苏省哲学社会科学规划办公室和学校社会科学处的支持,尤其是在课题实施过程中给予了极大信任,使我能够全身心投入至课题研究之中。感谢各位评审专家,你们给出的宝贵意见,我一遍又一遍用心阅读和揣摩,使得著作得以完善。感谢学界前辈的肯定,在申请攻读博士的那段日子里,你们的鼓励是我学术前进的动力。感谢戴艳清、常娥等朋友的支持,在课题申请、实施和申博过程中给予了诸多建议和帮助。感谢中国社会科学出版社领导和编辑的支持,尤其是刘艳女士以其专业眼光和丰富经验对本书设计、编辑和出版等方面扶持良多。感谢图书馆界的各位同仁,帮助问卷调查工作得以顺利完成。感谢我的硕士指导老师燕今伟，无论是在求学期间，还是在工作以后，在学习、工作和生活等方面都给了我很多的建议和帮助，真的是自己一辈子的指导老师。我更要感恩我的父母和家人，他们一直在默默地支持我，给了我太多的理解和包容。更要感谢那个曾经努力的自己，成长的路上有焦虑、有欢喜、有收获、有遗憾。

是为后记。

孟祥保

2023 年 10 月 15 日于九龙湖畔